現場

記者たちの九州戦後秘史

西日本新聞社

はじめに

記者は時代の証言者である。現場に飛び、できるだけ多くの事実を掘り起こし、真実を追い求める。それが積み重ねられ、歴史が紡がれていく。

戦後の時代は、昭和、平成、令和へと移り変わった。その節目に、これまで主に九州で起こった事件、事故、災害、公害、さらに人権、文化、スポーツ、政治、経済、地域づくりなどの大きな出来事を振り返り、取材に当たった西日本新聞の記者たちが自らの言葉で証言する。

記事にしなかった秘話、取材の裏話、そして未来に語り継ぐべき歴史の教訓も含まれる。そこには、さまざまな人間模様が描き出される。行間に記者の情熱や哀歓もにじむ。本書は、いわば、記者たちが足でつづった戦後史であり、魂の記録であり、そして次代への伝言でもある。

戦後75年。私たちは「戦後」という時代をどう歩き、何を見てきたのか。それをたどる企画に、OB記者や現役のベテラン記者47人が筆を執った。全52話。

「引き揚げ列車から落ちた2歳児。中国残留孤児の運命」は、過酷な境遇に生きた戦争被害者のインタビューにメモを取る手を震わせた記者がつづる。

「もはや戦後ではない」と経済白書が書いたのは１９５６（昭和31）年である。戦後復興の経済は終わり、これからは技術立国へ経済構造を改造していくと宣言した。以来、日本は産業近代化への道をひた走る。だが、時代は激動する。エネルギー革命の嵐の中で、三池争議、三川鉱・山野鉱爆発事故が起こった。戦後復興を支えた人たちの犠牲を決して忘れてはならない。

プロ野球「福岡ホークス誕生の舞台裏」も産業構造の変化に伴う時代の移りを如実に物語っている。

成長戦略にうつつを抜かし、人命を軽視した結果、水俣病に象徴される悲惨な公害事件が各地で起き、その実相を記者の目は捉えた。問題はまだ終わっていないことを訴え続けている。

また、拝金主義のまん延が悪徳商法や凶悪な保険金殺人などに現れ、その闇を追った。女性記者は恐怖心を抱きながら、闇金融業者に直撃インタビューした。暴力団幹部に日本刀を突き付けられた記者もいる。石油危機の中東取材で現地警察に拘禁された余話も紹介された。

そんな修羅場に身をさらしても、記者たちを突き動かしたものは何か。それは見て聞いて報じる使命を負った「記者である」ことの一点に尽きる。

人権問題も戦後社会の重要課題になってきた。マスコミ界のタブーであった部落問題に真っ向から切り込んだ。「あなた方は卑怯《ひきょう》ではありませんか」という読者からの一通の手紙がきっかけだった。続いて、当時まだ社会問題化していなかった子どものいじめの実態をえぐり出し、教育界に一石を投じた。「容疑者の言い分」「犯罪被害者を置き去りにしない」キャンペーンは司法制度改革につながった。だが、時として、社内外の反発との葛藤を乗り越えなければならなかった。

過疎化の波が加速する中で、地域おこしは「ペンを持った市民」として、第三者ではなく、当事者として関わった。子ども病院建設キャンペーンや、わが国初のセクハラ訴訟などもそうだ。百年の悲願を達成した九州国立博物館誘致運動では、裏方で命を削って執念を燃やした記者の姿があった。

多くの自然災害に九州も襲われた。地球温暖化の影響で、気候変動は激しく、その数は増しているように思える。誰でも、いつでも、被災者にならないとは限らない。人間の増長が招いた「人災」とも言えるのではないか。雲仙普賢岳の噴火災害では、報道陣の過熱取材が悲劇につながった側面もあった。私たち自身が反省しなければならないことも多い。

戦後のベビーブームは、47年〜49年の3年間に800万人が生まれた。「団塊の世代」と呼ばれる彼らの成長とともに日本経済は膨張し、大量生産・大量消費時代を経て、今、超高齢化、少子化の問題に直面している。さまざまなひずみが噴出し、日本の未来への展望は容易には開けない。

今日の新聞には、単に事象の後追い報道でなく、一皮も二皮もめくって深層に迫り、警鐘を鳴らす先見性がより一層求められている。インターネットなどの技術革新によって、情報の伝達手段は大きく変わった。一方で、フェイク(まやかし)情報の氾濫が世界的に問題になっている。「信頼されるメディア」としての新聞の役割があらためて問い直されていると思う。私たちもまた変わらなくてはならない。ただ、ジャーナリズムの本質は不変だと信じている。歴史の続きを紡ぐのは、後を継ぐ記者たちに託したい。

2020年11月

「記者たちの九州戦後秘史」刊行委員会

＊目次

板付基地から始まった国際取材

福岡で築いた米国人脈

1952（昭和27）年、サンフランシスコ平和条約で日本が独立復帰するまで占領軍が力を入れたのは新聞の民主化であった。西日本新聞もまた「親方日の丸」から「親方星条旗」に代わった社会環境の中で、米国式に民主化された紙面、つまり「市民生活に密着したニュース」を求めて記者活動が革新的に変わらされた時期となった。

占領下では、駐留米軍や米国出先機関との接触なしには、内外の事情を含めた総合的な紙面づくりはできない。このことは、それまで海外取材は中央紙の仕事と割り切ってきた西日本新聞にとっては、図らずも、地元で国際取材をする形になった。そして米国側とのコミュニケーションが深まるにつれて、戦前から常駐特派員による海外取材網を持っていた中央紙とは異なる手法で、紙面に日米合作の生活記事を、頻繁に提供するようになった。

米国側もまた、占領政策として食糧、燃料と並行して新聞の民主化に力を入れ、強力な復興支援策をとっていた。私が入社した48年ごろは、社用車として赤いベンツが6台配給され、写真部のカメラは米国製の報道用写真機スピードグラフィックだった。

福岡市・天神の本社裏の新聞発送場には早朝、輪転機から出る刷り損ないの損紙を求めて買い取り業者が詰めかけていた。紙不足の時代、新聞社には用紙の特配があり、損紙は包み紙からトイレ

1953年の板付基地

用紙まで転用がきくと引っ張りだこだったからである。

板付や雁ノ巣の米空軍基地は、朝鮮戦争への出撃基地であり、米中国交のなかった東西対立の状況下では、北部九州はアジア大陸をにらんだ米国の戦略拠点でもあった。このため米側出先当局にとっても、地元と仲良くすることは銃後を固める重要課題だったのであ

⦿板付飛行場　現在の福岡空港のルーツとなる板付飛行場は太平洋戦争末期の1944年、軍用飛行場として建設され、戦後に米軍が接収。朝鮮戦争の拠点となった。51年に日本航空が定期便を開設。72年には大部分が返還された。在福岡米国領事館は52年に開設され、同年には米国文化センター（現アメリカンセンター）も誕生した。なお、2019年9月時点で、外国総領事館は韓国、中国、オーストラリア、ベトナム、タイが設置。名誉領事館は24。1997年には九州で唯一の国連機関である国連人間居住計画（ハビタット）福岡本部が開設されるなど、福岡市は「アジア・太平洋を視野に入れた国際都市」として機能を拡充している。

る。

このような地理的、社会的背景の中で、私たちは取材先の米国出先機関の人たちと親しく交わるようになった。そうして地元紙の西日本新聞が日米官民交流の先導役を務め、戦後復興に貢献するとともに、地方紙としての国際取材のあり方を学ぶことにもなったのである。

＊

そのような具合で、米国側との接触は欠かせないと分かっていたが、社内では「誰がそれをやるか」が課題だった。第一、英語を話せる記者がいなかった。理由は簡単で、戦時中は敵性言語として学校で英語は教えられなかったからである。

東京支社には外信部があったが、ＡＰやロイターなど米英通信社の配信記事を翻訳するのが業務で、取材部門ではなかった。必然的に、社会部にお鉢が回ってきた。

きっかけは50（昭和25）年、航空禁止が解かれた後、戦後復興の夢を乗せて民間航空が一斉に始まり、板付空港は日本列島の西の拠点になった。重要人物の往来も頻繁だったから「板付詣で」は重要な社会部の担当であった。私は社会部長井出純二から板付担当に指名された。これが私には、その後の記者活動の原点になったように思われる。

戦時中、Ｂ29爆撃機の空襲で痛いほど「空の威力」を経験させられた日本国民にとって、民間航空は時代の先端を行く「高級な乗り物」として登場した。「飛行機に乗った」というのが話題になるほどだった。米国の軍事利用がある日米共用の板付空港は、いろんな意味で「目が離せない世界」になっていた。

一例だが、今では全国的に展開しているロイヤルホストは、板付米軍基地のＰＸ（日用品・飲食物の売店）で働いていた江頭匡一が空港レストランとＪＡＬ（日本航空）の機内食を手掛けたことから発想した、日本におけるファミリーレストランの草分けだった。

また倉庫業からベスト電器を創業した北田光男はアメリカのバーゲンセンターから発想した家電量販店の先駆けだったし、今はどこにでもあるコンビニも実は板付基地で働いていた「大迫」という人が米国式ドラッグストアに目をつけ、いち早く福岡市内で出店したのが始まりだ。結局、時期尚早で閉店したが、コンビニ世界の草分けは板付からだったのである。

交通途絶で物資の空輸＝1953年6月頃

＊

新聞界では、米軍占領後5年して航空禁止が解かれたことから、飛行機を使った取材競争が活発になった。特に九州の西海上から帰ってくる長期抑留者の引き揚げ船を洋上で出迎え取材するには、航空取材が欠かせなかった。それまで米軍機頼りだった西日本新聞も民間機をチャーターし、板付を基地にして事に当たった。

大学生時代にグライダー部に属し二級滑空士だった私は、ドイツ製の軽飛行機ユングマンの操縦も経験していたから、チャーター機の操縦士たちと意気投合。客席わずか11の双発旅客機デ・ハビランド・ダブの操縦室で米空軍コントロールタワーとの英語でのやりとりを耳にしながら、写真部の久保研介ともども飛び回っていた。

あるとき本社から桜島が爆発したと連絡があった。ちょうど極東航空の定期便が大阪から岩国経由で到着していた。戦後の混乱期だからできたことだが、機長は顔なじみの操縦士だったので「桜島へ飛んでもらえないか」と頼むと、「オーケー」と、私とカメラマンを乗せて離陸。桜島の噴煙を真下にして写真を撮り、夕刊に間に合わせた。もちろん「ただ乗り」である。

離着陸許可が米国側のコントロールで行われていたからできたことだが、これを知った運輸省（当時）の板付航空保安事務所の責任者は「定期便を取材に使うとは何事か」とカンカン。「見逃したあなたも同罪にされる」と居直ったら、「アメちゃんが許可したのなら仕方ないこと」にしてくれた。今では考えられない、そんな時代だった。

＊

当時、米空軍は板付の戦闘機基地と雁ノ巣の輸送機基地に分かれていた。板付通いで仲良しになっていたおかげで、１９５３（昭和28）年7月に北部九州を襲った大水害に際しては雁ノ巣の米空軍３１５輸送部隊からＣ46輸送機が出動してくれた。

このときは久保と親交のあった少佐フィールハウスが少尉ラッドウイッグや中尉ハイルを伴い、西日本新聞民生事業団に寄せられた救援物資や新聞、食料を満載して被災地へ飛んでくれた。筑後川が氾濫して交通途絶していた大分県日田地区の大原グラウンドと福岡県久留米市のブリヂストン野球場に地上15メートルの低空飛行を敢行し、物資投下に成功した。災害時とはいえ、大型の輸送機が飛行場でもない空き地をめがけて曲芸飛行したのである。パイロットの青い目が血走っているように見えたのを覚えている。

救援活動への謝礼は1枚の感謝状だけだった。しかし「親方星条旗」の彼らにとってはそれが何より指揮官としての昇進成績になることを後から聞き、信頼し合える人間関係をつくることが内外を問わず記者活動の基本になることを教えられた。

板付通いで始まった地元での国際取材は、西日本新聞本社の数軒先にあった在福岡米国領事館やアメリカンセンターに出入りするようになってから米側要人たちとの人脈が広がり、後にワシントン支局開設2代目の特派員として赴任してからも、他社とは違った「生きた取材」ができたと思っている。

先川祐次（さきかわ・ゆうじ）……1948年入社。社会部、外信部、ワシントン支局長、社会部長、東京支社編集長、開発局長、常務取締役など歴任。元精華女子短期大特任教授。

目指せ百万都市――北九州5市合併へ

世界にも例なき「広域」劇

私は1959（昭和34）年春、福岡県・北九州の戸畑支局に赴任した。ちょうど皇太子と美智子妃のご成婚で日本中がお祝いムードに沸いていたころだ。入社後2年間、本社の校閲部と社会部でみっちり新人教育を受け、やっと外に出ることができた解放感でいっぱいだった。

当時、北九州の取材体制は、小倉市の北九州総局を中心に衛星のように門司、戸畑、八幡、若松の5市に支局が配置されていた。戸畑支局はカメラマンなしで、支局長と記者3人が戸畑市内で起きた事件、話題、情報などで1ページを埋める「戸畑版」作りに追われていた。私は着任の日から警察、商店街の話題探しに飛び出した。

すっかり支局勤務に慣れ、あっという間の1年が過ぎたころ、あちこちの取材先で「5市合併」の話を耳にすることが増えた。新聞各紙でも「合併」の関連記事が徐々に紙面の主流となり始めていた。

まさに「4度目の正直」で、北九州の「5市合併」が実現に向けて本格的な動きを始めた。61年の9月1日、5市と福岡県などで構成する「五市合併問題連絡協議会事務局」（以下「合併事務局」）が戸畑市に開設されたのがきっかけだった。

いずれも人口10万人超の五つの市が対等合併で百万都市を目指す、気宇《きう》壮大な事業である。世界にも例のない、この広域合併に強い関心を持った国連は、いち早く北九州に視察団を派遣した。国内でも各自治体の代表団や都市研究グループ、都市学者の訪問が相次いだ。合併記者とか〝合併さん〟と呼ばれた私たちの一日も、日ごとに慌ただしくなった。

各社の現地取材体制も固まってきた。北九州に本社を置く朝日、毎日は各10人の合併取材班を編成した。対する西日本新聞は2人。総局の取材キャップ森清康之と合併事務局を受け持つ私だった。この2人に各支局が合併情報を送り、必要に応じて記者を応援に出す約束で取材の体制は整った。私にとっては、気楽に注文できる入社同期の記者が総局、門司支局、八幡支局にいることが心強かった。

北九州での合併話は明治の中ごろからあったという。それが具体的な運動となったのは34（昭和9）年と戦時体制下の43年、戦後初期の47年の3回。いずれも国策や「官」の主導で、住民がなじまず、4、5年で立ち消えた。

60年前後を起点とした4度目の合併運動は、過去三つの先例とは根本から違った。まず市長ら地

⦿北九州の5市合併　5市が対等に百万都市に移行し、「世界に例を見ない合併」といわれた北九州市の誕生。前年に策定され、拠点開発推進を掲げた全国総合開発計画（全総）や、昭和の大合併など、高度経済成長路線のアクセルを踏んだ国土整備政策を背景にしていた。石炭から石油へのエネルギー転換に伴う工業地帯の広域再整備という地域事情が重なった。合併2カ月後の政令指定都市への移行は、大阪、名古屋、横浜、京都、神戸各市に次ぎ6番目。県都以外では初。9年後に福岡市が指定され、全国初の同県内ツイン政令市になった。人口は合併当初の約102万4千人から、約93万5千人（2020年4月推計）と減ったが、環境、ハイテク、国際物流などへの産業構造転換に挑んでいる。合併自治体名は、公募でトップだった「西京市」に次ぐ2位だったとのエピソードが残っている。

元のリーダーが先頭に立ち、積極的に広域合併推進の旗を振ったことだ。さらに各種のアンケートの結果、市民の大多数が合併賛成に傾いたことだった。

＊

5市が利害を超えて合併の足並みをそろえた背景には「鉄と石炭」で発展した北九州が、隣接する筑豊の石炭産業の斜陽化をきっかけに鉄鋼産業の先行きに不安を覚え、北九州重工業地帯そのものが地盤沈下するのではないかという危機意識があった。

合併協議は、合併事務局が提示する「合併のために欠かせない事務手続き、議会承認事項」など多項目の案件をA委員会（5市の市長、議長で構成）など複数の委員会に振り分ける形で進んだ。合併をより確実にするため、連絡協議会の名称も62年元日に「北九州五市合併促進協議会」に変わった。順調だった各委員会の協議も、同年2月6日に合併事務局が基本方針として「62年6月に各市議会の合併議決。63年4月1日に新市発足」と合併のゴールを設定したことから、にわかに険悪になった。

合併議決まで5カ月しかないのに、合併に伴う市民生活の不利益を招かない特例の法制化、現職議員の任期、新市議会の議員定数、そして難問中の難問である新市の庁舎の位置など、すぐには結論が出そうもない問題が山ほど残った。議決の日が迫るにつれ、各市の本音が出始め、地域エゴがむき出しになった。

議論がもつれ、委員同士がつかみ合い、殴り合う寸前まで緊迫した場面があらわになった。とりわけ、新市庁舎の位置を巡る議論は、誘致をもくろむ市同士が激しく対立した。自治省（当時）や県が仲介しようとしたが無視された。
一方で、市民の間では、うわさの新庁舎予定地の周辺地を「議員や関係者が買いあさっている」など真偽不明のうわさが広がっていった。

5市合併が前進し、握手を交わす（左から）戸畑、若松、八幡、小倉、門司の各旧市長＝1962年10月

新庁舎の位置について自治省や県議会が出したあっせん案には戸畑市が強硬に反対した。「合併協から離脱する」との発言もあり、真ん中にあるその戸畑市を外した「4市で合併」という〝ドーナツ合併〟論を本気で論議する場面もあった。

合併に伴う市益、既得権益の温存、それに各市首脳、幹部のメンツを懸けたすさまじい攻防が続いた。

＊

北九州で配られる西日本新聞の夕刊早版の原稿締め切りは午前中。朝日、毎日の締め切りは午後。印刷地の遠近が生むこの時間差攻勢に何度泣かされたことか。が、快挙もあった。

62年10月4日。北九州の新市誕生を決定づけた5市議会による合併議決が完了した日だ。各議会の本会議は午後1時開会が通例。この歴史的な瞬間が、時間差で現地夕刊に

合併を歓迎する横断幕を張った戸畑市の商店街＝1962年10月5日

間に合わず、朝日、毎日の独走を許せば、西日本の致命的な打撃となる。

この日未明まで混乱した新庁舎の位置問題も決着、小倉市で開いたA委員会を終えた戸畑市長白木正元と同市議会議長田中巌に私は他紙との時間差の実情を話し「合併議決の本会議を午前中開会にしてもらえないか」と懇願した。２人はよく話を聞いてくれ、「努力する」と約束してくれた。２時間後に戸畑市議会の午前10時開会が決まった。

早速、総局長正木敬造が本社に連絡。本社からベテランの写真部員が重いスピグラカメラを持って駆け付けた。送稿手順を決め、午前10時の開会を待った。あまり例のないことだが、全議員の表情を際立たせるため、カメラマンが議長席の後ろから撮影することも許された。

開会。いきなり田中が「皆さんに協力願いたい。西日本新聞から戸畑市議会の合併議決を夕刊に載せたいとの申し出があった。わが議会を選んでくれたのは西日本１社だけ。ただ、夕刊の締め切りに間に合わない恐れもあるので、リハーサルのつもりで本番同様、全員起立してほしい」と緊急提案した。

全く予期しない田中の発言に驚いたが、案の定、共産党の議員が立ち上がり「われわれは西日本新聞のために合併するのではない。議会を甘く見るな」と、議長発言の取り消しを求めた。この場は白木のとりなしで収まった。その上、議員の提言で「リハーサルでなく本番の議決を急ごう」となった。

このハプニングで段取りは約15分遅れとなったが、〝本番〟の写真を電送することができた。午後4時すぎ。届いた夕刊は「よその夕刊より見栄えがいい。いい記念になる」との白木の評通り、朝日、毎日と比べても全く遜色のない堂々たる紙面だった。

メディアがまだ多様化しておらず、新聞は朝夕刊セットが読者の常識だった。「夕刊フクニチ」や「新九州」の夕刊単独紙が多くの読者を抱えていた時代。合併取材の最後の最後で朝日、毎日と対等以上の夕刊勝負ができた喜びは、終生忘れることはないだろう。

北九州の旧5市の広域合併は、紆余《うよ》曲折をたどりながら成功。63年2月10日、北九州市は発足した。

石崎憲司（いしざき・けんじ）……1957年入社。戸畑支局、社会部、東京支社政経部、北京特派員、社会部長、東京支社長、編集局長、KTNテレビ長崎副社長などを歴任。

下筌ダム紛争「蜂の巣城」の攻防

人間の尊厳を懸けた戦い

静かな山峡の河原に河鹿《かじか》が鳴いていた。

「城は消えても、歴史に残る」

落城の日、丸坊主の小柄な老人は昂然《こうぜん》と言い放った。日本のダム建設史上に不朽の教訓を残した下筌《しもうけ》ダム紛争の主人公、室原知幸《むろはらともゆき》。熊本、大分両県にまたがる筑後川上流のダム建設予定地・蜂の巣岳に「蜂の巣城」と呼ばれる砦《とりで》を築き、13年余にわたる壮絶な反対闘争を繰り広げた。

それは作家松下竜一の「砦に拠《よ》る」、安部公房「砂漠の思想」、佐木隆三「大将とわたし」などのドキュメンタリーや小説、大島渚監督の映画「反骨の砦」にも描かれた。

ダムの近くに室原の口癖だった「公権力の行使は、法に叶《かな》い、理に叶い、情に叶うものでなくてはならぬ」という思いを刻んだ記念碑が立つ。

１９６０（昭和35）年、現地取材に訪れた私は、目を見張った。川向こうの山の斜面に異様な光景が現れた。いくつもの小屋を渡り廊下でつなぎ、鉄条網を張り巡らせ、「墳墓の地を死守せよ」などの立て札や幟《のぼり》が林立した。

志屋の蜂の巣は熊ン蜂でござる
刺されしゃんすな建設省

谷あいの斜面に造られた蜂の巣城＝1964年6月撮影

志屋は地名。道路沿いに室原得意の肥後狂句を書いたしゃもじがずらりと並ぶ。

指折りの山林地主で、熊本県小国町の町議会議員、公安委員長を務めた室原は、最初はダム建設に協力的だったのに、どうして反対の権化に変身したのか。それが知りたくて、報道各社は室原家に日参したが、マスコミ嫌いの「肥後モッコス」（頑固者）はまったく受け付けなかった。

＊

ところが、偶然にも単独インタビューが実現する日がきた。60年2月の厳寒の夜だった。どうせ今夜も駄目だろうと思いつつ訪問すると、玄関でばったり出会い、いきなり怒声が降りかかった。

「甘えちゃいかん。隴《ろう》を得て蜀を望むちゅう諺《ことわざ》を知っちょるとかっ」

一つの望みが達せられると、さらにその上を望むことだと気づいたとき、思い当たった。昼間、対岸から城の写真撮影を許されたのに、図に乗って押しかけたと思われたらしい。

⦿**「蜂の巣城」と室原知幸**　下筌ダム建設を巡る「蜂の巣城」攻防は、大分、熊本県境の山間地が現場。谷あいの斜面に張り巡らした砦を舞台にした反対運動や、国に対し法廷闘争を重ねた地元リーダー、室原知幸の個性もあり、全国的な注目を集めた。13年に及んだ闘争での主張は、公共事業のあり方に一石を投じ、土地収用法の改正や水源地域住民の生活権に配慮する法整備につながった。

何と言われようが、梃子《てこ》でも動かないぞと腹を決め、室原の目を見つめて突っ立っていると、諭すように口を開いた。

「人間、礼儀が一番大事だ。建設省の役人どもはそれを知らん。昔の武士は己を辱められれば、相手を即座に斬って捨てた。斬ること叶わねば恥じて自刃《じじん》した。人間の尊厳とは、それほど重いものだ。役人どもに徹底的に思い知らせてやる」

怒りの発端は、建設省測量隊が室原らの山林に無断で立ち入り、樹木を伐採、田畑を踏み荒らしたことだ。抗議すると、職員が二級酒を5本提げて謝りに来た。「馬鹿《ばか》にすっな」。片頬をひくひくけいれんさせながら、口の端に泡をため、堰《せき》を切ったように建設省の非をなじり続けた。カメラマンの吉村勇男は咳《せき》をするふりをしながら、シャッターを切った。

「知らんと思うて何度写せば気が済むとかっ」

一喝して、話はまた建設省の「非礼」と公共事業のあり方に戻る。

「話し合いとは白紙の状態で、対等に行うものだ。ダムありきで、何かと言えば土地収用法をおっかぶせようとする官僚的なやり方は許せん。こうなりゃ、イデオロギーとか理屈じゃなか。補償も要らん。意地でも墳墓の地を死守してみせるたい」

3時間、玄関の土間に立ちっぱなしで聞いた。

数日後、隠し撮りの写真を拡大し、インタビュー記事を載せた新聞と一緒に送り、手紙を添えた。

「あなたが意地の戦いと言うなら、私にも新聞記者の意地があります。どんなに拒まれようとも、取材を続けさせていただきます」と書いた。

強制撤去を見守る室原知幸＝1965年6月14日

しばらくして、城の近くで出会ったとき、室原はにやりと笑って「おい、俺に喧嘩《けんか》を売った意地っ張り屋、ついてこい」と城に招き入れ、以後、木戸御免となった。この間のいきさつはノンフィクション「砦に拠る」にも詳しい。

＊

60年6月、蜂の巣城夏の陣が始まる。建設省作業隊約70人が警官隊に守られ、強制測量に押し寄せた。城には室原を先頭に、里人120人余が籠城して迎え撃った。

激しい中にも、どこかユーモラスなところがあった。城の前面の河原に牛馬を二十数頭つなぎ、建設省作業隊が渡河作戦を開始すると、「それっ突け、蹴っ飛ばせっ」と、はやし立てた。里人たちは竹竿《たけざお》で川面をパシッ、パシッと叩《たた》いて上陸を阻止した。突然、異臭が漂い、建設省作業隊は悲鳴をあげ、水中に頭を突っ込んだ。糞《ふん》尿を浴びたのだ。

幾度かの攻防戦の末、城は落ちた。時代は60年安保闘争の真っただ中。三池闘争は総資本対総労働の対決、下筌ダム紛争は公権対私権の闘いと呼ばれた。革新団体が応援に駆け付けたが、室原とは理念も流儀も違う。

やがて革新団体は去り、里人も室原についていけず、補償金を手に次々と移転した。

闘いの舞台は法廷闘争に移る。

下筌ダムを巡る動き

1953	筑後川大水害で147人死亡
57	松原・下筌ダムの建設決まる
59	室原知幸らが蜂の巣城構築を開始
60	蜂の巣城に反対派が籠城。「夏の陣」代執行で11人負傷
63	反対派住民の大半が条件派に転換
64	代執行で蜂の巣城が落城
65	第2、第3の砦が落城
67	松原・下筌ダムの建設に着手
69	下筌ダム完成、貯水開始
70	松原ダム完成。室原知幸死去、和解成立

早稲田大政治学科に学び、地元では「大学さん」のニックネーム。六法全書が一番の愛読書であり、新聞は全紙に目を通し、法律、地質、電気、河川などの専門書を読破した。「法には法、暴には暴」の闘争スローガン通り、訴訟件数は40件を超えた。大学同窓の建設大臣橋本登美三郎、河野一郎らが説得を試みても、頑としてはねつけた。

*

ダムは53年、筑後川が氾濫し、死者１４７人、流失家屋４４００戸に上る大洪水を契機に治水目的で計画された。これに対し、室原は環境破壊や水没住民の生活権を奪うダムより、上流の砂防工事、下流の堤防のかさ上げ、クリークの整備など総合的見地からの吟味が必要だと主張した。

次第に孤立した彼は、抵抗のシンボルとして、赤地に白丸の「室原王国旗」を作り、自宅や山林に掲揚した。妻ヨシに「おりんこつを世間じゃ、アカのなんの言いよるばってん、なんのアカなんかじゃろうかい。赤ん中にちゃんと白が入っちょるところを見すったい」と言った。（松下竜一の妻ヨシ聞き書き）

全国のダム建設地の住民など、視察団が相次いだ。さながら室原学校だった。

「私の民主主義という解釈は、法に叶い、理に叶い、情に叶うという3本立てであります。どんな

静かに湖水をたたえる下筌ダム。この堤防下に蜂の巣城はあった

強大な権力でも、情を蹴り、理を蹴り、法まで押し曲げて来るなら、その奔馬《ほんば》に、この爺《じじい》は痩せ腕を左右に伸ばして待ったをするのであります」（大分県日田市での講演）

晩年、室原は、自分に敗訴判決を下した裁判官石田哲一と敵将の建設省現地工事事務所長副島健を誘って耶馬渓旅行をした。3人の間にはどこか通い合うものがあったのだろう。耶馬渓の青の洞門は菊池寛の小説「恩讐《おんしゅう》の彼方《かなた》に」で有名だ。

例によって一句詠んだ。

新池ノ山架橋　これ恩讐の彼方　我も建設省も

新池ノ山架橋は、ダムの湖面に朱鷺《とき》色の影が美しく映え、観光に役立つ、と室原の提言で実現したものだ。

ダム本体は69年に完工した。下筌ダム紛争は国に厳しい反省を促し、土地収用法や河川法などが改正された。さらに、水源地域住民の生活環境、産業基盤を整備する水源地域対策特別措置法も制定された。

70年、70歳の生涯を閉じるまで、室原の反骨精神は衰えることなく、人間の尊厳を懸けて国に問いかけたものは決して湖底に沈んではいない。

稲積謙次郎（いなづみ・けんじろう）……1956年入社。社会部、東京支社政経部、大分総局長、社会部長、編集局長。国の地域改善対策協議会委員、太宰府市教育委員長、北九州市立大経営委員などを歴任。

死者458人、戦後最悪の惨事

三池争議と炭鉱事故

1963（昭和38）年11月9日、福岡県大牟田市の三井三池炭鉱三川鉱で炭じん爆発が発生。死者458人、一酸化炭素（CO）中毒患者839人という戦後最悪の炭鉱事故になった。

この日午後3時12分ごろ、三川鉱第1斜坑の坑口から1180メートルの地点で石炭を運び出す「炭車」（10両編成）の2両目と3両目の間の連結金具が外れ、8両が暴走した。炭車は約330メートル走って脱線し、鉄枠などに衝突して高圧ケーブルを損傷。揚炭ベルト、あるいは坑内に堆積していた炭じんが雲となって舞い上がり、高圧ケーブルか脱線による火花が引火、爆発を起こした、とみられる。

爆発音は同市内に響き、爆風が付近の家屋の瓦を飛ばし、窓を揺らし、ガラスを破った。「コンクリート片も飛んできた」との市民の証言もある。大爆発の黒い煙が100メートルも立ち上るのを多くの市民が驚きと恐怖の目で見ている。坑内には1403人が働いていた。坑内から運び出された遺体は体育館に収容され、それぞれ遺族に引き取られていった。霊きゅう車が九州全域から集められた。

西日本新聞では大牟田支局からの第1報が社内放送で伝えられた。編集局は総立ち。小太りの局長林田稔が目の前の社会部員に「何が起こったのだ」と叫ぶように聞いていた。社会部デスクの花

坑内から担架で運び出される犠牲者＝1963年11月9日、三井三池炭鉱三川鉱

田徳行（のち筑豊総局長）が特別取材班で約20人の記者とともに現場に飛んだ。
早版締め切りで騒然とした編集局（午後9時40分ごろ）に、横浜市鶴見区の東海道線で貨車が脱線、そこに客車が突っ込んで激突、死者161人、重軽傷者120人を出した、と共同通信からの第1報アナウンスが響いた。同じ土曜日の午後、日本列島の西と東で大事故が発生したのだ。
翌朝の紙面は三池炭鉱事故と鶴見列車事故の「血の土曜日」の惨事を左右見開きで報じた。三池事故は遺体が続々と搬出される大判写真が被害の甚大さを想像させた。4月に入社したばかりのわれわれ「63年組」は研修を終え、校閲部に配置されていた。次々と入ってくる現地取材班、社会部からの原稿に目を通し、校閲デスクに渡した。

＊

「むかし陸軍いま総評」とその力を恐れられた日本労働組合総評議会（総評）の4番バッターは炭労、その主力が三池炭鉱労働組合（三池労組）だった。55年の石炭鉱業合理化臨時措置法施行によって、ヤマの「スクラップ・アンド・ビルド」の合理化が始まった。会社は59年、退職者を募ったが、応募者が想定数に至らず、1278人に及ぶ指名解雇に踏み切った。これが引き金となって、戦後最大の労働争議「三池争議」が始まった。

経営側は炭鉱の生き残りを懸けロックアウト。三池労組は総評など全国組織の支援を受け、「首切り反対、生活と命を守れ」と叫んで全面無期限ストで抵抗した。私は大牟田に足を運び、争議の現場を驚きの目で見る数多くの学生の一人だった。60年安保の時代でもあり、「総資本対総労働」の対決と呼ばれるこの争議に強い関心を持っていた。

記者になって最初の、この三川鉱の大惨事が、エネルギー革命に直面して生産効率化を進める会社側と長期ストで対抗する労組の、激しい抗争の末に起こった悲劇に思えた。坑口には「ご安全に」とスローガンが大書され、鉱員同士のあいさつも「ご安全に」だった。保安は労使共通の使命。職場は運命共同体であるとの認識が、争議と抗争の長期化の中で薄れていなかったか。

労組員を教育し闘士に育てたのは、九州大経済学部教授の向坂逸郎《さきさかいつろう》ら社会主義協会のメンバーだった。「労働学校」を開き、マルクスとエンゲルスの「共産党宣言」などを教材に労組員の意識強化を進めた。炭鉱本社へのピストンデモ、座り込みなど激しい闘争を展開。「聖書とマルクスの『資本論』を読みなさい」。そう勧める痩身《そうしん》の向坂は大牟田出身。「神様」と呼ばれ、教祖のように畏敬された。

向坂純理論派に対し、同学部教授の高橋正雄が「三池争議の反省」の必要を説き、労働者の暮らしの現実を見ようとする総評議長太田薫らは社会主義協会太田派として分裂していった。同じ九州大助教授の奥田八二（のち福岡県知事）らも太田派へと分かれた。

太田は短躯《たんく》、太め、ギョロ目のエネルギッシュな庶民派。新聞記者になってからの私のインタビューに「三池か。本当に、進むも地獄、引くも地獄でね」などと揺れた心情を率直に話してくれた。総評傘下の三池労組から三池新労が分裂、67年には新労参加者は三池労組の3倍以上になった。

＊

三池労組の職場闘争は生産現場を直撃する強力な戦術で、会社側には脅威だった。少ない人数の指名ストで生産をまひさせる。効用の高い劇薬が副作用を伴うように、職場での対立、組合の分裂を招く原因の一つになったように思える。三井三池四山鉱正門前に新労の入坑を阻止するピケを張っていた三池労組員の久保清が暴力団員に刺殺される事件（60年3月）も起こった。

⦿三川鉱炭じん爆発事故　三川鉱は国内最大だった三井三池炭鉱の主力坑。坑口から有明海の海底に向かって約2千メートルの斜坑2本が延び、最盛期の1970年度には三池鉱全体で年間660万トンを出炭した。事故では現場近くにいた20人が爆死、大量発生したCOガスで438人が中毒死した。また、COは血中へモグロビンと結合して主に脳細胞から酸素を奪って破壊したため、839人がCO中毒に苦しんだ。

三池鉱業所長ら11人が業務上過失致死傷容疑などを問われ、社長ら幹部4人が殺人罪で告訴されたが、福岡地検は1966年、全員を「証拠不十分」として不起訴処分にした。73年、遺族151人とCO中毒患者259人のマンモス原告団が三井鉱山に総額87億円の損害賠償を求めて提訴。87年、原告団は総額9億1千万円の補償で和解したが、和解を拒否した患者ら49人は訴訟を継続。93年の福岡地裁判決は多量の炭じんを坑道に堆積させた会社の過失を全面的に認めて総額1億4000万円の支払いを命じ、98年の最高裁判決で確定した。

三川鉱のホッパー前のピケ隊には浅沼稲次郎社会党委員長(中央奥)も激励に訪れた＝1960年5月16日

60年6月、東京では日米安保条約改定反対の国会突入デモで東京大生の樺《かんば》美智子が死亡。反対運動を燃え上がらせた。九州大などでもデモが渦巻き、正門前で警官隊との衝突、街頭での渦巻きデモが続いた。

労使最後の対決の場となったのが三川鉱ホッパー。石炭を運び出す貯炭場ホッパーは鉱山の喉首。ここにピケを張る三池労組の立ち入り禁止仮処分を会社が申請、福岡地裁が認める裁定を下した。「がんばろう。突き上げるこぶしー」の歌声とともにホッパー前にピケを張り、徹底抗戦の座り込み(同年7月)。30棟ものピケ小屋を建て、総評・炭労の支援でヘルメット、ヤッケ姿の約2万人を動員。手にはこん棒、投石。会社・新労側との決戦場の様相で、仮処分執行のため約1万の警官隊が出動した。

警官詰め所をピケ労組員が取り囲み、20

人余の警察官が負傷。事態は警察によるピケ強制排除へと緊迫の度を増した。分裂した新労組員との対立は職場のみならず、炭鉱住宅（炭住）でも激化。憎しみの言葉、怒号が交錯した。

争議は混迷し、長期化した。ようやく中央労働委員会のあっせん（同年8月）もあって、三池労組は1278人の指名解雇を苦渋の末に受け入れ、「長期抵抗路線」に転換せざるを得なかった。11月、無期限ストが解かれ、争議は終結した。

＊

三川鉱で炭じん爆発が起こったのはその3年後である。安く効率的な石油が石炭に取って代わる「エネルギー革命」の波は容赦なく、石炭産業、そして経営、労組をものみ込んでゆく。合理化が進められ、職場の安全管理も不十分となり、最高裁も「清掃が不十分で堆積した炭じんが爆発につながった」と認定（98年の三池CO訴訟判決）、問題点を指摘した。

事故原因の究明と刑事責任追及にも努力は払われた。筑豊・碓井町（現嘉麻市）に設けられた試験炭鉱で、ごう音とともに黒煙が坑口から噴き出してくる爆発実験が繰り返され、引火―爆発に至る解明の努力が重ねられた。しかし、66年8月、企業経営陣は不起訴とされた。明確な原因が解明されず、刑事責任追及に至らなかったとみられる。

＊

筑豊総局から本社社会部に異動した私に、三井鉱山は三池炭鉱坑内の単独取材を許可した。カメラマンの同行は断られた。斜坑を炭車で下って案内されたのは戦後復興を願った昭和天皇が激励のため入坑（49年）した「天皇切羽」。巨大な坑道を蛍光灯が明々と照らし、換気も十分で空気も冷たい。居心地の良いドームの中にいるようだった。

切り羽・採炭現場は、大きな自動カッターが炭層を走るように削り、ベルトコンベヤーが石炭を運び出してゆく。採炭員はごく少数。効率化された採炭作業に驚かされた。生き延びるため、会社は、徹底した合理化、効率化を進め、日産1万5千トン出炭体制を軌道に乗せた。「最優良ビルド鉱」に生まれ変わったのである。

炭層を追って坑道はさらに深く進み、有明海の海底へ延びていった。しかし坑内事故は、67年9月三川鉱坑内火災（7人死亡、425人CO中毒）、84年有明鉱坑内火災（83人死亡）と続発した。

企業延命の努力もむなしく、97年3月、三池炭鉱は力尽きて閉山。「三井はつぶれても、炭鉱は残る」――。向坂の言葉がむなしく思い出された。いま、多くの施設が、赤さびながら、世界文化遺産登録の「明治日本の産業革命遺産」として保存されている。

山野炭鉱事故では死者237人

戦後最悪の炭鉱事故となった1963（昭和38）年の三川鉱炭じん爆発。事故後の大きな課題は、839人にも上った一酸化炭素（CO）中毒患者の救済と治療だった。熊本大の調査によると、臨床症状は、やけどなど外傷は少なく、意識障害が多いのが特徴。症状は悪化していき、精神症状などが見られた。ある若い患者＝事故当時（23）＝は激しいけいれんを伴う植物状態となり、苦しみ

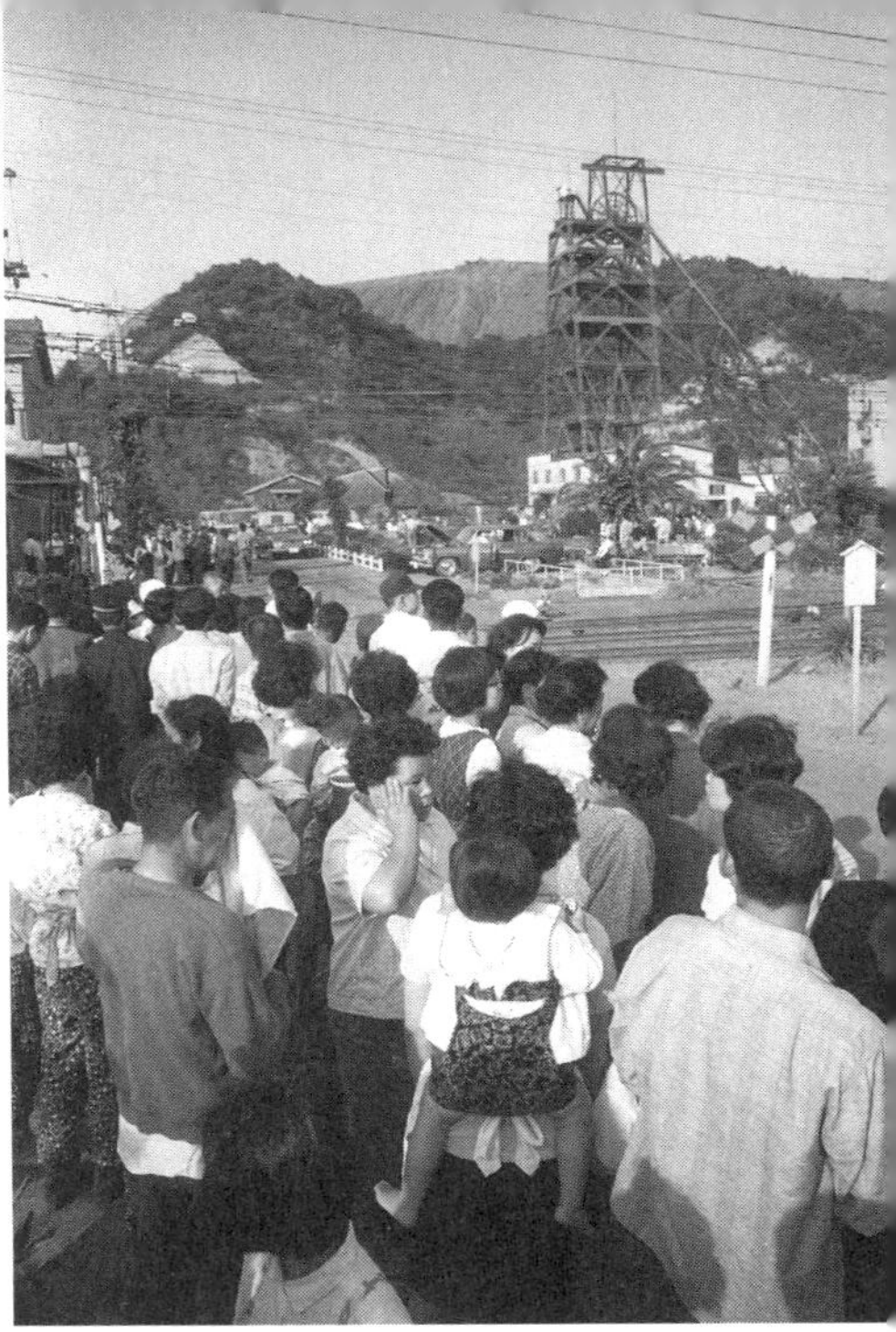
ガス爆発事故が起こった三井山野鉱＝1965年6月1日

の10年を重ねて死亡した。死亡時、脳が約半分の８６０グラムに萎縮していたという。

マンモス訴訟、和解勧告、勧告受け入れと進み、死者４００万円を最高に、症状の等級ごとに３３０万～65万円の補償金額が決まった。患者の苦悩を一身に背負って生きていく家族の苦痛への賠償請求は最高裁で棄却され、30年に及んだ裁判闘争は終わった。

＊

三川鉱炭じん爆発事故の２年後、福岡県稲築町（現嘉麻市）の山野炭鉱（鉱業所）でガス爆発事故が発生した。死者２３７人、ＣＯ中毒など重軽傷30人を出した。私が筑豊総局（同県飯塚市片島）に赴任して２年目であった。

事故が起きたのは65年6月1日昼すぎ。筑豊総局の記者は、市役所に隣接する鉱山保安監督署に入る「事故発生」の第1報をキャッチするため、夕刊の締め切り時間をにらみながら電話を入れ、時には顔を出して警戒を怠らないのを「義務」としていた。

一報を受けて、取材クルーザー「赤タンク」で、飯塚市に隣接する稲築町へ走った。夕刊締め切りギリギリだった。炭鉱坑口では次々と犠牲者が運び出されてくる。担架の列を炭鉱関係者、家族、警察、報道陣が長い人垣を作って見守る。死者数を数えなくてはならない。それが速報の要となる。総局キャップの大坪義明に加え、本社社会部の腕利き記者が次々と駆け付けてくれた。

「おまえは炭鉱病院へ行って名前と人数を確認しろ」とデスクの大原秀敏。丘の上にあった病院のコンクリート張りの広間には、搬出された遺体が隙間なく並べられ、その一体一体を家族がへたり込むように取り巻いていた。泣き叫ぶ声はなく、小さなおえつがわずかに聞こえ、シーンと奇妙に静まり返っていた。

どの遺体もこぶしを突き上げるように虚空をつかんでいる。すでに硬直していたのだろうが、まるで生きているように顔や皮膚は「赤み」を帯びていた。CO中毒死の特徴なのだという。

山野炭鉱は前身の三井鉱山山野鉱業所の閉山に伴い、採炭作業を引き継ぐ第2会社として設立された(1963年9月)。第2会社とはいえ採炭効率はよく、59・1トン(1人1カ月)を記録した有望坑だった。高さ43・7メートルの東洋一の竪坑櫓《たてこうやぐら》が、近代化した炭鉱のシンボル。斜坑と違って、一気にエレベーターで採炭現場に下る。しかし、深部でメタンガスが突出することが多く、ついに65年の大事故につながった。

ガス爆発で発生するCO中毒症の悲惨さは63年の三川鉱事故(死者458人)が教えていたが、同じ爆発事故であるのに山野炭鉱事故の中毒症患者は30人と少なかった。水俣病に取り組んだ熊本大医学部の原田正純らの調査では、意識障害3・8%(三池は46%)、脳障害1・9%(同20%)。三池の教訓から治療には高圧酸素室が運び込まれた。

筑豊総局長は花田徳行で、三川鉱事故でも社会部取材デスクを務め、戦後最大と2番目の炭鉱事故の取材指揮に当たったことになる。私は死者名簿を無線カーから送稿するよう指示を受けた。取り手は日頃温厚な花田だが、私の犠牲者氏名の読み方がお粗末だったのだろう。叱責《しっせき》の連続で、怒鳴られながらの送稿だった。

＊

発生後、数日たっても、坑口に上がってこない父や兄弟、息子を待つ家族が座り込んでいた。その一方で、公民館には引き取り手のない遺体が重ねられていた。顔や体が、本人確認ができないほどひどく傷み、「父ちゃんとは違う」と拒絶されたのだった。

顔を失い、その死を家族にも認めてもらえない死者。胸を突かれるものがあった。深夜、作家上野英信の元に走った。彼は京都大を中退、炭鉱員として働き、福岡県鞍手町の閉山した炭鉱の住宅（炭住）に「筑豊文庫」を開いていた。「追われゆく坑夫たち」「日本陥没期」などルポルタージュを執筆、筑豊の生々しい現実を伝えていた。

その上野に「閉山炭住の子供たちのために小さな遊園地を造る、手伝ってよ」と声を掛けられ、私はその炭住に通ったことがあった。上野を迎えに鞍手町へ、真っ暗な遠賀川の土手道を猛スピードの車で走った。

明け方、山野に着いた上野は、引き取り手のない棺《ひつぎ》の前にじっと立ち「顔を失った坑夫たち」を寄稿してくれた。死んでもなお、人間として扱われない犠牲者の無念、炭鉱事故の背後にある人命

解像度足りず▼

首相佐藤栄作が揮毫した山野炭鉱事故犠牲者の慰霊碑＝2014年5月、福岡県嘉麻市

軽視、生産第一主義、そのむごさを書き抜いていた。同じ生の現場に立ちながら、筆力、知識、感性も、自分にはとても書ける記事ではないと思った。

痛恨の思いは、会社の刑事責任が固まり、警察が会社幹部を送検した事実を他社に抜かれたことだ。その夜に限って—。「玉ちゃん、どうして夜回りに来なかったの。待っていたのに」と飯塚署のベテラン刑事に言われた。恥、手抜き、怠慢、勝負勘のなさ——。二日酔いの頭の中を、情けなさがぐるぐる回った。

土門拳の１００円写真集「筑豊のこどもたち」が出版され、ボタ山で炭を拾う子どもらの姿が、筑豊炭田の斜陽、落日、人々の悲惨を伝えていた。山野炭鉱事故以後も、中小坑での出水、落盤、ガス爆発と事故は続いた。そのたびに、現場に走り、談話取りや顔写真集めに駆け回った。遺家族に怒声を浴びせられ、茶わんを投げつけられたこともある。筑豊で70年の坑内事故まで現場に立った。

山野炭鉱は三井鉱山系だったが、事故当時は第2会社として生き延びていた。なお存続したものの、採算性が望めない「スクラップ鉱」と位置づけられ、73年閉山した。政府の石炭対策大綱によって、ヤマはビルド、現状維持、スクラップ鉱の3段階に分けられる中、山野炭鉱は合理化によって何とか生き残ろうと苦戦を重ねたが、石油と安い海外炭に万策尽きたのである。

地底の惨禍だった山野炭鉱事故の慰霊碑が近くの公園の丘に立つ。内閣総理大臣佐藤栄作の揮毫《きごう》。傍らの説明板に「散華された人々を慰める」とある。筑豊からヤマの火が消えたのは76年8月5日。貝島炭鉱・露天掘りの閉山であった。山野炭鉱事故四十回忌（2004年）を最後に遺族会も解散した。

＊

石炭から石油へ。「エネルギー革命」の大津波は、必死に生き残ろうとする炭鉱（経営者）と労働者（労組）を、人々の命と働く場を、大争議と悲惨な事故を巻き起こしながら容赦なくのみ込んでいった。再び訪ねた三池と山野炭鉱の跡地は、灰色のボタ山が緑の樹木に覆われ、鉱員たちが「ご安全に」と言葉を交わして地底に入って行った坑口は厚いコンクリートにふさがれていた。東洋一を誇った竪坑櫓はとっくになくなっていた。

死者520人を出した日航機墜落事故（1985年8月12日）の慰霊式が毎年行われている。事故現場の御巣鷹山を登る遺族が「あの事故を風化させてはならない」と口々に訴える。テレビで見ながら、同じ大量死事故である三池や山野炭鉱を記憶している人はどれだけいるだろうか、と思う。

玉川孝道（たまがわ・たかみち）……1963年入社。筑豊総局、社会部、ワシントン特派員、編集局長など歴任。九州大総長諮問会議、国土形成計画、風景街道戦略会議各委員。

世間を揺るがした連続殺人

「西口彰事件」を追う

しんしんと冷え込む。1964（昭和39）年1月3日深夜。私は各社の記者に交じり、寒さに肩をすぼめながら行橋警察署（福岡県）の中庭に突き出た留置場の土壁に耳を押し当て続けた。

その前の年の10月、行橋に近い苅田町でたばこ卸代金集金中の専売公社（JTの前身）職員とトラック運転手を殺して27万円を強奪。指名手配を尻目に大学教授や弁護士になりすまし、警察には自殺予告の手紙を送って広島、千葉、北海道、栃木で詐欺を繰り返し、浜松では貸し席経営の母娘を、東京では老弁護士を殺して金品を奪い、「殺人鬼」と呼ばれた西口彰（当時38歳）がこの日の朝、熊本県玉名市で逮捕され、同署に護送されていた。

西口が留置場に入ると、記者たちは壁に張りついた。「何か聞こえるのではないか?」。行橋署の庁舎はかつて行橋市警（自治体警察）*が使った古い粗末な建物で、土壁も薄いのか、監房係署員に問わず語りに話す西口の声が途切れ途切れながらかすかに響いた。

「玉名での人（玉名署を取り巻いた人の数）はすごかった。みんなに押されて肩が痛い」「ここに来るまで（報道陣の）車が30台もついてきた」。「…人殺した」と言ったようにもあったが、私は肝心の「何人」が聞き取れない。他社に聞くわけにはいかない。聞き取った社があるのではないか——。翌朝の各紙を見るのが怖かった。

行橋警察署内で机に顔をうずめる西口容疑者＝1964年1月3日

＊

西口の一連の犯行は「借金返済と愛人に貢ぐ金ほしさ」からだった。玉名に現れたのも弁護士を装い、死刑囚の減刑運動をする教誨《きょうかい》師古川泰龍を訪ねて詐欺を計画していた、という（自供）。殺した老弁護士から奪った弁護士バッジもつけていた。だが古川宅に一泊するうち、この家の小学5年の三女に「犯人手配ポスターの西口にそっくり」と警察に連絡され、77日間の逃亡は尽きた。

⊙西口彰事件　1963年10月からわずか2カ月余に、福岡県で2人、浜松市で2人、東京で1人の計5人が殺害された事件。西口彰元死刑囚は詐欺なども繰り返しながら、全国を縦断して逃走。その間に「自殺する」としたはがきを警察に送ったり、連絡船の甲板に〝遺書〟を入れた背広や靴を残して姿をくらませたりと、偽装工作も行っていた。事件を題材にした佐木隆三の小説「復讐するは我にあり」は映画化され、80年日本アカデミー賞で13部門中、作品、監督など6部門で最優秀賞を獲得した。

「西口逮捕」の連絡に、本社社会部にいた私は、正月の休み中にもし西口が捕まったときのためにと書いていた〝予定稿〟を玉名支局からの情報で手直し。この日は夕刊がないので号外用に出稿すると、玉名支局の応援に急いだ。

玉名署は報道陣でごった返していた。私は他社の目の隙をみて、福岡県警本部から現地に来ていた捜査指揮官の刑事調査官柴田長男に「行橋までの護送中、逃走経路や、なぜ九州に舞い戻ったのか、西口に聞いといてよ」と頼んだ。

私は柴田を「柴長さん」と呼んで、日ごろから親しくしていた。かつて西口が福岡でハワイの二世を装って乗用車詐欺をしたとき、取り調べたのが柴長だったことを聞いていた。西口もそんな柴長には心を許すかもしれないという期待があった。

ひそかな私の依頼は、特ダネという形では返ってこなかった。しかし記者会見で、約5時間の護送車中の様子が語られ、西口という男を垣間見た気がした。

「逃走中、捜査の重点がどこにあるかを新聞で知り、裏をかいたつもりだ。『関東に潜伏か？』と載っていたので名古屋に逃げた。街で職務質問を3回受けたが、ウソが通り、横浜では拾得物を派出所に届けたが、怪しまれなかった。九州に戻ったのは、捜査の盲点と思ったからだ」。ふてぶてしくしゃべる一方で「長男が退学したと週刊誌で読んだ。どうしているだろうか。自分の手配ポスターを早くはいでくれ」と家族への思いを漏らしたともいう。

＊

西口の本格的な取り調べが進んでも、表向きは昼前と夕方の記者会見で新しい自供内容を聞き出す以外に、取材の場はない。初めは各社2、3人ずついた応援組はぐっと減り、わが社も、私一人が行橋支局舎を兼ねた支局長杉村昭二宅に居候して「西口自供」を追う日々になった。

何とか特ダネをものにしようと行橋署の次長村田好登ら幹部宅に夜討ちをかけるが、応援組の身では親しくもない相手の話は通り一遍。留置場の土壁に張りついてみても大声は聞き取れない。

そんな日が続いたときだった。署の3階講堂に上がってウロウロするうち、隅の床板が破れて穴があいているのを見つけた。取調室に特設された小部屋の真上に近い。「何か聞こえるかも?」。

この講堂は報道陣がよく昼寝場所に使っていたが、このときは幸いだれもいなかった。チャンス! 私は床下に潜り込もうとした。が、そのとき上がってきたライバル紙のカメラマンKに見つかった。小中高と同級生だった彼は遠慮なく私の後ろに続こうとした。ところが、太っていた彼が2階の天井のはり（梁）に片足を降ろした瞬間、「メリッ」――。

瞬時に「天井裏に誰かいるぞ」「誰か3階を見てこい」。険しげな声が取調室から響いた。皆が天井を見上げている様子。Kに目配せすると急いで上がり、戻って昼寝中を装った。

＊

取り調べの何日目だったか。昼下がり、行橋署の玄関に和服姿の高齢の男性が訪れた。どの人物が署員か分からなかったのだろう。たまたま近くにいた記者たちに「西口の父親です」と深く頭を下げた。

署員を通して署長脇本繁夫に取り次いだが、父親は署長に会うなり「極道者をお願いします」と声を震わせ、腰を折って土下座せんばかりに泣き伏した。「彰に会いたい」とも懇願したが、許さ

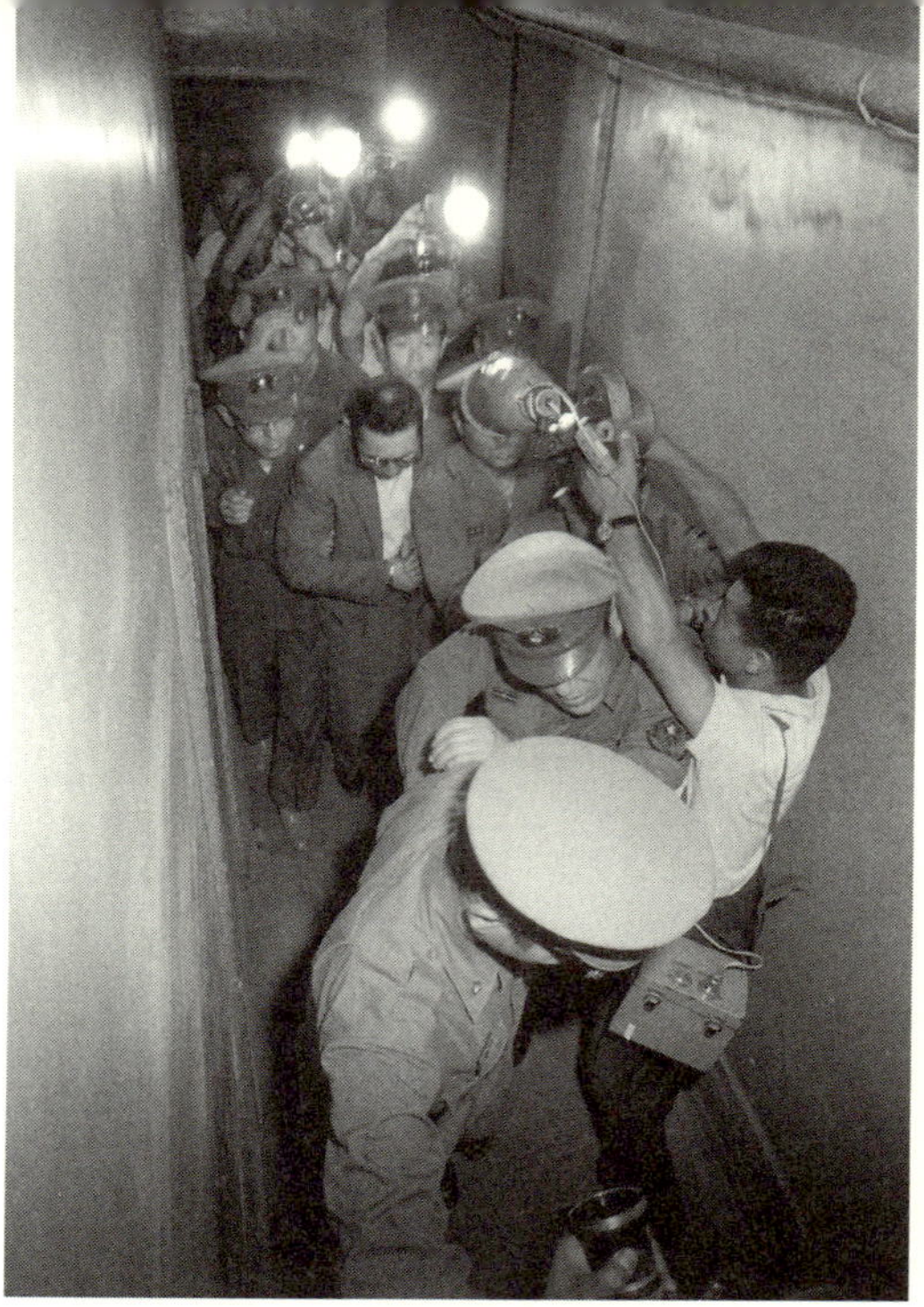

公判廷に入る西口＝1965年8月28日、福岡高裁

れないことが分かると「せめて手紙を」と便箋3枚にしたためた手紙を託して帰っていった。

手紙には「早く自供して警察の皆さんに迷惑をかけないよう。早く罪の償いをしてくれ」と書かれていたそうだが、後日その手紙を取調室で渡された西口は一読、「早く言う義務はなかろう」と吐き捨てたという。内心とは別に、虚勢を張って見せたのだろうか。

誠実そうなこの父親が敬虔《けいけん》なキリスト教（カトリック）の信徒であることと、西口も5歳で洗礼を受けていたことも、このとき知った。父親は西口を修道士か神父に育てたいと考えていたようで、中学は福岡のミッションスクールに入れた。だが戒律厳しい全寮生活に西口は耐えきれず、退学。詐欺に手を染めたのが悪の道への入り口だった。

64年12月、「神も許さず、人もまた許すことのできない凶悪犯人」と福岡地裁小倉支部で死刑判決。控訴も棄却された。西口の死刑執行を聞いたのは70年末。私が東京支社に移ってからだった。

執行を待つ間、西口は獄中で点字を習い、最後は女子大生の卒業論文を手伝って哲学書の点字翻訳をしている。「他人のため真剣に取り組んだのは初めてだった」と満足げだったという。行橋署で毎日のように顔を合わせた不敵面の西口を思い出しながら、少しばかり救われた気がした。

指名手配して追いながら、全国を股に犯行を重ねさせた捜査の反省から、警察庁は都道府県警察が捜査に連携し合う「広域重要事件特別捜査要綱」を設けた。西口事件が捜査体制の整備を促したことになる。

作家佐木隆三の直木賞受賞作「復讐するは我にあり」はこの事件がモデルになっている。

＊注＝自治体警察　戦後、米国のシティーポリスに倣って1947年、GHQ主導で全国の市町村に新設された警察組織。しかし犯罪増加や予算面で問題が多く、54年に全面改組して現在の都道府県警察になった。

松尾良彦（まつお・よしひこ）……1957年入社。社会部、沖縄特派員、東京支社政経部、運動部長、論説副委員長（東京駐在）を歴任。著書に「K2　雪と氷と岩と」「〈山と人〉百話　九州登山史」など。

密命「米国から宇宙船を借りてこい」

'66福岡大博覧会の舞台裏

1966（昭和41）年、福岡市の大濠公園で開催された「明日をつくる科学と産業―福岡大博覧会」（3月19日～5月29日）は西日本新聞社が独力で開いた福岡では戦後初の博覧会で、183万人の入場者があった。当時の福岡市の人口は約75万人だったから、本社事業としては空前の盛況だった。この博覧会の成功は、9年後に山陽新幹線の博多乗り入れ記念事業として、大濠・舞鶴公園で福岡県、福岡市と共催した新幹線開通記念・福岡大博覧会につながった。新幹線博ではさらに入場者214万人という盛況を呼び、博覧会の集客効果が戦後の復興・成長気分に拍車を掛けた。

地方博ブームに火を付けた福岡博の背景にあったのは米ソの宇宙開発競争。特に米大統領ケネディが生前予告していた宇宙船による月面着陸計画だった。「米ソの宇宙船展示」を目玉に科学と産業時代をアピールすれば集客効果絶大だというので、準備に入っていた65年、ワシントン駐在の私に米政府と宇宙船を借り出す交渉をするよう密命がきた。

本社の方では「ソ連も衛星模型の貸し出しを快諾してくれたから米政府も応じるはずだ」と考えていたようだった。私は人工衛星を管理する米航空宇宙局（NASA）と直接交渉しても相手にされないと判断し、まず米文化情報局（USIA）に相談して知恵を借りることにした。

＊

期間中に183万人が詰めかけた大濠公園の福岡大博覧会会場＝1966年3月

ＵＳＩＡの次長ヒチコック（後の駐日米公使）は私が社会部記者だった当時の福岡アメリカンセンター館長、国務省の日本課長リチャード・ピートリー（後の国連大使）は福岡領事経験者であった。ワシントン支局に赴任して分かったことだが、米中間に国交のなかったその時代、共産圏を目の前にする九州・沖縄は米軍の重要基地としてだけでなく、情報拠点としても重視され、エリートが派遣されていたのである。

さらに彼らの紹介で知り合ったホワイトハウス補佐官シェーファーは札幌に駐在したことがあり、彼にも応援を頼んだ。だがＮＡＳＡは本社が考えるほど甘くはなかった。アポロ計画の推進にメンツをかけ、２人乗りのジェミニ宇宙船でのトレーニングを経て、アポロ宇宙船による月面着陸に全

⊙福岡と博覧会　初の福岡大博覧会が大濠公園で開かれた１９６６年、米国は北ベトナム・ハノイを爆撃するなどベトナム戦争（１９５５～75年）に本格参戦していた。3年後の69年にはアポロ11号が月面着陸を果たした。翌年、日本の経済成長を世界に印象づけた日本万国博覧会が大阪府で開催され、72年には福岡市が政令指定都市になった。66年に約75万人だった人口は、政令指定都市になった72年に約89万人。新幹線博が開催された75年に１００万人を突破し、２０２０年5月、推計で１６０万人を超えた。都市の発展と連動するように、１９８２年に大濠公園を中心に「ふくおか82大博覧会」、福岡市制１００周年の89年には埋め立て地で「アジア太平洋博覧会」が開かれた。

機能を集中していた。

そのさなかにベトナム戦争が緊迫、政府内では「どちらが大事か」とけん制し合う空気もあり、とても日本の地方博の展示に宇宙船を貸し出してくれるような雰囲気ではなかった。

そんなある日、ホワイトハウス大統領特別補佐官ロストウから呼び出しを受けた。バックグラウンド・ブリーフィング（背景説明）として話してくれたのは「米国は軍事でベトナムを抑え付けようとは考えていない。軍事ではコンクリートの壁を築くようなものだ。経済政策によって西側に付いた方が暮らしが楽になることを理解させ、戦争終結に導きたい」という内容だった。

このことが宇宙船の借り出しと関係があったのかは忖度《そんたく》するしかない。しかし時期的に臆測すると、当時の日本におけるベ平連（ベトナムに平和を！市民連合）などのベトナム反戦運動を念頭に置いて、西日本新聞社からの宇宙船展示申し込みは「米国は決して『力ずく』がすべてと考えているわけではないことを示すいい機会になるかもしれないが、博覧会に宇宙船を展示することで米国に好意を持ってもらえることになるだろうか」と問われたようで、何となく面接を受けた気がした。

かねてシェーファーに「宇宙船借用にNASAが首を縦に振ってくれない」と訴えていたから、ロストウまで乗り出してくれたと感じた一幕だった。

＊

クリスマスイブの雪が深々と降る夜だった。午後8時ごろ突然ヒチコックから電話がかかってきた。

「おい、最高のクリスマスプレゼントだ。NASAがジェミニ5号と実物大の操縦装置付き衛星船

福岡大博覧会に展示されたジェミニ5号の実物大模型

模型を貸し出すことになった。今夜、NASAの倉庫からフィラデルフィアに運び、ベトナム行きの軍用貨物船に載せる」というのだ。

大雪で高速道路はクローズしているのにどうするのかと言ったら「除雪車を出して軍用品として運ぶ。そうしないと出港に間に合わない。決まった以上、断行するのが米政府の方針だ」と大見えを切られた。クリスマス休暇で政府機関も休みの最中に強行された特殊貨物の輸送だった。軍事輸送船に積まれ、ベトナムで軍事物資を降ろした後、横浜に向かうという。

正月明けに報告とお礼を兼ねて国務省にピートリーを訪ねると、「よかった、よかった。アポロ宇宙船による月面着陸計画を前に、宇宙船の内部と実際の操縦の仕組みを見せるのは福岡博覧会が初めてだよ」と親身になって考えてくれたことを明かした。

そして「特別重要なものを貸し出すのだから、ワシントン特派員を介添え役として一時帰国させることを条件にしよう」と言って片目をつぶってみせた。つまりご褒美帰国を促してくれたわけだが、それだけ福岡に親しみをもってくれていたからこそ、表面的な取材を超えた付き合いができたのだ。

＊

しかし、私の一時帰国は結果的には必須事項だった。3月19日の博覧会開場日を前に米政府出品の衛星船模型を除いてすべてが整い、開場を待つばかりになっていた。

ところがベトナム情勢の緊迫化と荒天により積載船の到着予定が大幅に狂い、横浜港に着いたのは開場2日前の17日。さらに運悪く春の台風が西日本を襲う直前とあって、幹線交通はオールストップ状態で、輸送を請け負っていた日本通運は「間に合わない」と断ってきた。

米国側は衛星船模型の到着に備えて福岡市・那珂川河畔の宿舎「かわさき」に陣取り、大使館から派遣された広報部長フランク・ゴーショーが陣頭指揮を執っていた。陸上輸送では間に合わないと分かったゴーショーは「米国の権威にかけてなんとかする」と私に告げ、立川米軍基地に電話して司令官を呼び出した。米軍輸送機で運べというわけである。

司令官の答えは「あいにく月着陸パイロットの予定者であるアームストロングを乗せた宇宙船ジェミニ8号が沖縄沖に着水するというので全機出払っている。おまけに台風接近で定期航空は全部欠航している状態にある」だった。事情は分かるが、できない相談というのである。

しかしゴーショーは引き下がらなかった。「パイロットがいないなら、あんたが操縦すればいいじゃないか。それに軍用機なのだから台風の上を飛べばいい。何とか頼む」と食い下がった。すると司令官はあっさり、「分かった。私が運ぶから、すぐ貨物を立川に運べ」と引き受けてくれた。

貨物は横浜から立川基地まで日通が運び、米軍機に搭載され、司令官が操縦して飛び立った。台風を避けて日本海の島根・隠岐の島あたりから南下。飛行中の状況は米空軍のコントロールタワーから刻々私たちの会場に電話で伝えられ、18日午後11時半、板付基地に無事着陸した。ジェミニ衛星船模型は直ちに博覧会場の大濠に運ばれ、待ち受けたNASAの技術者たちが徹夜で組み立てた。設置を終えたのは翌朝8時すぎだった。

博覧会場は台風一過、何事もなかったように午前10時、福岡博名誉総裁の高松宮をお迎えして開場。真っ先に衛星船模型に登られ、内部をしげしげとご覧になっていた姿が私の目に焼き付いた。

途中帰国を含め私は5年間ワシントンに駐在することになったが、ケネディ暗殺や日本通で知られた駐日大使ライシャワーの刺傷事件、宇宙船模型の借り出しなど多彩な局面で経験した人間関係が帰国後、長崎・佐世保のエンタープライズ入港や九州大へのファントム墜落まで米国側の事情取材につながっていったことを忘れてはならないと思っている。

先川祐次（さきかわ・ゆうじ）……1948年入社。社会部、外信部、ワシントン支局長、社会部長、東京支社編集長、開発局長、常務取締役など歴任。元精華女子短期大特任教授。

北朝鮮の亡命船、処分とその焦点

船長含む7人を殺害した平新艇事件

1966（昭和41）年、国交のない北朝鮮の漁船・平新艇《へいしんてい》（20人乗り組み）が山口県の下関港に入り、一部の乗組員が亡命を申し出た平新艇事件は、南北朝鮮の対立に日本政府と一衣帯水《いちいたいすい》の下関が巻き込まれた国際的事件だった。新人記者として配属になった下関支局の支局長は、社会部デスクから転勤していたばかりの金本春俊で、事件記者一筋のベテラン。新人記者の定番はサツ回り。「逮捕、送検、起訴、公判」と司法のルールを厳しく叩き込まれた。この事件で「地上の楽園」と言われた戦後の北朝鮮の実態を垣間見たこと。国際的事件には刑訴法に定めた司法ルールによらない「政治的解決」があることを知った。記者の出発点の初任地で3年目に遭遇した印象的な出来事だった。

＊

9月17日、下関海上保安署が密航者を検挙したという情報で駆け付けた。当時、韓国から鮮魚運搬船に潜んでの密航者は時々あり、ほとんどは下関水上警察署が検挙していた。さほどの大事件とは思わなかった。ただ下関海上保安署が検挙したというのが違っていた。

署内には4人の船員らしき朝鮮人がいた。言葉が分からないので会話はできなかったが、写真は自由に撮れた。大して緊張した雰囲気ではなかった。ところが、1時間ほどたって4人の取り調べが始まると雰囲気は一転。署内が緊張に包まれた。

巡視船にはさまれた平新艇＝1966年9月24日

供述によると4人は2カ月前から日本亡命を計画。北朝鮮の漁船は民兵組織で武装しており、海上で反乱を起こして船長ら乗組員7人を射殺、残る9人を船底に監禁した。そのうえで下関港に着岸し、自首して亡命を申し出たという。

取り調べ後、4人は記者団の文書による質問に答え、船長など7人を殺害した理由について「密航の計画が漏れたら殺されるから先に殺した」と述べた。

船内を捜索したところソ連製の自動小銃や軽機関銃、弾丸も千発出てきた。船長室は血まみれで弾痕もあった。下関海上保安署は4人を密入国と銃刀法違反の容疑で逮捕し、処分保留のまま下関入国管理事務所に収容。監禁組9人も同事務所に分散収容された。

＊

北朝鮮は船体と船員全員をただちに引き渡すよう日本政府に申し入れてきた。韓国は、亡命

年表

1950(昭和25)年〜1953(昭和28)年　朝鮮戦争

1951(昭和26)年　韓国と国交正常化交渉開始

1952(昭和27)年　李承晩ライン海洋主権宣言で日本漁船を拿捕

1959(昭和34)年〜1984(昭和59)年　北朝鮮帰還事業　9万3340人

1965(昭和40)年　日韓漁業協定締結、日韓国交正常化

1966(昭和41)年9月17日　平新艇事件

1977(昭和52)年ごろ　横田めぐみさんら拉致事件

2002(平成14)年　北朝鮮訪問の小泉首相に拉致を正式に認める

組4人の身柄を引き受け、監禁組の9人も希望すれば受け入れる意向を伝えてきた。

入国管理事務所の周りには本国からの指示を受けた在日朝鮮人の北朝鮮系の在日本朝鮮人総連合会（総連）が押しかけ、連日スピーカーで「金日成をたたえる」の歌を流し「全員北朝鮮に引き渡せ」と叫んだ。一方韓国系の在日本朝鮮居留民団（民団）は、かねや太鼓を打ち鳴らし「韓国は全員受け入れる」と訴え、下関の地で南北朝鮮の宣伝合戦が繰り広げられた。

マスコミの注目は国交のない国からやってきた事件をどう処理するかであった。亡命組の4人が起こした反乱は公海上で、殺人などの裁判権は北朝鮮にある。密入国や銃刀法違反は国内法で裁ける。亡命組を帰国させれば反乱罪で死刑になる恐れがあり、人道上の問題で亡命を認めるのか。監禁されて連れてこられた9人も密入国である。出先機関の下関入国管理事務所で処理できる事案ではない。

庁舎は一切立ち入り禁止。法務省、外務省とのやり取りなどマスコミへの情報提供は一切なし。現場で取材していた入社2年目の下関支局の岩﨑文正は、帰宅途中だった入国管理事務所の広報担当

をつかまえて問い詰めた。答えるはずはなく、これが騒ぎになって管理事務所から厳重抗議を受けるなど、取材も過熱した。

＊

日本政府は「政治的判断」として、亡命志望の４人組は国内法違反についてはすべて起訴猶予。日本への亡命は認めず、韓国へ強制退去とし、監禁組の９人は不起訴として北朝鮮へ送還することにした。

だがいつ、どのような手段で送り出すのかが焦点となった。亡命組４人の韓国への送還を総連が妨害して身柄引き渡しを要求するという情報や、監禁組の９人に対して民団が韓国行きを説得するなどの情報が飛び交った。

事件発生から10日間、南北朝鮮の宣伝合戦は続いていた。中央と極秘で綿密に打ち合わせが行われている送還に関する情報は現地では一切キャッチできず、緊張といら立ちの日が過ぎていった。

そんな中で９月27日、社会部から応援に来ていた井上博司が「28日未明に亡命組を福岡に移送し、福岡空港から韓国へ国外退去させる」という極秘情報を入手してきた。本社応援組が入国管理事務所前で徹夜で待機し、午前４時に出発した護送車を追尾。妨害もなく福岡空港で大韓航空の特別機に乗せられて飛び立ったことを確認した。

⦿在日朝鮮人の帰還事業　１９５９年12月14日に最初の帰国船が新潟県の新潟港から出港したのを皮切りに、84年まで続いた。この25年間に９万３３４０人が北朝鮮に渡り、このうち、日本人配偶者を含め日本国籍を持つ人は約６８００人に及んだ。帰国とはいえ、参加者の大半は現在の韓国側の出身者だった。

怒号と歓声を背に花束を抱えて飛行機に乗り込む亡命4人組＝1966年9月28日、福岡空港

一方、監禁組の9人は海上保安部の巡視船で横浜港に移送され、10月3日、朝鮮総連の大勢の見送りを受けてソ連の定期貨客船バイカル号に乗り移り、ナホトカ経由で北朝鮮に送られた。韓国に国外退去となった4人は住居や働き口を与えられ、優遇されたと韓国の新聞が伝えた。北朝鮮に帰った9人のその後の消息は全く分からなかった。

＊

北朝鮮は戦後独立し、1959（昭和34）年から在日朝鮮人を迎え入れる帰還事業を行った。韓国に対抗して「地上の楽園」という触れ込みで、日本人妻を含む9万人余りが海を渡った。だがその後の生活は明らかになっていなかった。

実際は恐怖政治が行われ、貧困、食糧不足が深刻化して命がけの亡命を図る平新艇事件を引き起こしたと推測され、国際的に衝撃を与えた。

さらにこの事件から10年後、日本各地で原因不明の失踪事件が起きる。２００２（平成14）年の小泉訪朝で、北朝鮮の最高指導者金正日はそれらが北朝鮮の犯行であることを正式に認めた。平成、令和と時代は変わったが、いまだに拉致問題は解決せず、北朝鮮との国交も回復していない。北朝鮮は「近くて遠い国」なのだ。

一方、韓国との関係も良好とは言い難い。韓国は１９５２（昭和27）年、公海に李承晩《りしょうばん》ラインを設け、日韓漁業協定が結ばれるまでの13年間に３００隻以上の日本漁船を拿捕し、紛争が絶えなかった。さらに平成になっても慰安婦問題、徴用工問題などで対立。

朝鮮半島の二つの国と、本当に「近くて近い国」になるのはいつの日か。

秋丸信夫（あきまる・のぶお）……１９６２年入社。下関支局、社会部、北九州支社、東京支社報道部、都市圏部などを経て長崎総局デスク、大分総局長、運動部長、メディア開発局長。

佐世保寄港直前、洋上のエンプラに着艦

「非核三原則」崩しの先兵を取材

「あっ！　あれがエンタープライズだ！」

案内役の中佐コンガーが叫んだ。

１９６８（昭和43）年1月18日午後4時過ぎ。私たち防衛庁（当時）記者クラブのメンバー13人を乗せ、神奈川県の厚木基地を飛び立った米海軍輸送機Ｃ２Ａは、西太平洋上空にあった。符を合わせるように、Ｃ２Ａは機首をグッと下げ、黒い豆粒のような眼下のエンタープライズに向けて急降下した。艦は洋上の夕闇に包まれていた。豆粒はだんだんと大きくなり、伝説の空母が目前に全容を現した。

「ドスン」という鈍い轟音。機はエンタープライズに無事着艦したのだろう。１分間も滑ったろうか、何かに引っ掛けられたように急停止した。そのまま海に突っ込まないように巨大なベルトに前輪を引っ掛けられたのだ。衝撃を和らげるため後ろ向きに着席していたが、それでも初めて体験する衝撃だった。

「これが、あの伝説の空母か」

総排水量７万５７００トン。長大な艦上滑走路はまさに浮かぶ飛行場だ。司令塔にはハリネズミのようにアンテナが林立している。甲板にはＦ４Ｃファントムなどの艦上航空機がズラリと並ぶ。ベ

佐世保に入港するエンタープライズ＝1968年1月19日（本社機から）

トナム戦争も最終局面。いずれも「北爆（北ベトナムへの爆撃）」の主役たちである。

核兵器搭載といわれる艦対空ミサイルはどこにあるのか。甲板の水兵たちに聞いてみた。いずれも「ノーコメント」。すまし顔のオフィサーは「ワシントンに聞いてくれ」の一点張りだった。

地下フロアには記者室が用意され、記者たちは目撃したばかりの威容と驚きをドキュメント記事に仕立てて、艦上に待機していた空輸機で、厚木で待つ各社に送り届けた。各紙とも翌朝刊の1面トップに踊ったのは言うまで

⊙エンタープライズ　1961年、世界初の原子力空母として就役。米海軍の主力艦として、62年のキューバ危機時の海上封鎖や、ベトナム戦争の北爆の出撃拠点となった。68年1月19日、補給と乗組員の休養を目的に佐世保に寄港（23日に出港）。原子力空母が日本に寄港したのは初めてだった。2001年の米中枢同時テロ後に始まったアフガニスタンでの対テロ作戦「不朽の自由」の航空支援などに当たった後、12年に退役した。なお、エンタープライズの名は建造計画中の次世代空母に引き継がれる予定。

もない。

原子力空母エンタープライズ、原子力フリゲート艦トラクストンなど、国民が注目する米原子力艦隊の佐世保入港を前に、私は「この目で見た原子力空母」「巨大な〝動く飛行場〟」の見出しで記事を送った。次は、その西日本新聞の記事の一部だ。


18日午後、米軍厚木基地を海軍輸送機で飛び立ち、四国南方の太平洋上を進む原子力空母「エンタープライズ」に強行着艦した。9日にパールハーバーを出発した同空母は佐世保寄港を前にあわただしさをみせていたが、洋上のエンタープライズは佐世保に渦巻く「寄港反対」にも、日本人の「核アレルギー」にも全く無表情だった。

〝動く反共のトリデ〟〝核攻撃力の象徴〟といわれながら、この7万5700トンの巨体は、人も機械も、ついぞ〝核兵器〟をにおわせなかった。記者らの強い疑問に、背の高い広報部長のコンガー中佐は「ワシントンの最高機密だ」と答え、若い水兵たちは軽い口笛でそれをかわした。

核・非核両用といわれる艦対空ミサイル「テリア」と対潜ミサイル「アスロック」については、はっきり「持っていない」と否定した。佐世保のあと硝煙のベトナムへ向かうのだろうか。佐世保入港を前に、陽気なヤンキーの表情に、どことなく緊張感が漂っているようだった。

着艦した記者らの目を奪ったのは、甲板にズラリと並ぶ数十機の戦闘機群だ。北爆の主役、F4Cファントム、イントルーダー、スカイホークなどの戦闘爆撃機が、整然と並んでいる。命令一下いつでも飛び立てる姿勢だ。

空母エンタープライズの艦載機＝1968年1月19日、佐世保港

記者が知りたいのは、1600億円もかけた巨大なメカニズムや世界一を誇る戦力ではなかった。一挙に10基の原子炉（エンタープライズ8基、トラクストン2基）が集まって、安全性は確実なのか。核攻撃力を誇示する第7艦隊の主力なのに、本当に核兵器はないのか。佐世保のあと、硝煙のベトナムへ直行するのではないか――などへの回答だ。

説明役のオフィサーは、安全性の質問に「艦が暴走したり、原子炉が爆発したりすることはありえない」と言い切った。しかし、その原子炉への道は堅く閉ざされ、〝動く航空基地〟の原動力は、ついに取材することができなかった。核にたいしては、艦全体が〝ノーコメント〟であった。

日本人が最も神経をとがらせている核

爆弾。核戦力と通常戦力を兼ね備え〝太平洋のスイッチヒッター〟といわれるエンタープライズだ。日本へ寄港するときだけ、どこかへおろしてくるはずはあるまい。記者は「日本へ寄港するときは本当に積んでいないのか」と突っ込んだのだが、説明役のコンガー中佐は「ワシントンは核兵器の議論はしない」と受け流した。エンタープライズ全体が、こと核となると完全に沈黙してしまう。

エンタープライズは一昨年暮れ2回目のベトナム作戦に参加している。その硝煙はたしかにサンフランシスコ、真珠湾のじゅうぶんな休養で洗い去られてはいた。しかし、こんども佐世保のあと、ベトナムへ向かって〝北爆〟の中核となるのだろうか。その威容に目を奪われながら、一瞬、記者の背筋に戦りつが走った。

この取材は米軍の招待だった。「なぜだろう」と思った。エンタープライズは米軍最高機密の塊だ。それをさらけ出してしまう。

広島、長崎への原爆投下を受けた日本は、当時、核アレルギーが渦巻いていた。「作らず」「持たず」「持ち込ませず」の非核三原則が政府を強く縛り、米国をけん制していた。エンタープライズは核アレルギー除去の先兵だったのだろうか。

一方で、世界は米ソ緊張に包まれ、ベトナム戦争で苦戦する米国にとって、アジア諸国へのデモンストレーションともなる。

そんな状況下のエンタープライズ佐世保寄港だった。

――あれから50余年。ホルムズ海峡の緊張。米国とイランの極限的対立。世界の硝煙は、いつまでたっても消えないのだろうか。

桑原維郎（くわはら・ただお）……１９５９年入社。東京支社政経部、都市圏部、社会部長、東京支社編集長、編集局次長、事業局長、監査役。ＴＶＱ九州放送専務。現在、民放連福岡監事。

「嵐の1週間」は何を残したか

三派全学連のエンプラ闘争

「とにかくタフで行動的な集団である。彼らを流血の実力闘争にかりたてるエネルギーは無気味でさえある」

これはベトナム戦争さなかの1968（昭和43）年1月、米国の原子力空母エンタープライズの佐世保寄港に際し、阻止・反対運動の主役を演じた三派全学連の動向を特集した西日本新聞記事（1月22日付）の書き出しの一部である。

記事は「三派全学連を追って」のカットに、「たたかれても　たたかれても」「爆発した反権闘争」「市民の目にも微妙な変化」と見出しを羅列していた。

当時、私は社会部で大学を担当していた。大学の学生運動は、代々木系（共産党系）と、中核（革命的共産主義者同盟全国委員会）、革マル（日本革命的共産主義者同盟革命的マルクス主義派）、社青同（日本社会主義青年同盟）などの反代々木系に大別された。九州大など九州の大学は活動の穏健な代々木系が優勢だった。ところが佐世保には、羽田空港や法政大などで過激な闘争を繰り返していた三派全学連の学生が大挙集結するとの情報で、現地に大掛かりな取材態勢を敷いた。私はもっぱら学生の動向を追った。

延べ12万人の学生たちは角材と投石、西日本各県から動員された警官6千人は盾と放水で4度にわたり平瀬橋、佐世保橋で激突した。双方で500人以上が負傷し、学生ら70人が逮捕された。負傷した学生の中にノドを痛めて入院した者がいることが分かった。これらを追跡取材したところ、警察側が放水に催涙ガスを混入していることを突き止めた。これは本紙の特ダネになった。以後、警察は警備に催涙ガスを使用しなくなったと聞いている。

＊

現地では社会党や共産党などが抗議集会を開いていたが、テレビ各社は学生デモ隊と警察の衝突を長時間にわたり中継していた。前年の67年10月と11月に起きた羽田事件は、首相佐藤栄作の南ベトナム訪問とそれに次ぐ訪米を阻止する、いわば〝一発勝負〟だったが、佐世保はベトナム戦争に出撃する米軍の重要拠点であり、三派は反戦、反核を掲げて〝長期戦〟の構えをとったといえよう。三派にも主導権争い、内部抗争がみられ、中核の委員長秋山勝行ら各派の幹部にインタビューを試みたが、彼らが主張する独善的な闘争の理念などは理解できなかった。

ただ、反戦・反核への共感からか、佐世保市民の目線が微妙に変わっていくのが見て取れた。「たたかれても　たたかれても」角材を振りかざすデモ隊を〝はね上がり〟と決めつけるのではなく、心情的な理解を深めるようになったのではないか。学生たちの資金カンパに応じる光景も見られた。

⦿エンプラ闘争　1968年1月19日、世界初の原子力空母エンタープライズが長崎県佐世保市の米軍基地に補給と休養のため寄港した。米国は64年からベトナム戦争へ本格介入し、翌年には「北爆」を開始。泥沼の様相を呈し、日本でも反戦ムードが高まってきた。寄港を阻止しようと、全国から学生ら延べ約12万人が結集。警察側も西日本各県から約6千人で警備に当たり、平瀬橋や佐世保橋で4度衝突した。

米軍基地に突入しようとする学生たち＝1968年1月17日、長崎県佐世保市平瀬橋

警官隊の催涙放水への反発もあったのだろう。

2019（令和元）年夏〜秋に西日本新聞に連載された聞き書きシリーズ「悲しいから、笑ってきた。」に登場する佐世保出身の放送作家、海老原靖芳は「嵐のエンプラ闘争」のひとコマで次のように語っている。当時中学3年生だったという海老原は、エンプラ寄港について「米軍から仕事をもらう会社の息子は賛成派、医者の息子は反対派。教室で激しく言い合いをしていました。子どもたちまで主義、思想をぶつけ合っていたのです」と…。

そして終わりに「戦後史に残る嵐のような一週間。平和とは、反核とは、正義とは、自由とは、民主主義とは、憲法9条とは…。あの時、佐世保にいた人は何かを感じていたはずです。私も、です」と締めくくっていた。

＊

エンプラ寄港から47年、2015（平成27）年の12月、社会部の本田彩子から、私が1968年に書いた「三派全学連を追って」の記事について話を聞きたいと取材の申し入れがあった。戦後70年の企画で「不戦のペン　戦後と西日本新聞」のタイトルがついていた。連載3回目で、エンプラ寄港時に佐世保支局勤務だった大野誠と私が書いた現地発の記事を取り上げ、そのころの社説との整合性に言及した。

68年は安保条約の自動延長を70年に控え、60年安保闘争のような暴力的な燃え上がりに対する警戒が続き、三派の過激な闘争を〝暴徒〟と厳しく批判している新聞もあった。本田は、私の「（学生たちを）単に〝はね上がり者〟と決めつけるだけでは一歩も前進しないのではなかろうか」という記述を〝感情移入〟と表現している。西日本新聞の社説でも、学生たちを「短絡主義、現実無視の小児病」と批判しており、現地からの報道との不整合を突いているのである。

本田は記事を書くにあたり「上の方から何か指示があったか」と質問したので、私は「何もなかった」と答えた。記事にデスクの手が大幅に加えられた記憶もない。本田とのやりとりの中で「暴徒である前に学生は国民だ」と、そのころの取材の心構えのようなコメントをしたと記憶している。

この企画の見出しは「暴徒である前に国民」とあった。本田は、末尾に「この後、学生運動は道を踏み外していく」と結んでいる。私も同感だ。企画の見出しが語る佐世保の教訓は雲散霧消したのである。

＊

私は72年春から1年間、南ベトナムのサイゴン（現ホーチミン）に駐在した。ベトナム戦争は、米軍の北ベトナム爆撃による本格介入から7年がたち、南ベトナム民族解放戦線（解放戦線）の執拗な抵抗などで終盤を迎えていた。

東京・中日新聞の特派員と共同でベトナム人の助手を2人雇っていた。私は常々、助手に「私の前では、解放戦線をベトコン（南ベトナムの共産ゲリラ）と呼ばないでくれ」と言っていた。というのも、米国は「北」とともにエネミー（敵）である解放戦線をベトコンと蔑称しているが、私たちは日本人、アジア人の目線で取材しているから、米国人の人を卑しむ呼称には抵抗があると説明した。助手は二人とも、その心情を理解してくれたようであった。

私たちは絶えず、自らの立ち位置に心を配るべきだと自戒している。

岡本昇（おかもと・のぼる）……1957年入社。門司支局、社会部、東京支社政経部、外信部、サイゴン特派員、社会部次長、ワシントン特派員、長崎総局長、編集局次長、北九州支社長。2020年4月没。

博多駅事件でフィルム提出命令

「報道の自由」を巡る最高裁の判断

1968（昭和43）年1月16日早朝、私は福岡市の博多駅にいた。米国の原子力空母エンタープライズの佐世保寄港阻止をめざす関東、関西からの三派全学連の学生たちが、中継拠点の九州大教養部に立ち寄るため博多駅で下車するというので、社会部の司法担当だった私も取材陣の一人として列車の到着を待った。

県警機動隊や鉄道公安員が警備体制を敷く中、午前6時45分着の急行「西海・雲仙」から降り立った約400人の学生たちは、集札口周辺に待機していた警備陣と向き合い、駅通路で集会を開くなどした。

この事態に、県警と鉄道公安は学生を強制排除し、検問と所持品検査を実施。抵抗した学生4人が公務執行妨害の現行犯で逮捕された。これが「博多駅事件」である。新聞は「高姿勢に出た警官隊　令状なく身体検査」と報じた。

裁判では警備が過剰だったかどうかが争われ、現場を取材したテレビ局に裁判所がフィルム提出を命じるという異例の展開になった。「報道の自由」を巡る最高裁の判断を引き出した半世紀前の事件に、取材にあたった私は特別な思いがある。

＊

博多駅8番ホームに降りた学生たちはヘルメットをかぶってスクラムを組み、南旅客通路を出口へ向かった。通路の先には階段があり、階段を下りると集札口がある。私は階段の壁にへばりつくようにして、それからの展開を見ていた。

学生たちは警備陣を認めると、階段前の通路で「機動隊帰れ」「道を開けろ」とシュプレヒコールを繰り返し、リーダーのアジ演説で気勢を上げた。通路は占拠された状態になり、駅長が退去勧告を行ったが、学生たちは駅員が掲げた退去要求のプラカードを奪い、踏み破って抵抗。機動隊とにらみ合ったまま膠着状態になった。

朝のラッシュ時間帯が迫ってくる。混雑やトラブルを心配した鉄道公安員が学生の押し出しにかかった。学生集団は渦巻きデモを始め、これに一部公安員が巻き込まれた。公安部は彼らの救助と学生の排除を機動隊に要請。機動隊長の「かかれ」の号令で、集札口を固めていた隊員たちがどっと階段を駆け上がり、排除を始めた。

怒号が飛び交い、悲鳴があがった。「機動隊員から足や膝を蹴られた」「殴られ、髪を引っ張られた」「投げ飛ばされた」と訴える学生もいた。現場に居合わせた九州大法学部長の井上正治は「過剰警備だ。機動隊の行為は暴行陵虐であり、職権乱用も甚だしい」と批判した。私の目にもそのあり

⦿博多駅事件　米海軍の空母エンタープライズが1968年1月、原子力空母としては日本で初めて、長崎県の佐世保に寄港することになり、革新系政党・団体や全学連などが全国で反対運動を展開した。学生たちが現地に向かう途中で起きたのが博多駅事件だ。エンタープライズは1月19日から23日まで停泊。その間に佐世保では反対派と機動隊が激しく衝突、多数の負傷者が出た。いわゆる「エンプラ事件」である。

さまは異様に映った。

学生4人が公務執行妨害で逮捕されたのはこの状況下である。うち1人が警察官に頭突きをくらわしたとして起訴された。福岡地裁は69（昭和44）年4月、警察がとった警備は過剰警備で「混乱の原因はむしろ機動隊にある」として、被告の学生に無罪を言い渡した。

検察側は、地裁判決には事実誤認があると福岡高裁に控訴した。高裁は判決で、当時の状況から機動隊の実力行使はやむを得なかったと地裁とは異なる判断を下す一方、しかし被告が故意に暴行を働いたという証明は十分ではないとして控訴を棄却。被告の無罪が確定した。

＊

私がこの事件に強い思いを抱いている理由は次にある。

博多駅事件に関連して護憲連合など革新団体は、違法な過剰警備だったとして当時の福岡県警本部長、機動隊指揮官、鉄道公安員を公務員職権乱用と特別公務員暴行陵虐罪で福岡地検に告発した。これを地検が不起訴処分としたのに対し、護憲連合などは事件を裁判所の審判に付すよう、福岡地裁に付審判請求を行った。

審理の対象は多数の機動隊員や排除された学生に及び、容疑者と被害者の特定すら困難であった。発生から時間がたち、新たな証言を得ることも期待できなかった。このため地裁は69年8月、「現場で撮影したフィルムは証拠上きわめて重要な価値がある」と地元のNHK福岡放送局、RKB福岡毎日放送、KBC九州朝日放送、TNCテレビ西日本のテレビ4社に取材フィルムの提出を命じた。

審理を進めるのに必要な証拠の収集ということだったが、4社は「フィルム提出命令は報道の自由を保障する憲法21条に違反する」として、命令の取り消しを求め福岡高裁に抗告した。高裁は「報道の自由とはいえ公共の福祉により制限される。フィルム提出は審理にとって必要である」と地裁の提出命令を支持し、抗告を棄却。4社は最高裁に特別抗告した。

最高裁大法廷は同年11月、裁判官15人全員一致で4社の特別抗告を棄却し、フィルム提出を命じた福岡地裁の決定を支持した。

——以上が事件の概要である。

*

最高裁の決定理由だが、私は憲法との関係で「表現の自由」「報道の自由」を位置付けたくだりに注目した。

「報道機関の報道は国民の『知る権利』に奉仕するものだから、報道の自由は表現の自由を規定した憲法21条の保障のもとにあり、報道のための取材の自由も憲法21条の精神に照らし、十分尊重に値する」

「報道の目的で取材されたフィルムを刑事裁判の証拠のためなど他の目的に使用されるときは、報道機関の将来の取材活動の自由を妨げる恐れがないわけではないが、取材の自由も公正な裁判の実現というような憲法上の要請があるときは、ある程度の制約を免れない」

「本件フィルムはすでに放映されたものを含み、放映のために準備されたもので、これが証拠として使用されることによって、報道機関がこうむる不利益は報道の自由そのものではなく、将来の取材の自由が妨げられる恐れがあるというにとどまるものと解せられる」

そうしたことから判断して「本件フィルム提出命令は、まことにやむを得ないもので、憲法21条に違反するものではない」と述べた。

＊

最高裁判例は報道の自由とともに取材の自由を尊重した点で私は評価したいが、憲法上の要請があれば表現の自由も制約を受けるという判断には「報道の自由に深刻な影響を与えかねない」という議論を呼んだ。言論の自由、表現の自由は民主主義の根幹をなすもので、報道の自由はその一翼を担っており、いささかもおろそかにしてはならない。

後日談になるが、福岡地裁は最高裁の決定を受け、放映されたフィルムを差し押さえた。押収したフィルムにより現場の状況を再現する証拠調べを行った。その結果、一部機動隊員の特別公務員暴行陵虐と、強制的に所持品検査をした職権乱用を認めた。しかし容疑者としての責任を負わせるだけの証拠は見つからず、付審判請求を棄却した。

フィルムはテレビ4社に返還された。だがフィルムはコピーされていることが判明。テレビ各社は厳重に抗議し、70年12月に焼却処分された。

大坪義明（おおつぼ・よしあき）……1957年入社。久留米総局、筑豊総局、筑紫支局、社会部次長、都市圏部次長など経て筑豊総局長、運動部長。著書に「武富敏治聞書・海よ空よわが島よ」。

佐世保港で異常放射能を検出

汚染源は米原子力潜水艦

あれは1965（昭和40）年8月のことであった。米海軍所属の通常型潜水艦2隻が長崎県の佐世保港に入ったのだ。私は入社したばかりで、佐世保支局勤務1カ月そこそこの新米記者。早速、支局のジープを運転し、米艦船が係留されている立神岩壁に入ってカメラで潜水艦を写しているうち、警備のSP（ショアパトロール）に捕まった。

私が名乗った「プレスマン」をゲートの兵隊は「ポリスマン」と間違えたらしい。基地渉外部でなんとか説明が通じたものの、担当していた警察の記者クラブでは各社の質問攻めに遭い、他紙に「西日本新聞記者を米軍が逮捕」と書かれる始末となった。

当時はベトナム戦争中とあって、佐世保は米艦船の出入りが激しかった。特に通常型の空母が入れば駆逐艦などの艦船も率いていて、街はセーラー服で埋められて大いににぎわうのだ。

ある日、支局長の原敬一が「支局に遊びに来た空母乗組員が大変な話をしていたな」と言って、自ら書いた原稿を見せてくれた。

「ベトナムの港で空母に積んでいるニュークリアウェポン（核兵器）と書いたモノを荷下ろししているところを見た」。この話を記事化したものだ。

当時、わが国は首相佐藤栄作の唱えた「非核三原則」が話題になりだしたころ。日本に入れさせ

佐世保港を出港する原潜ソードフィッシュ。手前は放射能を測定する佐世保海上保安部の調査船＝1968年5月11日

ない核兵器が、実は米艦船によって頻繁に運び入れられた可能性も十分にある。社会部デスクと支局長との緊張したやり取りの末、掲載は見送りになった。

そして68年1月、原子力空母エンタープライズの寄港である。第一次、第二次羽田闘争を展開した三派全学連が総力を挙げて佐世保にやってきた。

西日本新聞の取材陣も本社、東京支社などからの応援組を中心に30〜40人ほどいただろうか。てんやわんやの騒ぎの中で、デモ規制の警備隊員から殴られてけがを負った記者もいた。これが日米安保体制やベトナム戦争の行方を占う時代の一幕であるのを教えてくれたのだ。

＊

⦿ソードフィッシュ号の放射能漏れ問題　佐世保港での米原潜ソードフィッシュ号の放射能漏れ問題は、1968（昭和43）年に公刊された原子力白書に記録されている。現地から報告を受けた旧科学技術庁などが、現地調査を実施、米国から派遣された専門家からの事情聴取も行った。米国側は放射能漏れと原潜との因果関係を認めなかったが、日本政府は原潜から漏れた可能性を指摘している。これを機に、佐世保港での放射能の監視体制が強化された。

それから4カ月足らずのことであった。原潜ソードフィッシュ（2360トン）が5月2日、佐世保に入港し、工作艦エイジャックスに横付けされた。日本はちょうどゴールデンウイークを迎え、新聞やテレビの関心もさほどではなく、忘れ去られたような存在であった。

連休が明けて6日の夕方、私は「原潜は佐世保から出ていけ」と気勢を上げる島瀬公園での集会に取材に出かけた。人出はまばらであった。佐世保はきれいな海、港が命だが、その現実はどんなものなのかと、ふと思った。放射能を測定している佐世保海上保安部はいま、どうしているだろうか、行ってみよう。

ジープで10分少々、市街地を抜けて干尽町の海上保安部に行くと、建物はひっそりと静まり返っていた。玄関から入り「こんにちは」と警備救難課の部屋をうかがうと、3、4人いた職員がびっくりした表情で「いま入ってもらうと困る。外にいてくれ」と追い出された。「何かあったの。教えて」と問いかけるものの沈黙のままで、話にならない。

そこへ「いま測定の連中が戻ってくるから」との会話が小耳に入った。そうか、港の放射能測定の連中が帰ってきたのか。慌ててカメラバッグを握りしめ、10メートルほど下にある岸壁まで走った。

間もなく、モニタリングボート（放射能監視艇）が岩壁に接近してきた。測定作業を終えた職員が海水を入れたプラスチック容器や測定器具類を手に上陸してきた。こっちはカメラを向け、シャッターを押し続ける。職員は取材を遮るでもない。みんな黙々と業務に没頭している感じだ。

＊

再び警備救難課。私は部屋には入れない。聞き耳を立ててドア越しに内部の状況をうかがう。電話で話す声が大きくなった。「午前中に測った記録は普段通りの数字の10倍から20倍だ」。相手はどうやら東京の科学技術庁原子力規制課らしい。

支局に連絡を入れた。海上保安部のある2階建てビルの赤電話から「佐世保港が異常放射能で汚染されたようです。取材には協力してもらえませんが、電話のやり取りでそう理解できます」。「よし、分かった」。こう答えた支局長の原は直ちに社会部を通じて新聞三社連合（ブロック紙の東京・中日新聞、北海道新聞、西日本新聞）の一つである東京新聞に手配し、科学技術庁に当たりを入れてもらうように頼んだ。

東京新聞からの情報によると、科技庁は佐世保について「風波が荒く、測定はしなかった」と記者クラブに発表。これに反応して取材に動く記者は東京新聞を除いていなかった。

7日付の西日本新聞は佐世保港で異常数値の放射能が測定されたことを伝

西日本新聞

ついに世界3位

42年国民総生産 41兆6千億に

一人当たり 21位変わらず

「測定調査」やり直す

異常を発見したため 佐世保

二度めは平常値

市中心部に被弾

和平会談の焦点

参戦諸国と中ソの動向

米の撤退後を懸念

独立路線維持に苦労

国際会議センター ほぼ決定的

1968年5月7日の朝刊

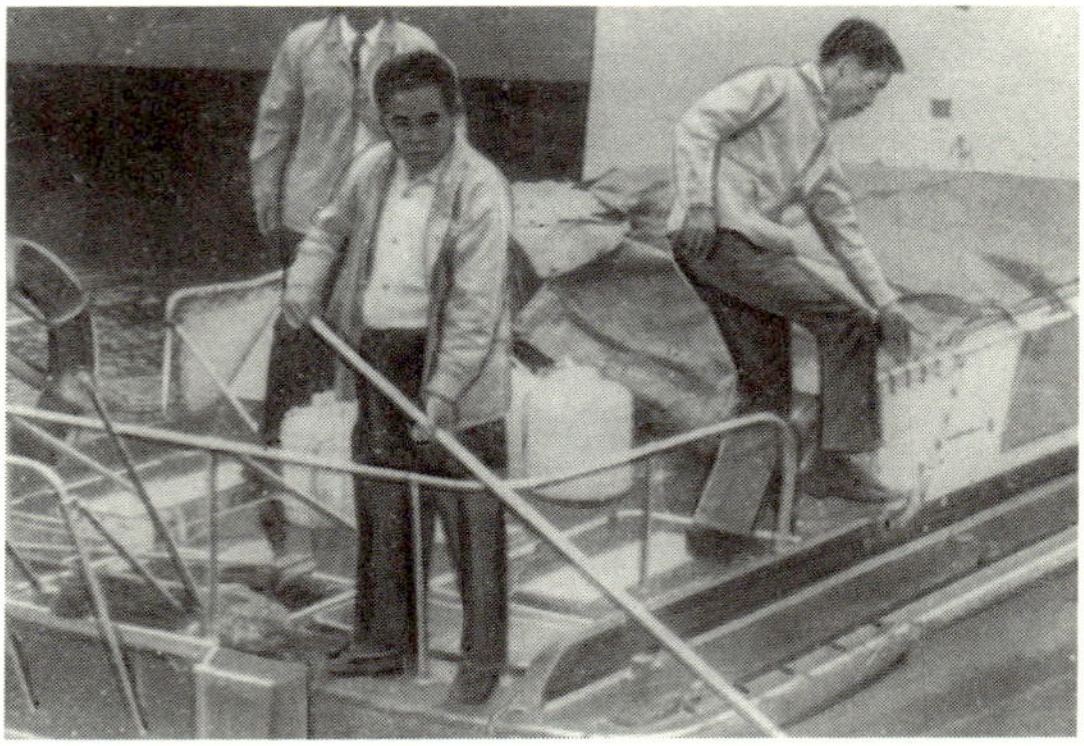

米原潜ソードフィッシュ佐世保入港で異例の放射能調査が行われた＝1968年5月7日

えた。1面のハラ（中央）に「測定調査やり直す、原潜停泊地の周辺、異常を発見したため」と5段見出し。モニタリングボートの写真付きだ。東京新聞は4段見出しで「異常を検出か？　異例の放射能再検査」と報じた。この特ダネを機に、放射能汚染の波紋が国内、そして米国に広がり始めたのだ。

＊

本紙などの報道を受けて、科技庁の記者クラブでは「波が荒くて測ることができなかったといっていたのに、一体どういうことか」という声が上がり、原子力規制課を問い詰めた。7日夜、佐世保から測定値の記録が入った速達便が届く。動かぬ証拠を前に、原子力規制課は専門家に検討させたいという約束を記者クラブ側との間に交わす羽目になった。

ちなみに6日午前の測定で検出した放射能は通常値の10〜20倍。港内10カ所の測定ポイントのうち、原潜から100メートルほどの場所であった。

ソードフィッシュは8日に予定していた出港を11日まで延期した。一方、科技庁からの現地調査団が佐世保に入り、「放射能汚染の原因は原潜を疑わざるを得ない」と発表した。とうとう米国も調査団を日本に派遣する事態にまで発展した。

佐世保現地では「これでは魚が食べられない」「原子力艦船は日本に入れるな」といった住民の反応が噴き出した。支局長原、佐世保市役所担当の森山邦人、私、後輩の田村允雄も目の回るような忙しさで明け暮れる日々が続いた。

この放射能事故報道は社内外で高い評価を受け、特に佐世保市長辻一三から市長賞をいただいたのを喜びとしている。

＊

後年、佐世保との関わりがもう一度私を取材に駆り立てる出来事が起きた。78年、東京で政治・経済の記者をしていた私に「造船の佐世保重工業（ＳＳＫ）がつぶれそうだ」という話が飛び込んできた。「あの佐世保唯一の基幹産業がなぜ？」と絶句した。

東京支社では特別取材班を作り、佐世保のため、佐世保の人たちのために「ＳＳＫをどうしても再生させなければならない」という思い入れで取材に走り回った。結果は愛媛の来島どっくが買収した。形の上では不本意だったが、私はこれでよかったと思っている。２０１４年10月からは名村造船所の経営に移り、佐世保に踏みとどまった。

港の大半は日米安全保障の地位協定でがんじがらめに縛られているものの、なんとか美しい海を守り続けてもらいたい。それがせめてもの私の願いである。

大野誠（おおの・まこと）……１９６５年入社。佐世保支局、社会部、東京支社政経部などを経て大分総局長、経済部長、都市圏部長、論説委員長。西広専務。著書に「大宰府歴史散歩」。

九州大に米ファントム機が墜落、炎上

居合わせた仲間が一斉に走り出した

1968（昭和43）年6月2日夜、福岡市箱崎の九州大工学部（当時）構内で起きた米軍ファントム戦闘機の墜落は、人的被害はなかったものの、私の新聞記者人生で最も大きな事件だった。その前日からの出来事とあわせ、緊迫の時間を記録しておく。

墜落事故前日だから1日の夜、社会部記者だった私は新聞社の近くでデスク西坂信光や記者仲間と酒席を囲んだ。交通事故が大きな社会問題になっていた時期で、交通安全キャンペーンを紙面展開し、それを終えた打ち上げだった。

終わった後、別れて社宅に帰り、床に就いたと思ったら、社から西坂の訃報を伝える電話が鳴った。どういうことだと信じられなかったが、車で病院へ急いだ。西坂は帰宅中に、自宅近くで国道3号を横断していて車にはねられたという。病院ではすでに、駆け付けた編集局長井手純二たちが納棺するところだった。

翌2日の日曜日、九州大の近くにあった福岡県営住宅の西坂宅で通夜が行われた。社会部長先川祐次以下、社会部の大半が参列していたそのさなかに、ファントム戦闘機が落ちたのだ。前夜の飲み疲れで一足先に通夜から帰宅していた私に社から緊急の呼び出しがあり、慌てて社に上がった。以下の詳細は、現場で取材にあたった記者たちの報告を私がそのまま書き留めたものである。

九州大構内に建設中の電算機センターに墜落し、炎上する米軍板付基地のＦ４ファントムジェット戦闘爆撃機＝1968年6月2日午後10時55分（墜落７分後）

＊

通夜のとき、参列していた社会部員の半数は西坂宅の室内かベランダに、あとの半数は１階の出口付近にかたまっていた。記者鈴木塙二と大坪義明が弔問客の受け付けをしていた。

突然、夜空にパーンと音がした。みんなが一斉に音の方を振り仰ぐと、一瞬に炎が走り、ドドーンという轟音《ごうおん》とともに、すぐ向こうの大きな黒い建物の辺りに火の手が上がった。暗い空

⦿**ファントム九州大墜落事件**　日米安全保障条約の延長を控えた１９６８年６月、九州大の構内に、近接する米軍板付基地に着陸しようとしていた米軍ファントム機が墜落し、炎上した衝撃的な出来事は、戦後史に残るニュースとなった。本紙報道などによると、学生たちは基地撤去運動の象徴とするため、バリケードを築いて機体の回収を拒否。学内外が混乱した曲折の末、機体が引き下ろされたのは約7カ月後で、当時の学長は辞任した。板付基地の大半は72年に返還されたが、福岡空港敷地内には米軍専用区域が残る。墜落現場となった九州大箱崎キャンパスは２０１８年、伊都地区に移転を完了した。

にオレンジ色のパラシュートが二つ、その炎の方へゆっくりと降りてくる。飛行機墜落に先立つパーンという音はパイロットが脱出する装置の音だったと後で分かった。

「落ちたぞ！」「飛行機か？」「米軍機やろ」

大坪、井上博司、草地勉、岡本昇といった記者たちが一斉に現場へ走った。すぐ南側の工学部北門横の柵を乗り越え、構内に飛び降りていく。残った記者たちも走りだそうとするのを、先川が制して言った。

「サツ（警察担当者）はみんな現場へ行け。他の2人は社に上がって原稿をまとめなさい」

西坂の通夜の現場は、とっさに取材の前線基地になった。

大きな建物の上の方で炎が燃え上がっている。頭を突っ込んだ飛行機の後ろ半分と尾翼が突き出し、炎に包まれている。建物は建設中らしく、鉄骨がクモの巣をかき乱したようにぐにゃぐにゃになって煙を噴いている。

鈴木は以前、近くの県営住宅に住んでいたことがあり、この辺りの様子に明るかった。米軍機の墜落と確認すると、現場から飛び出してたばこ屋へ走り、公衆電話で社会部に第一報を入れた。

受けたのはデスク蒲田忠助だった。

「2日午後10時48分ごろ」と鈴木は腕時計を見ながら大声で伝えた。「九大に米軍の飛行機が墜落して燃えています」

「え？　なに？　飛行機？　米軍機？　落ちた？」

「板付の米軍の戦闘機のようです。すぐ原稿にして送ります」

鈴木は蒲田の返事も待たずに電話を切ると、現場に取って返した。事件は第一報が勝負だ。電話を受けた蒲田は立ち上がって編集局中に響く声を上げた。

「九大に米軍機が落ちたぞ」

社内に残っていた記者たちからどよめきが上がった。

＊

現場に真っ先に駆け付けたのは大坪と井上だった。尾翼の星マークを見上げた井上は「米軍の戦闘機やな」。その2人の前にパラシュートが降りてきた。

パイロットの1人は大学構内に着地して歩きだしたが、もう1人はパラシュートが松の木の枝に引っかかり、必死に引きずり下ろそうとしていた。どうにか引き下ろすと、パラシュートを脇に抱えて歩いてくるところで、井上にぶつかった。

名前は何か。どこの部隊か。階級は何か。どこを飛んでいたのか。英語で矢継ぎ早に尋ねる井上に、パイロットは「テレホン。テレホン」と言いながら、右手をただぐるぐる回すばかり。近くにいた学生や当直の大学職員が取り巻き始めた。

事件取材を束ねる岡本は、目の前の理学部本館の2階に駆け上がった。職員に頼んで事務室を借りると、「ここを取材基地にして原稿を送る」と社会部に電話した。

写真部の栗田耕司は近くの貝塚公団住宅団地に住んでいた。床に就いてすぐだったが、バリバリバリ、ドドーンという轟音を聞いた。とっさに「板付基地の米軍機が落ちた」と直感して跳び起きた。いつも住宅の上を米軍機が低空で飛んでいたからだ。

中央付近に機体後部が見える

栗田は枕元のカメラをひっつかむと、夜空を染める炎を目当てに九州大構内の現場に駆け付けた。社会部員とほぼ同時だった。建設中の大型電算機センタービルの5階に頭を突っ込んだ戦闘機の燃える胴体と尾翼が見えた。暗緑色の胴体に「US AIR FORCE」の白い文字が浮かんでいる。夢中でシャッターを切った。

そこへ同じ写真部の原田英作がやって来た。学生同士の内ゲバ警戒で来たところ、この事態に遭遇したのだった。彼は駆け付けるなり、反対側の校舎ビルの屋上に駆け上がり、燃える電算機センタービルを見下ろす角度から全景を狙った。カメラは一目で事件の全容が分かる迫力の現場を押さえた。

＊

翌3日朝刊は「米軍機、九大構内に墜落

夜間の飛行訓練中」「ドガン！すぐ火の手　わめきちらす脱出飛行士」「燃える炎に怒りのコブシ　もう我慢できない」と、5カ面にわたって墜落事故を報じた。西日本新聞の独壇場でもあった。

社説（4日付）は、板付基地関係の米軍機事故が大きなものだけでもそれまで10回発生していることを指摘した上で、「単なる飛行機事故というだけでは済まぬ大きな問題をはらんでいる」と論評。「将来にわたる住民の不安を考えるとき、われわれは改めて米軍の板付基地移転を要望したい。これは福岡市民の長年の要望でもある」と述べた。

事故の夜、社会部で原稿が一段落したところで、私は「一体、ファントムちゃ、どんな意味かいな」と周囲に聞いてみた。誰も知らない。一人が資料部に走って戻ると、「ファントムとは幽霊、亡霊のことだそうです」。社会部も新聞社も福岡市民も、そして多くの人がこの〝亡霊〟に悩まされる日はその後も続いた。

住民を恐怖に陥れたファントム墜落から半世紀の時が流れた2019（令和元）年7月。「西日本読者文芸」の短歌欄に次の作品を見た。

九大にファントム墜落から五十年まざまざとありあの日の恐怖

福岡南　安東光子

花田衛（はなだ・まもる）……1956年入社。宮崎総局、社会部、東京支社文化部などを経て大分総局長、写真部長、新聞三社連合事務局長。著書に「人物記者手帖」など10冊。

西日本一帯に広がった最大の食品公害

カネミ油症事件

日本最大の食品公害事件となった「カネミ油症事件」の被害者は北部九州を中心に、約1万4千人に広がった。北九州市のカネミ倉庫が製造販売した「米ぬか油」の製造過程で加熱、脱臭のためのポリ塩化ビフェニール（PCB）が混入、西日本一帯に内臓疾患、皮膚病、さらにはいわゆる「黒い赤ちゃん」の誕生など健康被害を引き起こした。西日本新聞にとって、地元だけに、素早く詳細な報道が求められる事件であった。

忘れもしない1968（昭和43）年10月10日午後、福岡西警察署に向かう取材車の中で、社会部の鈴木塙二から無線電話が入った。「玉ちゃん、油症、他紙にやられたかもしれない」。「えっ、どうして」――。

＊

鈴木と私は九州大を担当、医療問題取材班として特に医学部を重点に取材していた。九州大付属病院皮膚科に、吹き出物が出て皮膚が黒くなる色素沈着、体がしびれるなど体調異変を訴える患者が数人通っていることをつかんでいた。担当講師に取材をしたが「軽い症状で、食用油が原因だろう」「もう少し時間を置けば、はっきりするし、学会で発表するので（記事にするのは）待ってほしい」とのこと。他社が嗅ぎつけたら、その前に連絡する、と暗黙の約束をしてくれた。

その皮膚科教室スタッフから同日午前、社会部に「連絡がほしい」と電話があった、という。「A紙が取材に来た」ことを約束通り伝えるものだったようだが、夕刊の締め切りに追われていたデスクが鈴木に連絡したのが、同日の午後。全てが、後の祭りだった。A紙記者は患者サイドから追ってきて、皮膚科教室に確認、油症の集団発生を記事にしたもののようだった。「奇病」の大見出しが紙面に躍っていた。

*

最初「軽い皮膚症状」だった油症患者の病状は実態が明らかになるにつれ、次第に深刻さが分かっていった。顔にニキビのように吹き出物が出、背中いっぱいに広がっていた。皮膚の異常に始まって、目やに、爪の異常、かゆみなど、外見に現れる症状に若い女性をはじめ子どもたちは「他人の目」がつらかった。患者は「病気のデパートみたい」と自嘲を交えて、症状の多様さを訴え続けたが、外見を損なわれたことが、特につらかったようだ。結婚やいじめなど差別に通ずるのを恐れていたのである。

九州大を中心に油症研究班が結成され、本格的な診療と原因究明が始まった。皮膚症状だけでな

⦿カネミ油症　1968年に福岡、長崎など西日本一帯で発生した国内最大の食品公害。原因は、カネミ倉庫（北九州市）製の米ぬか油に、脱臭工程で使われたポリ塩化ビフェニール（PCB）などが混入したこと。この油を口にした約1万4千人が、皮膚の痛みや吹き出物、倦怠《けんたい》感、肝機能障害などの健康被害を訴えた。2018年10月で被害確認から半世紀たったが、患者の胎盤などを通じて生まれつき皮膚疾患などに苦しむ「油症2世」の多くは、救済されていない。20年4月末現在の生存認定患者数は福岡県内525人、長崎県内458人。

く肝臓、腎臓など内臓に疾患が見られ、さらにはカネミ油を摂取した妊婦から生まれた皮膚の黒ずんだ赤ん坊が「黒い赤ちゃん」「コーラベイビー」などと呼ばれるような、深刻な事態になった。胎盤を通じてPCBが赤ちゃんに油症を引き起こしたのである。「油症の症状が2世3世に及んでいる」と被害の深刻さと不十分な対策が国会でも追及された。有機水銀が胎盤から胎児に及んだ胎児性水俣病と同じだった。

＊

やがて九州大の調査によって、カネミ倉庫での米ぬか油の製造工程で、脱臭塔の、蛇がとぐろを巻いたように造られている金属製蛇管《じゃかん》からピンホールが見つかった。加熱したPCBをこの蛇管に通し、間接的に米ぬか油を加熱して脱臭していた。そのステンレス製の蛇管に空いたピンホールからPCBが漏れ出し、食用油に混入したとする説、また蛇管の工事ミス（溶接エラー）説もあった。「PCBは燃えない油」として企業間で評価が高く、脱臭工程で加熱するための熱媒体としては効果的な物質だった。ピンホール説、工事ミス説のどちらにしても、人が口にし、体内に入れる食用油の製造過程にPCBを使っていたこと、その管理が不十分であったことなど企業責任は明らかだった。製造工程の欠陥と有害物質の特定、企業責任の行方、それに工場門前での患者の長期座り込みへの対応など北九州支社の前線記者たちの苦労は大変なものだった。

＊

カネミライスオイル被害者の会全国連絡協議会の会長は紙野柳蔵。一家4人と長女の家族が油症患者になった。患者は福岡県・田川、添田に多く、彼はまず田川地区の油症被害者の会を作り、そ

患者の救済を訴え座り込みを続ける紙野柳蔵＝1975年2月

の後、全国組織の会長を務めた。紙野の自宅は英彦山の麓、添田町の元炭鉱住宅にあった。紙野一家は敬虔《けいけん》なクリスチャンで、取材で訪ねると自宅に上げ、お茶をすすりながら、きわどい質問にも穏やかに答える人だった。

日の丸が翻るカネミ倉庫（北九州市小倉北区）の前に、「怨」の旗を掲げ、テント小屋を張り3年8カ月間、抗議の座り込みを続けた。「公害はノアの洪水のように太古からあったのです。人類は滅びの道を歩んでいる」とキリスト者らしい発言があり、同時に加害企業に「悔い改める」ことを強く求める厳しさがあった。賛美歌を歌い「悔い改めよ」と叫ぶ紙野に他の患者は距離を置き始め、「もっと現実的な運動を」との批判も聞こえてきた。損害賠償訴訟でも、「金を要求しての訴訟ではない」と途中から原告団長を降りるような紙野だった。「我々を苦しめるのはPCBではなく、人なのです」の言葉が思い出される。

＊

社会部の同僚、山本巖と「五島・玉之浦をルポしよう」と相談していた。長崎県には約500人の患者の存在が確認されていた。しかし、離島のさらにへき地であることから実情はつかめていなかった。

特に、福江島の玉之浦と奈留島に油症患者が集中的に発生していた。辺境の漁村になぜ、という素朴な疑問に加え、患者たちの沈黙。そこでは、どのような経路で被害が発生し、地域や暮らしに何が起こっているのかを連載ルポしようというのである。「忘れられた油症患者」を通して、この食品公害事件の本質を書くことができるのでは、というのが2人の問題意識だった。

長崎港から船で福江港に上がり、バスで延々、山道を上り下りして、遣唐使船が故国に最後の別れを告げ、荒海に乗り出して行った三井楽港を通ってようやく、玉之浦に着いた。玉之浦の名前の通り、美しい入り江の村で、かつては鯨漁が盛んだったと聞いた。原生の赤いツバキの花が咲いている季節だった。丘の上に小さな、しかし立派な教会が立っていたのが、目に残っている。

＊

2人は役割分担して、坂道を上り、一軒一軒、訪ね歩いた。玉之浦の患者たちは、いち早く、カネミ倉庫と信じられないような低額の慰謝料で和解していた。「なぜ」と聞くと「神父様が、油症は私たちの罪からきているとおっしゃる。私たち自身が悔い改める必要があるのです」――被害者の

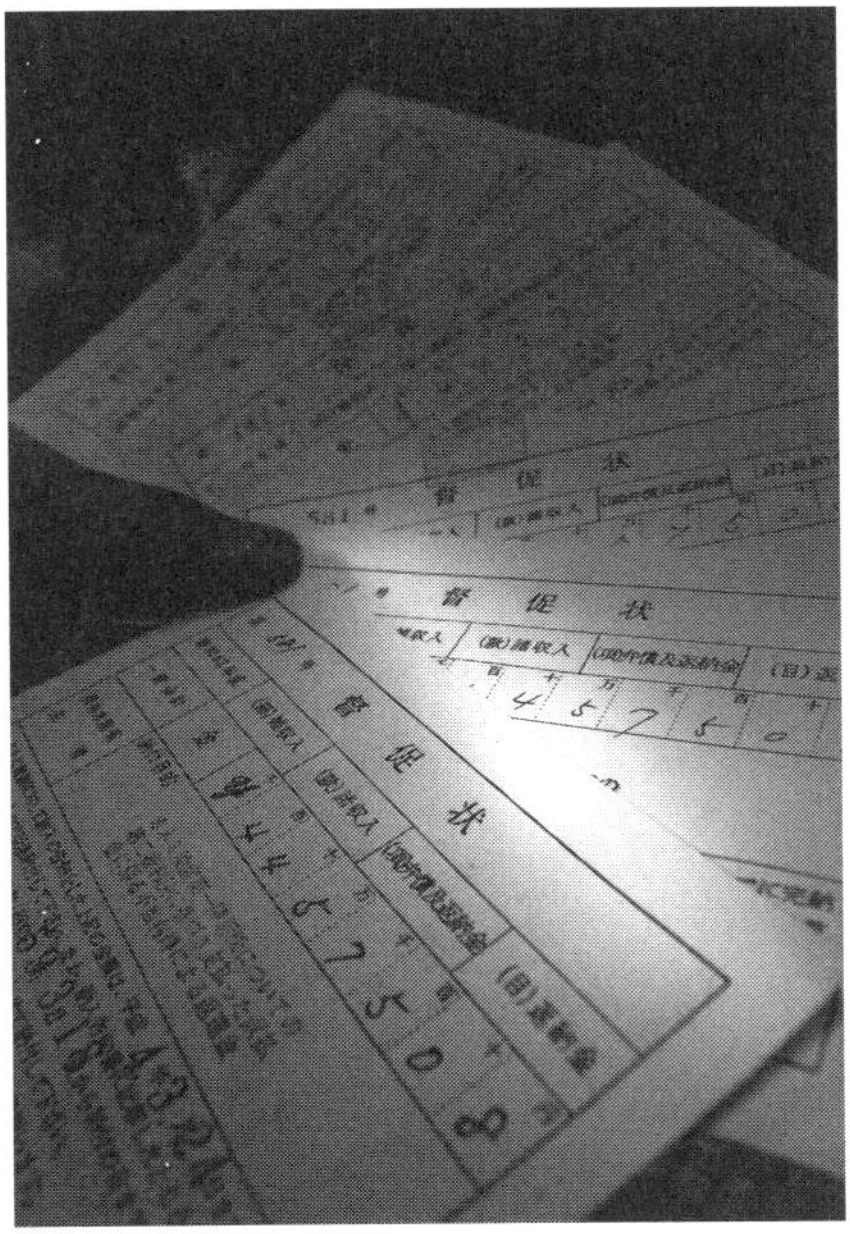

国から奈留島の女性宅に毎年届いた、賠償金の返還を求める督促状。「先を案じ自殺者が出た家もあるとです」＝2007年撮影

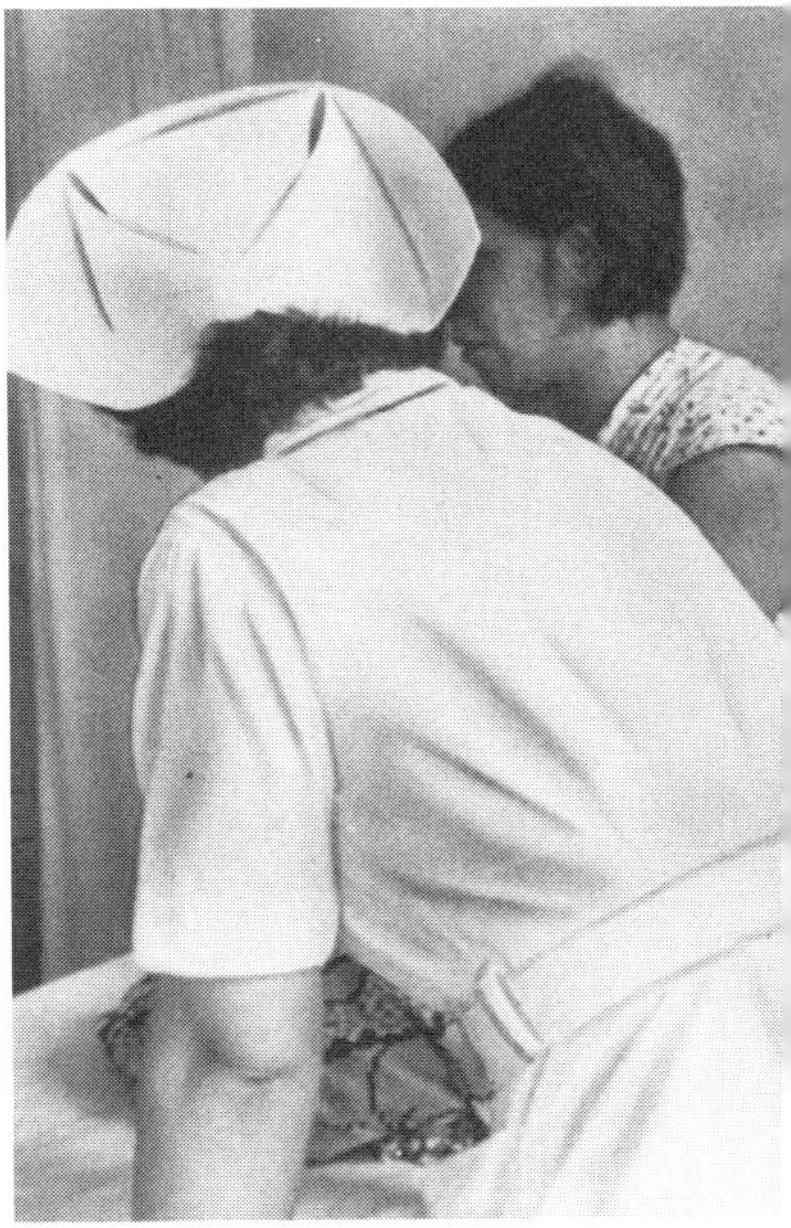

「知りたいのは治療法」と病床で訴える油症患者＝国立小倉病院、1969年

言葉とは信じられない答えが返ってきた。離島のさらにへき地で、情報も届きにくかったのだろう。

玉之浦の住民は「体に良いコメ油」「成人病に効く」「力仕事をする漁師の夫を元気にする食用油を」と共同購入したのである。揚げ油や、一種のサラダオイルとして使われていた。厳しくカネミ倉庫の責任を問い詰める「怨怒《おんど》の民」（紙野の著書）とは別の油症患者の姿がそこにあった。カトリック教徒は油症患者であっても中絶はタブーで、30人近い「黒い赤ちゃん」が生まれていた。多くの被害者が慰謝料の中から教会に寄付したという。

福岡市や北九州市、その近辺に暮らす被害者と違って、玉之浦のような離島へき地の被害者は、油症から発生する生活上のさまざまな問題などを「相談するところがない」という、孤立した状況に押し込められていた。みんな複数の症状に苦しみ、入院、手術を繰り返し、働き手である主人の症状が重い家庭は生活にあえいでいた。

＊

表面には出なかったが、時がたつと、患者から「医師不信」の声が聞こえ始めた。治療研究班はできたが、脂肪組織に取り込まれたＰＣＢは体内残留が長く、なかなか排せつされないこともあって、明確な治療法が見つからず、患者の中には「医者はデータを取るだけで、われわれは人体実験、モルモットにされている」という不信感が生まれた。治療が長引き、なかなか治癒しない「いらだち」が激しい医師不信となっていたのである。

九州大が中心になって作成された「診断基準」への不信感もあった。ＰＣＢに加えてダイオキシン類のポリ塩化ジベンゾフラン（ＰＣＤＦ）も関与していることが分かった。その基準は皮膚症状が中心で、その他の内臓症状などを持ちながら、基準に合わないとふるい落とされた「未認定」患者も多く存在した。また、油症患者と分かれば娘の結婚などが破談となることを恐れた「隠れ患者」の存在もあった。水俣病患者と同じ被害者差別が生まれていた。

＊

カネミ油症事件は、水俣病など公害病と同じ経過をたどる。水俣病ではネコの異常行動が、カネミ油症ではＰＣＢが混入した「ダーク油」を含む配合飼料によるニワトリの大量死が、人の被害に先行した。油症を発生させた企業は製造責任と被害者の治療・生活の救済責任を問われる。行政の責任、医療の責任もある。特に、食品を製造し、販売を取り扱う企業の責任は重い。

しかし、現実にはカネミ倉庫の支払う補償は治療費とわずかな慰謝料でしかない。行政責任と補償を巡って、異常な事態も起こった。国（農水省）を相手に、被害者原告は二審で勝訴、賠償金の仮執行金約27億円が国から支払われた。しかし、上告審で国に対して敗訴濃厚となり、国への訴えを取り下げた（弁護士の判断ミスとされる）。国はなんと、仮執行金の返還請求の時効（10年）を前に、仮払金の返還を求め裁判所へ調停を申し立て、患者たちにさらなる重荷を負わせる結果となった。すでに治療費や生活費に使ってしまった患者家族が多く、苦しみは倍加した。

「私たちは、社会から捨てられた棄民なのだ」とつぶやいた紙野の言葉が、今も耳に残る。

＊注＝カネミ油症事件の取材は被害者、九州大など医療、行政、原因企業であるカネミ倉庫、訴訟経過など多岐にわたるが、カネミ倉庫は北九州支社、訴訟経過は司法担当がそれぞれ取材を行っており、本文は被害者、九州大病院と患者の取材を担当した記録として読んでいただきたい。

玉川孝道（たまがわ・たかみち）……1963年入社。筑豊総局、社会部、東京支社政経部、ワシントン特派員、地域報道部長、編集局長。九州大総長諮問会議、国土形成計画、風景街道戦略会議各委員。

わが国初のハイジャック、よど号事件

富士山上空「北朝鮮へ行け」

1970（昭和45）年3月31日朝――

「いま入ったニュースです。東京・羽田空港をけさ7時に出発した福岡行き日本航空351便よど号が、富士山付近上空で約10人の若い男たちに乗っ取られました。男たちは赤軍派を名乗り、機長らに日本刀を突きつけて『北朝鮮へ行け』と要求しているもようです。同機には乗務員7人と乗客131人が乗っており、間もなく福岡空港に着陸の予定です」

テレビの速報に、まだ布団の中で各紙朝刊に目を通していた私は跳び起きた。日本では初めてのハイジャックだが、この2、3年前から中南米や中東地域では頻発しており、いずれ日本でも、の予感はあった。

すぐタクシーで福岡空港に急いだ。午前9時すぎ、よど号はすでに一番北側の5番スポットに着いていた。ボーイング727の機体の下には白い日航整備員服を着た福岡県警機動隊員15人ばかりが待機していた。隙あらば飛び込む姿勢だった。

その間も、日航の社有無線を通して犯人の要求を代弁する機長石田真二、副操縦士江崎悌一と空港ビル内の日航航務課とのやりとりは急を告げていた。犯人たちは共産主義者同盟（共産同）赤軍派の学生ら9人。「北朝鮮で軍事訓練を行い、日本に戻って武装蜂起を目指す」と言った。

機長「犯人は（目的地に行けないなら）爆弾使用も辞さないと言っている。乗客は手を縛られている。早く給油してくれ」

航務課「ブレーキの具合が悪い。交換のためジャッキアップしたい。そのため客を降ろしたい」

機長「駄目だ」

＊

寺﨑一雄、指出昭洋、林田威男ら警察担当に遊軍記者も加わった社会部の取材陣は、空港ビル（当時は1棟だけ）1階にある空港保安事務所、階上の日航空港支店、福岡県警の警備本部、それに心配して駆け付けた乗客の家族たちが待機している応接間の間を走り回る。

県警警備本部では本部長有吉久雄、警備部長室伏増

ハイジャックされた日航機よど号を見守る人々＝福岡空港

⊙よど号事件　日本万国博覧会が大阪で開催されているさなかに起きた国内初のハイジャック事件。犯人は60年安保闘争の中核だった組織から分派した「共産主義者同盟赤軍派」メンバーだった。後にあさま山荘事件（1972年）を起こした連合赤軍や、ダッカ日航機ハイジャック事件（77年）で世を騒がせた日本赤軍の母体となった組織だ。一味は国内で活動の場を失い、社会主義国の北朝鮮で軍事訓練を受けて日本に戻り、武装蜂起する狙いだった。しかし、北朝鮮で逆に思想教育を受けて工作活動に関与。9人のうち2人は日本とカンボジアで逮捕され、リーダーの田宮高麿ら3人は死亡した。残る4人は帰国を希望したが、実現していない。

男と日航の福岡空港所長塚田正四郎（現地対策本部長）、運輸省福岡空港長竹内良一がこの事態にどう対処するか額を寄せた。

「乗客の安全第一に福岡で解決する。離陸はさせない」が基本だった。警察庁からは「飛行機の一部を壊してでも飛び立たせるな」の指示。「犯人は必ず福岡で逮捕すること」と首相佐藤栄作からの言葉も届いていた。

よど号の窓の隙間からは乗客が後ろ手に縛られた姿が見えた。その間も、機長からの緊迫した要求が続く。

給油が始まった。整備員たちはゆっくり作業する。対策本部は給油した後、燃料タンクとエンジンを結ぶパイプを閉めることを考えていた。自衛隊のT33機が着陸して滑走路で止まった。故障したのだというが、もちろん離陸阻止のためだ。

空港を取り巻く道路や空き地では群衆が見守った。「乗客の生命をかたに共産圏に逃げるなんぞ、日本男児のやることじゃない」「機内には赤ちゃんもいるのに、早く救出できないのか」。それぞれに怒りと心配が口をつく。

駆け付けた乗客の家族の女性が「70歳の祖父は心臓が悪い。何とか降ろしてもらえませんか」と日航職員に訴えた。

「病人を降ろしてほしい」の要求に犯人たちは「調べる」と言った後、「病人と子供、抑留に耐えられない者は降ろす」と答えた。

機体が空港南側の16番スポットに移動した。前方のドアが開くと、抜き身の日本刀をかざした男が現れ、その脇を転げるように乗客23人がタラップを下りた。「早く離陸したい」「滑走路に止められた車をのけてくれ」とせかせる機長。

よど号乗っ取り犯(日本刀を持った男)の監視の中で、次々にタラップを下りてくる乗客＝1970年3月31日

その直後だった。よど号は補助滑走路へ動きだした。2人の整備員が主翼の下に飛び付き、燃料パイプのバルブを閉めようとした。が、すぐに振り落とされた。午後1時59分、よど号は黒煙の尾を引き、北の空へ飛んだ。

＊

よど号の機影が見えなくなると、私たちは解放されて機から降りた23人から恐怖の5時間の機内の様子を、また、機とともに飛び去った乗客の家族からは心配な思いを取材するのに追われた。約1時間後、よど号は北朝鮮・ピョンヤンの空港ではなく、ピョンヤンと思わせる偽装工作を施した韓国・ソウルの金浦空港に着陸したことが分かった。

社会部に帰ると、すでにソウル特派員高崎剛夫から原稿が届き始めていた。犯人たちは金浦空港に着陸直後、「歓迎」のプラカードを持つ北朝鮮兵らしい姿を窓越しに見て喜んだが、すぐにピョンヤンではないと偽装を見破り、乗客99人を人質に機内に籠城しているという。

「ここは大韓民国金浦である。乗客を降ろして降伏しろ」。スピーカーで繰り返し呼び掛ける韓国内務部の課長がテレビに映る。記者たちも懸命だ。野田雄一郎がテレビ中継を見ながらの補充取材に当たっている。中村正近はソウルでの取材応援に飛んだ。

それにしても、よど号はなぜ福岡空港を飛び立ったのか？　なぜ金浦空港に降りたのか？　金浦空港は短時間のうちになぜピョンヤンを装う工作ができたのか？　——謎だった。

後に知ったことだが、福岡の離陸は「乗客の安全を考え、航空機奪取の不法者に逆らうな」とした日航乗務員マニュアルに沿った、機長独断の行動だったという。

金浦空港への着陸は、背後で米国の極秘工作があったといわれた。実は、よど号が最初にハイジャック信号を出した富士山付近は当時米軍の管制空域で、真っ先にキャッチした米国側は乗客の中に2人の米国人がいること、うちの1人は神父だが米中央情報局（ＣＩＡ）筋の人物であることをつかんだ。その上で「絶対に北朝鮮に行かせてはならない」として、直ちに日本と韓国の関係者に工作情報が伝えられたという。

＊

テレビは金浦空港の様子を伝えるが、韓国側の「乗客を降ろせば離陸させる」という主張と犯人側の「絶対に降ろさない」という主張がかみ合わないまま、夜が更けた。2日目（4月1日）もその繰り返し。膠着《こうちゃく》状態が続いた。

福岡空港で乗客の帰りを待つ１００人を超す家族たちは、心配と焦りと疲労が募っていた。「家に帰っても眠れないから」と床にごろ寝する人も多かった。いたたまれず首相に家族一同の名で「人命尊重の立場で平壌へ飛ばせてほしい」と電報を打ったことを、家族たちは記者会見で明かした。韓国大統領朴正熙《パクチョンヒ》へも打電した。

3日目。北朝鮮と同国赤十字会が「乗客の安全と速やかな送還」を明言した。ようやく事態が動きだした。金浦空港に飛んで交渉に当たっていた運輸政務次官山村新治郎が自ら、乗客に代わって人質になることを提案。これを犯人側が受け入れた。その話が福岡空港に伝わると、乗客の家族たちに安堵《あんど》の笑みがこぼれた。

ソウルに残った米国人神父を除く乗客98人とスチュワーデス4人が、迎えの日航機ひだ号で無事帰国したのは3日夜だった。そのうちの福岡で降りた45人が入管手続きを終えて笑顔で出てくると、ロビーは拍手が湧き、家族が抱き合った。

喜びの中で「代わりに人質になってくれた山村次官への感謝を忘れずに」と言う人がいた。機を早い順番で降りた人からは「全員が降り終えるまで土を踏んでいる気がしなかった」という話を聞いた。お互いを思いやる心が、苦境を越えて耐える力になっていたのだと思った。

よど号は犯人らをピョンヤンに運んで降ろし、次官は5日朝、機長らクルーとともに帰国した。事件を契機に国内の各空港では搭乗客の手荷物検査が始まり、2カ月後にはハイジャック防止法（航空機の強取等の処罰に関する法律）が制定された。しかし、その後も「赤軍」系のハイジャックは続いた。

松尾良彦（まつお・よしひこ）……1957年入社。社会部、沖縄特派員、東京支社政経部、運動部長、論説副委員長（東京駐在）を歴任。著書に「K2　雪と氷と岩と」「〈山と人〉百話　九州登山史」など。

強い絆のウチナンチュー気質

変遷史を生き抜いた沖縄

「佐藤栄作総理には足を向けて寝られません」

1972（昭和47）年、当時琉球政府主席だった屋良朝苗《やらちょうびょう》の口から漏れたこのつぶやきが、今もはっきりと私の耳に残っている。

1969年の日米首脳会談、71年の沖縄返還協定調印で決まった72年の本土復帰。私はその現地取材のため、返還前年末から那覇特派員として駐在していた。返還日の72年5月15日を目前にして、主席がようやく応じてくれた単独インタビュー。夜の公邸でじっくり約2時間、復帰運動の先頭に立ち続けてきた苦労話あれこれを聞き込んだ。

最初のうちこそ公式会見同様に四角四面の発言が続いたが、遠慮会釈のないやりとりをしているうち、先の発言になった。もちろん、この言葉そのものは記事には書き込まなかったが、復帰運動で革新陣営のシンボルに祭り上げられていた屋良の、他人にはめったに見せない本音だったと思う。

そう、この人はわざわざ本土に渡って当時、全国で2校しかなかった旧制高等師範学校（広島）を選び、学んで育った人。国立の高等師範は、昭和の初めごろから強まった国家主義的な風潮の中で、教師育成の中核を担っていたところ。とすれば、むしろ本質は保守派だったのだ。ただ早くから米国統治下で沖教組（沖縄県教職員組合）の中心であり、誠実そのものの人柄を買われた屋良。や

沖縄返還が決まり、会見する屋良朝苗＝1969年11月23日

がて労働界を中心とした革新陣営から担ぎ出されて、本土の県知事にあたる主席の座を保守派から勝ち取り、本土復帰の大事業に直面していたのである。

形こそ議会もある琉球政府だったが、当時の実権は米軍現役中将をトップとする米国民政府にあり、住民の思う通りの行政はかなわなかった。しかも佐藤・ニクソン会談をはじめ当時の日米交渉では、核兵器こそ撤去するが、中ソと対峙するアメリカは、琉球列島を地政学的な「太平洋の要石《かなめいし》」として在沖米軍の広大な基地は当面そのまま。占領下そっくりの復帰だと猛反発する現地革新陣営、それを強力にバックアップしていた総評など本土の応援、これらは全て主席の屋良に

⦿**沖縄返還**　第2次大戦末期の1945（昭和20）年、米軍に占領され、52年に発効した対日講和条約でアメリカ合衆国の統治下に置かれた沖縄は72年5月15日、27年ぶりに日本に返還された。ただ、返還後も在日アメリカ軍の基地は県土の約10%を占めている。基地問題のほかにも日米共同声明における有事の際の核持ち込みに関する密約疑惑や、沖縄の経済的自立など多くの課題が残っている。

集中していた。

真面目な性格の屋良は自分の立場を熟知して、日ごろの発言、行動は慎重そのもの。だから71年6月17日に東京で行われた返還協定調印式にも欠席したほどである。

＊

同じような場面が自衛隊駐留問題でもあった。

復帰直後に行われた初の知事選で屋良は圧勝した。そこに大型台風が襲来し、沖縄近海に居座った。困ったのは離島の南大東島（南大東村）である。本島から250キロも離れており、通常船便での物資補給がストップ。村役場から県庁に食糧の緊急救援要請があった。

事態をキャッチした自衛隊は鹿児島県の鹿屋基地から輸送機数機を那覇空港に派遣し、出動に備えて待機させた。あとは知事からの要請だけ。ところが知事の動きがない。緊急記者会見を求めて収拾策を尋ねても知事は口を濁すばかり。その裏には「自衛隊反対」の支持団体の意向が見え見えだった。

業を煮やした私は「自衛隊には反対でしょう。でも今は県民の命が最優先ですよ。だったら米軍に頼みなさいよ」と切り込んだ。重い知事の口からの反撃は「あなたは着任以来、私を攻撃するばかりだ。会見は中止する」だった。

あぜんとする記者団を背に立ち去る知事に、私はもう一言。「知事は屋良天皇と言われているそうだが、百万県民全員が支持しているわけではない。私はその少数意見を代弁、質問しているのを忘れないで」とぶつけた。

初の公選で当選し抱負を語る屋良。聞き手は西日本新聞政経部長の宮田＝1968年11月12日

屋良の〝保守心情〟を確信していたつもりの私は、やれやれの思いで出口へ歩き出していたら、副知事から呼び止められた。知事室に来てくれだった。

顔を出すと、屋良は「先ほどは言い過ぎた」と頭を下げた。私も「いささか挑発的な発言でした。でも行政は県民第一ですよね」と応じた。立ち会っていた副知事のとりなしもあって、双方の立場を理解し合いながら一件落着。後日無事、自衛隊機派遣で収まった。

屋良は常日頃からこうした事に当たっては渋面を見せ続けてきた。あの表情は、戦後27年かかった祖国復帰実現の喜びは押し隠しながら、裏切りを許さない支持母体とのはざまで悩む苦渋そのものだったと私は確信している。

＊

私は復帰前後1年余りの駐在中、家族を本土に残して単身生活を貫いた。役所が休みの日曜は個人タクシーをチャーターし、島内に散在する米軍基地周辺、沖縄戦跡、観光地などを見て回った。現地の地形や情景を頭に入れるだけではなく、食堂や土産品店で店主や客と雑談しながら沖縄（ウチナンチュー）気質を垣間見たことは、仕事の上でもさまざまに役立つ経験になった。

田舎に多かったが、戦後も座敷に昭和天皇の写真を掲げている家が目についた。本土ではもうあまり見られない光景になっていたが、長く続いた米国統治下での祖国への思いを見たようだった。琉球王朝時代でも独立国でありながら、中国への朝貢、薩摩の侵攻、日本と清国への両属、明治維新に伴う本土統治、米軍占領とその支配、そして本土復帰――。統治体制が目まぐるしく変化する苦い歴史を重ねてきた沖縄。この歴史こそ、支配の現状には甘んじながらも、ひそかに自らを失わない県民性が培われていたに違いない。

特に戦後の「アメリカ世《ゆ》」と呼ぶ時代は、まったく異なる民族・文化の支配に涙をのんだ。先祖代々味わい続けた支配体制交代の中では、信頼できるのは組織ではなく、人と人の結びつきになる。だからだろう、いわゆる頼母子講《たのもしこう》、現地では「結い」と呼ぶ助け合いグループづくりが盛んだった。親類、親しい仲間、さらには女子高生までさまざまな「結い」仲間を持っていた。月1回ぐらいの集まりで現金を出し合い、まとまった現金の必要な者が順次受け取る。

信頼が築かれるとトコトン付き合う気質は、前述した沖縄独自の歴史の中で育った。沖縄言葉でいう「イチャリバ、チョウデー（一度会ったら兄弟。仲良くしよう）」である。ウチナンチュー気質が理解できると、込み入った取材も楽しくなった。難問に直面したら「ナンクルナイサー（何とかなるよ)」と慰めてくれる。この方言もまた、変遷重複史の中で生きてきた知恵である。

短い期間ながら多忙極まる日々だったが、こうした「地域に生きた沖縄記者生活」の体験は大きな財産になった。「イチャリバ、チョウデー」。そういえば、当時那覇支局で働いていたアルバイトの女子高生が後に結婚して新婚旅行で訪ねてきたり、博多山笠を見に来て泊まったり。今なお続く家族ぐるみの付き合いも、その一例である。

向江泰（むかえ・ゆたか）……1957年入社。長崎総局、政治部、東京支社政経部、沖縄特派員、社会部、熊本総局長、スポーツ本部長、編集企画委員長など経て久留米市収入役。

「ひかりは西へ」山陽新幹線の突貫工事

新時代を築いた高速交通網

膝下まで水に漬かりながら、トンネルの掘削現場に急いだ。1973（昭和48）年6月初め、福岡県久山町と若宮町（現宮若市）を結ぶ山陽新幹線「福岡トンネル」（全長8488メートル）が「異常出水」に阻まれ、建設工事が難航していると国鉄下関工事局の関係者から聞き込んだからだ。

トンネルを掘削中に、岩盤が細かく砕けて地下水の通路となっている「断層破砕帯」にぶつかり、毎分16トンもの湧き水が噴き出していた。まるで濁流が流れる川のようだ。長靴の中にまで水が入ってくる。この状況の中で、どうやって掘り進めるのか。

掘削現場まで案内してくれた工事現場の責任者が「これからトンネルの両側に水抜き用の小さなトンネルを掘っていく。湧水量が減ったのを見極めて、粘性が強くて固まりやすい〝水ガラス〟を岩盤に注入していく予定だ。うまくいくかどうかは、やってみないと分からない」と、厳しい表情で話した。もし、この作戦が失敗したら…。トンネル開通が大幅に遅れると、新幹線の開業にも赤信号がともりかねない。そんな不安が頭の片隅をよぎった。

異常出水の対応に追われる福岡トンネルの周辺では渇水騒ぎも起きていた。トンネルの真上にある犬鳴山。県道脇の車1台がやっと通れるような山道を突き進んでいくと、山の急斜面を切り開いた田畑があった。よく見ると、あぜ道の溝には白いビニールシートが張り巡らされている。作業を

「福岡トンネル」貫通地点で握手する国鉄新幹線建設局長(右)と九州総局長＝1973年10月27日

していた地元の人に聞くと「水不足で、一滴の水も粗末にできない状況だ。シートは貴重な水を土に吸い込ませないための自衛策ですよ。それでも田植えができるかどうかわからない」と言う。

犬鳴地区の一帯では、工事が始まってから沢や川の水がほぼ干上がった。約60戸の家で井戸も枯れた。住民から苦情が殺到し、下関工事局はトンネルの湧き水をポンプアップして農業用水として送水しているが、水が足りず、水田に水を張れないところもある。「新幹線の建設には反対じゃないが、いつまで水枯れが続くのか。先が見えんのが一番困る」。6月16日付朝刊社会面に「田植えピンチ　トンネル工事で異常渇水」の記事が載った。

＊

山陽新幹線の建設は、トンネル工事との

戦いだった。工事が難航したのが、異常出水の「福岡トンネル」と北九州市内を貫く「北九州トンネル」（全長1万1747メートル）、本州と九州をつなぐ「新関門トンネル」（全長1万8713メートル）の三大トンネルだ。

中でも難航したのが、関門海峡の海底を掘り進む新関門トンネルである。海底部分は880メートル。この区間の工事は「水と土の戦い」に明け暮れた。とりわけ下関側海岸線から100メートルほど入ったところに立ちはだかる幅30メートルの断層破砕帯は地盤が極めてもろく、毎分約8トンもの出水に悩まされた。

北九州市の門司にある国鉄門司鉄道管理局記者クラブの同僚らと海底の掘削現場を取材したことがある。雨合羽《がっぱ》をかぶり長靴を履いて、泥水でぬかるむトンネル内を歩いた。中の湿度は100％近くもある。水蒸気でほとんど前が見えない。濃い霧の中を歩いている状況だ。天井から滝のように流れ落ちる水で、買ったばかりのカメラのストロボも壊れた。「グォーン」「ド、ド、ドッ」。耳をつんざくような削岩機の騒音で、下関工事局の作業責任者の説明も聞き取れない。誰かが「スクリューの音が聞こえる」と冗談めかして軽口をたたいた。

翌日の朝刊で某紙に「トンネルの頭上を通過する船のスクリュー音が聞こえた」という記事が載り、門司支局長の北野昌男に「そんな話を耳にしたなら、なぜ記事にしなかったのか」とこっぴどく叱られた。下関工事局に問い合わせると「海底とトンネルの間の土かぶりは24メートルある。音が聞こえるように薄いと、怖くて掘削できんよ」。

難工事が続いた新関門トンネルの海底部は73年5月1日に貫通した。異常出水で工事がストップしていた福岡トンネルも水抜き工事がうまくいき、約4カ月遅れで73年10月に無事につながった。新幹線の愛称から「ひかりは西へ」を合言葉に突貫工事が進められた山陽新幹線。75年3月の博多開業にこぎつけたのは、「トンネル屋」と呼ばれる技術者たちの下支えが大きかったと思う。トンネルの工区ごとに行われた貫通式を何度も取材したが、貫通点の上で肩を抱き合って喜ぶ彼らの涙に技術者の「意地と誇り」を見た気がした。

＊

門司支局に勤務していた時、新幹線建設工事と並んで取材対象だったのが下関市壇の浦と北九州市門司区和布刈《めかり》に架かる関門橋の建設工事だった。中でも話題を集めたのが、関門海峡を完全封鎖して関門橋の橋塔間にロープを張る「渡海作戦」である。

71年6月16日午前10時、門司側の橋塔下からタグボート2隻が直径22ミリの鋼鉄のロープを1本ずつ引いて下関側にこぎ出した。海峡の早鞆瀬戸《はやとものせと》は1日約700隻の船が行き交い、10ノット（時速約19キロ）の急潮が渦巻く。そんな海の難所で、渡海作業は成功するのか。

門司海上保安部は18隻の巡視船、艇を出して海峡を行き交う全船舶の航行をストップさせた。潮

⦿時間距離の大幅短縮　高速道と新幹線の整備とともに、九州内の時間距離は飛躍的に短縮した。本社試算などによると、1990年時点での福岡市―鹿児島市間の自動車移動は4時間、大分県臼杵市までは4時間弱、宮崎県日向市は6時間近く。95年の九州自動車道全通、96年の九州横断道全通を受けた2000年時点では、鹿児島市まで3時間強、臼杵市は2時間半、日向市は4時間半に短縮。一日行動圏、半日行動圏の拡大が加速した。11年の九州新幹線全通では、博多―熊本間が1時間13分から33分、鹿児島中央間は2時間17分から1時間17分にほぼ半減した。16年の東九州自動車道の北九州市―宮崎市間全通で、1時間超短縮され5時間を切った。

の流れが弱まるのを待って、ボートがゆっくりと下関側に。新聞やテレビで「世紀のイベント」と事前告知を行っていたため、両岸には約2万人もの見物客が詰めかけた。

新聞社やテレビ局のヘリコプターが上空を舞う中、ロープは下関側でがっちりと結ばれた。つながったロープは海面上61メートルまで巻き上げられ、渡海作戦は無事に終わった。当初は4時間かかる予定だったが、2時間半でショーは終了した。見物客からは「弁当持参で来たのに。えっ、もう終わったの」という声も聞かれた。

関門橋の建設工事の取材で、先輩記者の丸山隆興と橋塔の上に登ったことがある。橋塔の中にはエレベーターが取り付けられ、歩いて登る必要はなかったが、てっぺんは高さ141メートル。真下にある和布刈神社の境内にいる参拝客の姿が豆粒のように見える。風が強く、吹き飛ばされそうで、怖い。

ロープの上には幅4メートルの金網を張った足場が組まれている。足場は「キャット・ウオーク」と呼ばれる。そこを歩くとび職の作業員の姿が、慎重に獲物を狙うネコの足取りに似ている

1973年秋に開通し、高速道路新時代を九州にもたらした関門橋の建設現場＝1972年8月

からだ。ゆらゆらと風に揺れる足場を歩く「空中散歩」。へっぴり腰で写真を撮ったが、膝がガクガクしたのを覚えている。

その関門橋は本州と九州を結ぶ動脈として73年11月に開通した。

＊

門司支局に在任中の70年から73年にかけては、高度経済成長期のさなかだった。当時は、関門橋や新関門トンネルのような土木工事が九州各地で次々に進められると思い込んでいた。だが、75年の新幹線博多開業以降は、景気の低迷で整備新幹線の建設も大幅に遅れた。九州新幹線は36年を経て２０１１年にようやく全線開業。長崎新幹線は佐賀県の地元負担を巡る協議が難航し、全線開業の見通しはまだ定まらない。

関門橋につながる高速道路の九州自動車道は、門司―鹿児島間が全線開通したのが95年7月。東西の長崎、大分自動車道がつながったのが翌年の96年3月だった。東九州自動車道の整備はさらに遅れ、北九州市から宮崎市に至る約３２０キロが結ばれたのは２０１６年4月になった。

新幹線や高速道路のようなインフラ整備に対しては、厳しい財政状況下で「金食い虫」という批判もある。だが、門司から始まった高速交通網の建設が九州内の「連携と交流」を加速させ、地域住民の生活や経済活動に大きな変化をもたらしたのは間違いない。


溝越明（みぞこし・あきら）……１９７０年入社。門司支局、社会部、東京支社報道部、久留米総局、編集企画委員会、論説委員会、九州大寄付講座教授などを歴任。

古伊万里〝里帰り〟展成功の裏で

苦心した秘蔵品の借り出し

西日本新聞社は新幹線が博多駅まで開通した1975（昭和50）年、これを記念した福岡大博覧会を3月から5月にかけて福岡市の大濠公園一帯で開催した。その目玉が江戸時代の17世紀半ばごろ佐賀県有田地区でつくられ、欧州各地に輸出、秘蔵されていた古伊万里の名品を、当時の東ドイツ・ドレスデン国立美術館から借り出して開く「古伊万里名品展」だった。

同展に展示された古伊万里158点は「日本にはほとんど残っていない重文級の名品」ぞろい。大濠会場の後、佐賀、東京、名古屋、京都の各地で巡回展を開いたので、全国的に「古伊万里ブーム」が巻き起こり、産地有田は空前の「古伊万里・里帰り」の恩恵が長く続いた。

だが、この里帰り展には東ドイツ側が壊れやすい陶磁器製品の安全確保策に強い懸念を示し、一時は〝破談〟になるかとさえ思うほどの危機もあった。難産の末、それを克服したのは両国の友好関係を保とうとする両国関係者の努力であった。

私の役回りは博覧会が開催される前年の74年6月、ドレスデン美術館から秘蔵の古伊万里を借り出す日本側交渉団に同行し、その経緯を取材報道することだった。そのため当時特派員として駐在していたロンドンから駆け付けたのだ。交渉団は本社事業部門のエースだった久間覚を団長とし、有田焼に関係する企業主、陶芸家、評論家など6人。全員がほぼ300年ぶりの里帰り展を成功させ

にぎわう新幹線開通記念福岡大博覧会＝1975年、福岡市・大濠公園

るために、意欲満々だった。

＊

しかし交渉団の意気込みとは裏腹に、二つの難題が待ち構えていた。第一は東ドイツ政府に依頼していた通訳（現地大学の日本人講師）と連絡がつかないという思いがけない事態。第二は事前の情報どおり、美術館側が貸し出す古伊万里の安全確保策に強い懸念を持っているという事情。

通訳の件では頭を抱えながら全員で東ベルリンの街を歩いていたら、写真を片手に近づいてきた日本人らしい男性が、久間の顔と写真を見比べながら「久間さんですね」と言う。なんとこの人が、日本通運ハンブルク支店長の河上秀夫で「里帰り展出品物」の輸送を引き受けようと久間を探していた人と分かる。

⦿**福岡大博覧会**　「人間・自然・科学のシンフォニー」をテーマに、福岡市中央区の大濠・舞鶴公園で1975年3月15日から5月25日まで開かれ、約215万人が来場した。22展示館のうちの一つ「ドレスデン美術館」の「古伊万里名品展」では、元禄・享保の頃（1600年代後半～1700年代前半）に欧州に輸出されたという古伊万里など計158点が展示された。

古伊万里の里帰り展交渉団

久間覚（西日本新聞社博覧会事務局長）
永竹威（有田陶磁美術館長）
深川正（香蘭社常務）
金子源（源右衛門窯当主）
蒲地昭三（賞美堂本店専務）
清水正信（西日本新聞社ロンドン特派員）
＝肩書は交渉時、敬称略

「私でよければ通訳を引き受けてもよい」とのことで「渡りに船」。懸案の一つは意外な形で解決し、全員胸をなで下ろした。

ところが、第二の難問、里帰りさせる所蔵陶磁器の安全確保策については、美術館側の態度は極めて強硬だった。交渉初日、6月4日の協議はこの課題で終始した感がある。ドレスデン美術館長のメンツハウゼン女史らは冒頭から①貸し出す条件の第一は古伊万里の安全性を確認できること。もともと日本は地震多発国であるのに、展示会場5カ所のうち仮設館や百貨店が4カ所もあるのは望ましくない②展示会場も5カ所から減らすべきだ――と切り込んできた。

日本側も壊れやすい陶磁器の扱いに美術館側が神経をとがらすのは痛いほど分かるが、会場の変更や会場減は、博覧会の成否にかかわる根本案件で譲れない。確かに主会場そのものが大濠公園内の仮設美術館だし、東京、名古屋、京都会場はいずれも百貨店。常設施設は佐賀県立博物館だけという実情は「痛い所を突かれた」との思いだった。だが美術館の主張を受け入れれば、里帰り展は幻となる。

日本側は「百貨店や仮設会場での美術展は日本では通例で、設備、安全対策も整っており心配はいらない」と反論するが、その日はいわば物別れとなる。

＊

250年ぶり里帰りした古伊万里＝1975年3月

ところがどうした風の吹き回しか翌5日の交渉では事態が動く。なんと館長が会場問題にはこだわりを見せながらも「日本で展示する品物の選定には異存はない」と態度を和らげたのだ。さっそく地下の収蔵庫に足を踏み入れた交渉団のメンバーは「すごい、すごい」を連発し、「日本にもほとんどない重文級の傑作ばかりだ」と興奮状態。その日は79点を選び出した。

ここの収蔵品は往時ドレスデン地方を統治していたザクセン王アウグスト1世（1670～1733）が、財力と権力を駆使して集めた色彩鮮やかな超一級品ぞろい。花器、壷《つぼ》、皿、燭台などが千数百点も所蔵されているのだ。日本側が度肝を抜かれたのは無理もない。

横道にそれるが、このアウグスト1世は当時の日本や中国の磁器の魅力に取りつかれ、臣下の錬金術師ベドガーに命じ、ドレスデン近郊のマイセンで磁器作製を急がせた人物。そして1710年、欧州初の磁器作製に成功する。これが今、世界の最高級磁器とされるマイセン磁器の起源なのだ。

翌6日、交渉団は佐賀出身の参議院議員鍋島直紹から紹介され、親書を託されていた「ドイツ社

福岡大博覧会の古伊万里名品展＝1975年

会主義統一党ドレスデン地区委員会第一書記」という長い肩書を持つハンス・モドロウを表敬訪問する。

モドロウは終始にこやかで「作品の選定を続けなさい」と言う。美術館側が貸し出しに軟化したのは、彼の「鶴の一声」があったに違いないと私は考えている。そのモドロウは「ベルリンの壁」崩壊後、最後の東ドイツ首相に就任し、1990（平成2）年の東西ドイツ統合の一方の立役者となった実力者だったのだ。

その後の東ドイツ文化省との交渉の中で①有田とマイセンの姉妹都市②有田とマイセンの工人（職人）の交流③現代作家展開催——などが協議され、いずれも後に実現する。ただ残念なのは私のロンドン勤務がその後も続いたので、日本での「里帰り展の活況ぶり」は見ることができなかったことだ。

＊

西日本新聞社が借り出した里帰り展とは別に、個人の篤志家が購入した古伊万里の里帰りが実現し、101点がいま有田町の佐賀県立九州陶磁文化館1階に展示されている。これらの古伊万里は有田町の蒲原権が、新聞社の里帰り展の交渉団の一人、蒲地昭三の協力で欧州各地で買い戻した逸品ぞろいだ。買い戻し時期も新聞社交渉団がドレスデン美術館と里帰り交渉をした直後の1974年秋のことである。

欧州各地で買い付けをした蒲原ら一行は、ロンドンでも30余点を買い付けたが、当時ロンドン勤務の私は骨董《こっとう》店への道案内や価格交渉の手助けをした。「限られた資金で一点でも多く里帰りさせたい」という蒲原の価格交渉は厳しかった思い出がある。

蒲原はその欧州収集品101点をそっくり有田町を経由して九州陶磁文化館に寄託された。陶磁文化館を訪ねるたびに、ロンドンでの蒲原の里帰り実現へみせた気迫を思い出す。

だが、いまや古伊万里の里帰り展や、「蒲原コレクション」に情熱を燃やした人たちは全員が鬼籍に入られている。そして残る私は彼らの偉業を後世に伝えたいと思うばかりである。

清水正信（しみず・まさのぶ）……1956年入社。長崎総局、東京支社政経部、ロンドン特派員、佐賀総局長、都市圏部長、専務を経て西日本新聞印刷社長。現九州学士会理事。著書に「はなしの集熱板」。

世界を震撼させた石油危機

命がけ中東取材余聞

1973（昭和48）年10月、エジプト、シリアの先制攻撃で始まった第4次中東戦争の中で、アラブ側は突然、イスラエルと友好的な国々に対して石油の禁輸と価格の4割引き上げを警告、OPEC（石油輸出国機構）も加わって、連日のように新たな原油削減と価格の大幅引き上げを発表した。世界は「インフレと不況」の石油パニックに陥った。中でもエネルギーの7割以上を石油に依存していた日本は、政府も死活問題として次々と緊急対策を発表。街頭からネオンが消え、テレビも深夜放送を自粛させられた。

その混乱と不安の中で「紙がなくなる」というデマが大阪から日本中に広がり、トイレットペーパーが買い占められてスーパーの店頭から姿を消した。消費者の物資不足への心配は他の日用品にも及び、洗剤、砂糖、醤油なども店頭から姿を消した。

モノ不足と狂乱物価が続く中で、東京支社勤務だった私は本当に原油事情は厳しいのか、政府が過剰反応しているのではないかと思い、中東の原油事情を現地で直接取材したいと機会を探っていた。75年3月、そのチャンスが巡ってきた。

＊

取材計画は、アラブ首長国連邦のアブダビで丸善石油、大協石油、日本鉱業などが権利を買って

オイルショックで市民が買い占めに走り、空になった洗剤やトイレットペーパーの棚＝1973年11月、福岡市内のスーパー

石油開発をしているアブダビ石油（本社・東京）のムバラス油田の取材を皮切りに、翌日はイランの古都・シラズにあるブリヂストンのタイヤ工場、次の日はカタール、その足でアラブの金融拠点となっているバーレーンを取材。翌朝クウェートのアラビア石油（本社・東京）を訪ね、同社がサウジアラビアのカフジで操業している〝日の丸石油〟基地を訪ねる。

その後、クウェート政府の石油トップにインタビュー。翌日は三井グループが開発

⦿**オイルショック**　石油危機、石油ショックともいわれる。第1次オイルショックは1973年10月に勃発した第4次中東戦争を契機に、ＯＰＥＣ（石油輸出国機構）が原油の供給制限と輸出価格の大幅な引き上げを行い、国際原油価格は3カ月で約4倍に高騰した。先進国を中心に世界経済は混乱、わが国も例外ではなかった。第2次オイルショックは１９７９年、イラン革命をきっかけに起きた。

しているイラン・バンダル・シャプールの石油化学コンビナートの建設現場を見た後、報道各社の支局があるレバノンのベイルートに寄って意見交換。イランに戻り、テヘランで出光興産支店長に総括的な話を聞く。最後にカーグ島からタンカーに乗り、ホルムズ海峡を通って5月初めに日本に帰る、という予定だった。

なぜ、まるで日本国内を飛び回るような乱暴な計画を立てたのか。初めての海外取材で全く勝手が分からなかったこともあるが、東京で取材予定先の企業トップに頼んで、ほぼ完全に現地で同伴者を付けてもらう態勢ができていたこともあった。

3月25日午後、大船に乗ったような気持ちで羽田を飛び立った。搭乗したエール・フランス機は途中、香港、バンコク、デリーで給油を受けながら、26日未明、アブダビ空港に着いた。木造の粗末な空港ビルは肩からカービン銃をかけた完全武装の兵士たちに囲まれ、外のスピーカーからは大音響の歌のような声が流れていた。

異様な雰囲気の中、やっと出迎えのアブダビ石油社員を見つけ、まずはホッとした。聞けばサウジアラビアのファイサル国王が前日暗殺され、空港はどこも厳戒態勢。スピーカーの声はイスラム教のコーラン（聖典）だとのことだった。

＊

宿舎に用意された部屋で、うとうとしていると、アブダビ沖にあるムバラス油田行きのヘリに乗るよう指示された。大型ヘリは、いつ落ちても不思議でないくらいガタガタで、救命胴衣を着けて怖い思いをしたが、30分足らずで無事島に着いた。石油掘削の現場は、原油価格が大幅に値上がりしていることもあり、増産、増産で活気づいていた。予想はしていたが、最初から東京で聞いていた「石油が消える話」とは大違いだった。

この後の行く先々でも、原油価格の先行き、OPECの動きを心配する声はあったが、量の問題は意外と楽観的で、石油元売り各社の駐在員たちも「本社の指示でヤミで売りに出ている原油も全部買っているが、量的には問題は出ていない」と強気だった。

順調だった取材も、クウェートに来て一変する。アラビア石油の事務所を訪れたとき、同社のサウジにあるカフジ油田の取材ができなくなったことを知らされた。サウジは、国王暗殺事件の後、ジャーナリストの入国は一切認めず、ビザも取り消されてしまっていた。

悪いことに、カフジ油田に行けなくなっただけでなく、予定していたクウェート政府石油トップへの取材も難しくなっていた。アラブ湾岸諸国はサウジに遠慮して、どこも石油関係の取材は拒否。予約などあっても何の役にも立たない状況になっていた。気の毒がったアラビア石油の担当者は、世界第2の埋蔵量を持つクウェートのブルガン油田を案内してくれたが、警戒が厳しく、煙突の先で燃え盛る放出ガスの火を離れた場所から写真に撮るだけ。関係者の話など聞けなかった。

灼熱の国アラブでは、午後1時から4時ごろまで、昼休みと称して役所や会社を全部閉めてしまう。残念だったが、アラブ側の取材は諦めて、日本の商社や石油各社駐在員の話を聞いてカバーするしかなかった。

*

全ての予定をなんとかこなしながら、最後に、タンカーに乗るためテヘランからイラン南西部の拠点都市アバダーンを経由して石油輸出基地・カーグ島に向かった。ところが島に着いて初めて分かったことだが、カーグ島は海に向けて砲台がずらりと並び、島全体が完全な軍事要塞であった。

そんなところに片道切符で、大小3台のカメラ、100本を超すフィルムを持った得体のしれない男が乗り込んできたのだから、向こうは最初から胡散臭い目で見ていた。すぐに空港内の別室に連れて行かれ、所持品検査が始まった。悪いことにバッグから国際ジャーナリスト連盟発行の身分証明と、タンカーに乗るために用意させられた船員の身分証明が出てきた。即座にスパイ容疑がかけられた。

弁解の余地はない。その場で有刺鉄線に囲まれた施設に入れられ、外出禁止を言い渡された。小さな木製のベッドが一つあるだけの狭い部屋。明かりをとる小さな窓には鉄格子がはまり、外が見えなくなっていた。

その日から2日間、秘密警察の取り調べが続いた。取材スケジュール、誰に会ったか、どんな話をしたかなど、細かくチェックされたが、それでもスパイ容疑は晴れず、どうなるのか、だんだん不安になってきた。

＊

予想外の展開に、なんとか東京支社に連絡したいと思い、辞書を片手に片言の英語で交渉してみたが、相手はペルシャ語で何か言うだけで、らちが明かない。それでも諦めず、何回も東京への国際電話を頼んでいるうち、相手も根負けしたのか、やっと許可が出た。

地球を一周するような東京への国際電話は多くのオペレーターの手を煩わせる大変なものだった。

今でもその声を覚えているが、「アバダーンOK」から始まってテヘラン、ベイルート、ローマ、アムステルダム、アンカレジと続き、最後に懐かしい日本語で「東京OK」と。回線がつながったことが分かった。と同時に、東京支社政経部長南博の「オイ、どうした」と言う声が飛び込んできた。「イランのカーグ島でスパイ容疑で拘束された。外務省に連絡して何とかしてくれ」と言うだけで、電話は切れてしまった。録音した通話内容を確認したのか、4日後突然呼び出されて「クウェート経由、東京へ送還する」と言い渡された。保釈の日、腰に長いナイフを挟んだ秘密警察の幹部がやってきて「われわれは、君の行動を東京でも厳重に監視している。この島で見聞きしたことは一切他言無用。書いたり、しゃべったりしてはならない。もし違反したら身の安全は保障しない」と、何回も念を押された。

カーグ島からクウェートに着くと、早く東京に電話したいと、アラビア石油の事務所に飛び込んだ。強制送還されたことを知った事務所のトップから「暑さに慣れない日本人など砂漠に放置すれば2、3時間で終わる。あなたがそんな目に遭わず、保釈されたのは、東京への電話のおかげだ」と教えられ、拘束中の怖い思いと重なり、思わず身震いを覚えた。東京に戻っても、気のせいか、何となく不気味な影を感じて、カーグ島での出来事は一切記事にしなかった。

後日、島の船会社から、帰りの航空運賃や電話代、宿泊費など三十数万円の請求書がきた。

杉尾政博（すぎお・まさひろ）……1961年入社。経済部長、編集企画委員長、専務社長室長。著書に「石炭一代」「メディア不信」「評伝大迫忍」。現天神サロン主宰。福岡県女性財団評議員。

「いのちを守る」地域医療の確立へ

福岡市立こども病院建設

「こども病院の建設の動きが、やっと前に踏み出したぞ」――。先輩記者玉川孝道が、当時詰めていた国会内の内閣記者会室に飛び込んできた。1975(昭和50)年10月末のことだった。福岡市が同市病院事業運営審議会に建設計画素案を提出したのだ。市営地下鉄工事(総工費1500億円)に着工しようとする福岡市が、年間2億~3億円の赤字が必至のこども病院にもあえて手を伸ばそうというのである。福岡市の本気度が十分、推し量れた。玉川と握手しながら、デスク坂井孝之、坂井美彦の下、記者古賀透を加えた医療問題取材班で九州各地を飛び回った70~71年のあれこれを思い出していた。

医療問題取材班は「いのちを守る」のタイトルでキャンペーンを始めた。現場取材を通じて、医療の空白地帯が存在し、社会はそれを埋める責任があると考えたからだ。

福岡、長崎県の離島では無医村が多く、医師に代わり、住民と直接関わる看護師、保健師、助産師らの地域医療を守る苦闘と活躍があった。沖縄では母親が風疹にかかり、心臓や目、耳に障害のある赤ちゃんが生まれれば、九州大医学部小児科の若い医師たちが必死で治療に当たっていた。

熊本大卒の若い医師たちなどによる「新しい医療を創《つく》る会」は徹底した住民奉仕に立ち上がっていた。熊本・天草の無医村では祈禱《きとう》師にすがるような状況もあった。その中で、自分の命は自分で守る暮らしづくりなど、地域医療のいろんな試みが随所に見られた。彼らは、英知と技術、何より情熱で、地域の隅々の住民まで医療の恩恵を届けようとしていた。

＊

このキャンペーンの前に連載企画「医は仁術か」（担当記者鈴木埼二、玉川）を紙面展開、医療荒廃の根深さ、矛盾に迫った。医療の中心である医師集団の閉鎖性や権威主義、排他性、売らんかなに走る製薬会社群の実像を暴き出し批判した。医師会の反発は激しく、新聞不買運動をにおわされることもあった。この連載は問題提起や告発としては一定の役割を果たしたといえる。ただ住民が求める医療のあるべき姿を十分に描いたかといえば、反省も残った。

「いのちを守る」では、地域医療の現実と共に、医療に関わる人々の献身や住民側に芽生える信頼感をつづった。現場取材を続け、医療関係者や住民と深く付き合っていくうちに、善悪だけでは割り切れない現実、医療関係者の悩み、住民の切実な望みも見えてきた。

取材班の中からも「自分たちは記事を書くだけでいいのか」「もっと、社会に働き掛ける紙面展開はできないか」という声が聞かれるようになった。

⦿**福岡市立こども病院**　子供の内科診療だけでなく先天性疾患や外科、眼科など幅広く診る「小児総合病院」の建設を求める声が、福岡の小児科医や市民団体から上がったのは1970年ごろ。息の長い運動に福岡市が応え、80年9月開院した。岡山以西唯一の小児の高度専門医療機関。施設が手狭で老朽化が進んだとして2014年11月、同市東区のアイランドシティに移転開業。新生児集中治療室（NICU）21床、一般病床146床など計239床。18年度の先天性心疾患の手術数は113件で全国一。患者は九州・西日本一円から訪れる。2020年、開院40周年。

いま最も求められる医療とは何か。「大人用のメスでは子供の手術はできない」「小児医療は大人の医療の小型ではない」といった若い小児科医のつぶやき、重篤な心臓病の子供たちの存在、医療機関から遠い離島の小児医療の現実を受け止めるならば、「幼い命を守る」小児専門医療こそ求められているのではないか。医療の谷間に取り残されている子供たちに手を差し伸べることはできないか。住民との連帯の中で、高い専門性を持つ病院建設キャンペーンはできないか。

そんな取材班の論議を聞いた坂井美彦が言った。「要するに、ペンを持った市民として取り組もうということだ」。

＊

こども病院は65年、東京に国立病院として初めて建設された。神奈川、兵庫県が公立病院としてこれに続いていたが、全国的にはまだまだ小さなともしびでしかない。まして九州、中国地方などには建設の動きは見られない。建設には厚生省（当時）の補助制度があるとはいえ、運営に当たる地方自治体は相当の赤字を覚悟しなければならない。福岡市幹部からは「もっと他にやるべきことがたくさんある」という声も聞いた。

「いのちを守る」の連載を中心とした紙面展開に呼応するように九州大、久留米大、日本小児科学会福岡地方会などが動きだす。西日本新聞社は長く「赤ん坊大会」を毎年開催し、赤ちゃんの成育状況のチェック、健康育児のアドバイスを行ってきていた。その中心的リーダーが遠城寺宗徳（当時・九州大小児科教授、後に同大学長、久留米大学長）で、遠城寺を代表世話人とする「福岡こども総合病院設置期成委員会」が動きだす。

建設が進むこども病院。手前は感染症センター＝1980年1月、福岡市中央区

小児医療だけでなく、母子保健から子供のリハビリテーションを加え、３本柱とした基本構想案をまとめ、福岡市と福岡県に実現を要望した。紙面も大きく、詳細に取り上げた。

これを契機に、建設促進運動は校区婦人会、福岡子供を守る会、福岡心身障害児を守る会などが積極的に動き、広がりを見せた。やっと育ち始めた県民、市民のこども病院への関心。必要性への意識の高まり。運動を不動のものにしようと取材班は「こども総合病院を創る市民のつどい」の開催を呼び掛けることを提案した。

「そこまでしなくとも」と渋る一部の大学教授たちの説得、県・市議会議員との話し合い、行政当局の意見打診など、開催への前準備を進めた。集会が近づくと、市民に参加を呼び掛ける動員ビラの印刷に印刷工場へ日参し、刷り上がると若い母親たちの参加を呼び掛けるために幼稚園を回った。社会部記者が本来カバーすべき取材エリアで、他紙に出し抜かれる事例も見られるようになった。社会部長金本春俊が「君たちはいつから事業部員になったのか」と苦笑した場面が忘れられない。

＊

「市民のつどい」は71年11月3日、福岡市少年文化会館（後に少年科学文化会館に改称）で開かれ、約250人の市民が集まった。教育と医療の連携を説く九州大学長池田数好の講演、映画「生命」の上映があり、こども病院建設運動は盛り上がりを見せた。他社の記者も取材に来てくれ、中には「盛会、おめでとう」と握手を求めてきた記者もいた。「ペンを持った市民」、その言葉が、確かな記者の在り方として実感を持って心に刻まれた。

福岡市当局は活発に動いた。翌72年1月には、こども病院建設試案を発表。西新病院などを廃止し、こども病院と感染症センターを合わせて建設する案であった。建設試案―建設素案―建設計画素案―建設計画と進み、総事業費80億7200万円（建設費53億7200万円、医療機器購入費27億円）で着工した。設置場所は福岡市中央区唐人町。

小児病棟は新生児集中治療室（NICU）を含む140床。80年8月29日の落成式で市長進藤一馬は「次代を背負う子供たちが健全に育つよう、市民の理解と協力でこの病院をもり立ててほしい」とあいさつ。本社社長福田利光が総額1億円の寄付目録を市長に贈呈した。その一部で、優秀な研究を助成する小児医療研究基金を創設した。診察開始は9月1日だった。

福岡市立こども病院は小児専門病院として力を蓄積していった。小児循環器、心臓血管外科では全国屈指の評価を得ているほか、多くの小児医療分野で実績を上げていった。九州をはじめ西日本各地の協力と尽力もあって、子供の命のとりでとして大きな役割を担ってきた。「こども病院が必要なときは、ぜひご利用を」。これが建設の決断をした進藤の気持ちではないだろうか。

2014年11月1日、福岡市東区香椎照葉（アイランドシティ）に新築、移転され、小児専門の高度医療機関として大きな役割を果たしている。

病院建設の導火線になったキャンペーン「いのちを守る——地域医療の確立のために」は1971年度日本新聞協会賞を受賞した。

林田威男（はやしだ・たけお）……1965年入社。社会部、東京支社報道部、筑豊総局長、社会部長、北九州支社編集長、編集局総務など歴任。共著に「いのちを守る」など。

「書いて守る人権」を合言葉に

同和問題のタブーに挑戦

正直言って、私はそれまで同和問題にさして関心も認識もなかった。「そっとして置けば、差別は自然に無くなる」という寝た子を起こすな論者に近かった。そんな私が寝た子を起こされたのである。

1977（昭和52）年、私は大分総局に総局長として赴任した。当時、大分県では、同和行政をめぐる大変な混乱が起きていた。未熟な行政に乗じて利権をあさる「えせ（似非）同和行為*」が跋扈《ばっこ》し、1年間に二つの町の町長が相次いで辞任する異常事態だった。

マスコミは一切沈黙。同和問題をタブー視していたのだ。そのため、真相はやぶの中で、県民の間におどろおどろしいうわさばかりが横行していた。その結果、一番の悪者にされ、偏見の目にさらされたのが、差別に耐え真面目に暮らす被差別部落の民衆だった。

着任して1週間たった時、1人の女性読者から総局に手紙が届いた。

「あなた方は卑怯《ひきょう》ではありませんか。新聞は天下の公器を自任しながら、こと同和問題になると、一行も書かない。公器の名に恥じませんか。新聞の自殺行為ではありませんか」

一瞬、私は眠りこけた記者の初心をたたき起こされたような衝撃を受けた。一般の事件なら、躊躇《ちゅうちょ》なく現場に飛んで記事を書くのに、「同和」の冠がつくと、なぜ腰を引くのか。考えてみると、「同和は怖い」といった偏見の裏返しではないのか。

総局の記者たちと話し合った。同和問題も人権問題の一つだ。身構えることはない。同和問題に取り組むのに、特別の物差しやテクニックは要らない。当たり前の常識で取り組めないはずはない。これが結論だった。

こうして私たちの同和問題キャンペーンは始まった。行政のひずみと共に、運動団体の不正も厳しく追及した。

被差別部落に入って、青年たちと焼酎を酌み交わしながら、意見を聞いた。彼らは言った。「遠慮なく書いてください。われわれも火の粉をかぶるかもしれない。だが、自分たちの手で、火の粉を振り払えないようなら、解放運動の名が泣く。記者さん、書くからには、一過性の事件報道に留まらず、部落差別解消の展望を見据えて、息長く書き続けてください」。

＊

まず、何事であれ、こじれた問題ほど、事実をオープンにすることが解決の一番の近道だと考え

⦿**「人間に光あれ」** 明治政府は1871（明治4）年「解放令」（賤民廃止令）を公布した。しかし、実質的な差別は解消されないまま推移した。1922（大正11）年、被差別部落の人々が自らの手で解放を勝ち取ろうと全国水平社が創立され、日本における最初の人権宣言と言われる「水平社宣言」が発表された。一方、政府は1969（昭和44）年、同和対策事業特別措置法を施行、33年間にわたり同和地区の環境改善と住民の生活向上に取り組み、一定の成果を上げた。それでも、深刻な差別は今なお続く。2022（令和4）年は水平社宣言から100年。宣言に謳われた「人の世に熱あれ。人間に光あれ」の願望が実現する日はいつか。

た。問題を一つの土俵に上げ、市民の目に見える形で、行政、運動団体、市民代表などが率直に話し合い、合意を形成することが先決だと思い、同和問題正常化のための紙上座談会を企画した。運動団体を訪ね、「いやしくも解放と銘打つからには、市民の共感が得られる開かれた運動でなくてはならないはず。閉鎖的になれば、独善に陥り、堕落するのではありませんか」と申し上げた。老年の委員長は「よし分かった。記者でわれわれのところに来たのは、あんたが初めてだ。信用しよう」と座談会に応じてくれた。

その後、大分県の行政は主体性の確立に努め、運動団体も浄化運動に乗り出した。「内なる敵」と勇気をもって闘い、それを克服した行政、運動は強くなる。

80年、社会部長に転任したのを機に、キャンペーンの舞台を九州全域に広げた。人権取材班は「書いて守る人権」を合言葉に、結婚差別、就職差別をはじめ、様々な部落差別の実態、教育現場の問題、同和行政や解放運動のあり方にも迫る多角的なキャンペーンを2年間続けた。「君よ太陽に語れ〜差別と人権を考える」シリーズの取材に当たった記者は22人に上った。（西日本新聞社から本にして出版。拙著「ヒューマンライツは複数形」にも一部収録）

しかし、「要らんことを書くな」と抗議してくる読者もいた。1日に何度も、執拗に電話をかけてくる。ついに本社に乗り込んできた。中年の男性は開口一番「俺には部落差別意識なんて、これっぽっちもない。新聞は寝た子を起こすようなことはやめろ」と言う。「部落の者は、われわれの税金で国から優遇措置を受けている。これでは、まるで逆差別じゃないか」「幸せは自分の手でつかむものだ。俺は父親が炭鉱を転々とし、食うや食わずの生活で、働きながら定時制高校に学んだ。一人前の幸せを手にすることができたのも、歯をくいしばって頑張ったからだ。部落の者も自分で努力すりゃいいんだ」。

同和対策事業の特別措置法時代で、国と地方自治体は劣悪な同和地区の環境改善と住民の生活向上に取り組んでいたが、この男性の目には、そんなふうに映っていたのだ。差別に耐えて貧しいながら懸命に生きている部落の人々の姿も眼に入らなかったようだ。

私は、その方に、「これだけは考えていただけませんか」と言った。

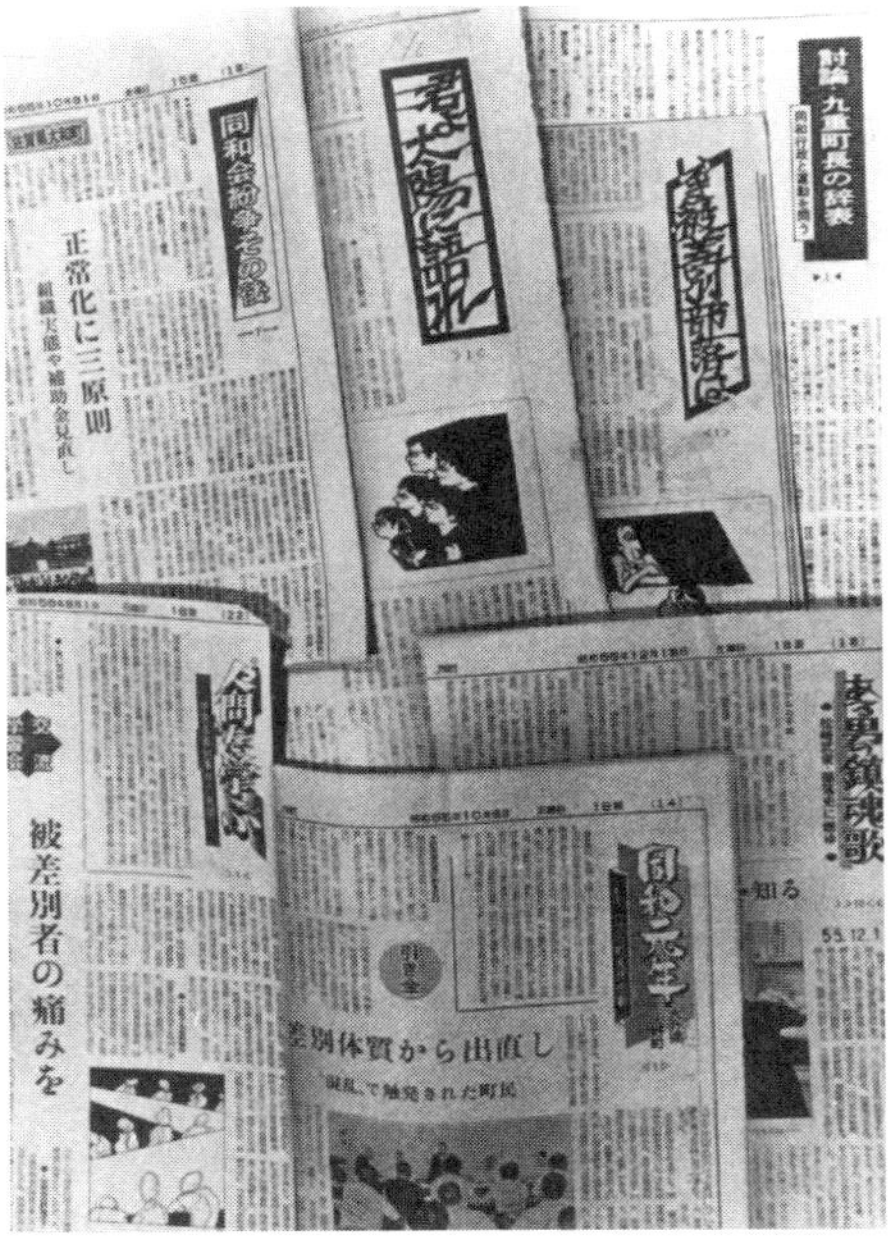

新聞協会賞受賞の新聞（1981年）

「区別と差別ということを分けて考えてみてはどうでしょうか。単なる区別なら個人の力で乗り越えられるかもしれません。しかし、差別の壁というのは、個人の努力や能力だけでは越えられないのです」「どんなに働く意欲があり、能力があっても、就職差別の壁で入り口のチャンスを奪われたら、能力や努力の発揮のしようがないではありませんか。人を愛し、小さな家庭を築くことさえ結婚差別の壁で閉ざされ、自ら命を絶つ悲劇も起きています。差別の厚い壁は、やはり社会全体で取り除く努力が必要なのではないでしょうか」

だが、こんなセリフを残して彼は去った。「西日本新聞の同和記事は部落出身の記者たちが徒党を組んで書いていると思ったら、あんたは普通の顔をしているね」「朝刊で差別のサの字を見たら、朝飯がまずくなるので、明日から新聞を取るのをやめた」。

寝た子を起こすな論の正体は、建前だけは寝ていても、本音はどっこい起きている。

実は後日談がある。西日本新聞のキャンペーンがマスコミ界のタブーに風穴を開けたと評価され、81年度日本新聞協会賞を受賞した。それが報じられた日、1年ぶりに、その方から電話がかかってきた。受話器を取ると、何と、「おめでとう。頑張った甲斐《かい》があったね」と、ひとこと言って、電話は切れた。「人間って捨てたものではないなあ」とうれしくなった。

さらに、うれしいことがもう一つ。九州のある県紙の若い記者が訪ねてきた。「西日本さんが協会賞を受賞したおかげで、うちも部落問題の連載企画がやっとやれるようになりました」と言った。

西日本新聞社は、特定の記者任せに陥らないよう、かつ持続的な取り組みのための人権記者制度を創設した。また、安易に禁句集に寄りかからず、問題意識を持って記事を書くよう、「人権報道の基本」を策定した。その後も人権キャンペーンは、弱者いじめ、容疑者の言い分、犯罪被害者の人権、アジアの人権…と続いた。一つの差別は、すべての差別に根っこでつながっていることを私たちは知った。

時を経て、2016（平成28）年、部落差別解消推進法が施行された。部落差別の名を冠した初の法律である。いまなお、部落差別はインターネット上の差別書き込みなどに形を変え、厳然と存在していることを法で指摘。「部落差別は、すべての国民に基本的人権の享有を保障する日本国憲法の理念にのっとり許されないものである」と明記した。それは１９６５（昭和40）年の同和対策審議会答申が言う「重大な社会悪」であることが法で認定されたことを意味する。結婚差別、就職差別、差別落書きなども後を絶たず、新たに社会問題化した土地差別調査事件、身元調査のための戸籍謄本盗用事件も起きている。

同対審答申は「同和問題の早急な解決は国の責務であり、国民的課題である」と謳《うた》った。私も参加した地域改善対策協議会は96（平成８）年の内閣総理大臣ならびに関係大臣に対する意見具申で「（人権に関し）国際社会におけるわが国の果たすべき役割からすれば、まずは足元の国内において、同和問題などさまざまな人権問題を一日も早く解決するよう努力することは国際的責務である」と強調した。部落差別は、社会的、文化的、経済的、あるいは政治的に人間によって「つくられた異質性」による差別である以上、われわれ自身の努力でなくせないはずはないという自覚が今こそ求められているのではないだろうか。

＊注＝「えせ同和行為」とは、同和問題を口実にして、企業や行政機関、個人等に不当な利益を要求する行為。同和問題に対する誤った意識を植え付ける大きな原因になっている。

稲積謙次郎（いなづみ・けんじろう）……１９５６年入社。社会部、東京支社政経部、大分総局長、社会部長、編集局長。国の地域改善対策協議会委員、太宰府市教育委員長、北九州市立大経営委員などを歴任。

九州国立博物館誘致運動を展開

「百年の悲願」に地元紙動く

〝九州100年の悲願〟と呼ばれた九州国立博物館は、2005（平成17）年10月16日、福岡県太宰府市にオープンした。1899（明治32）年の岡倉天心と森鷗外の提言から106年。その実現のために西日本新聞は地域の先頭に立ち続けた。

元東京美術学校長の岡倉は福岡日日新聞（西日本新聞の前身）のインタビューに「九州に博物館を」と語り、鷗外も同紙に寄稿した「我をして九州の富人《ふうじん》たらしめば」と題する一文で、芸術の保護と学問の助長に投資することの大切さを説いた。いずれも九州の歴史的な重要さを踏まえての言葉だ。

九州国立博物館の現在地・太宰府では1873（明治6）年春、天満宮境内で「太宰府博覧会」が開かれ、天心、鷗外の提言より6年早い93年には、太宰府神社（現太宰府天満宮）宮司西高辻信厳《のぶかね》が「鎮西博物館太宰府設置」を提唱した。だが日清戦争勃発もあって頓挫していた。

明治期のことはさておき、博物館運動の本格化は戦後になる。1949（昭和24）年、福岡県は「国立博物館九州分館」誘致を文部省（現文部科学省）に陳情している。

68年には、政府の明治百年記念国立博物館計画に呼応して、地元政財界人を中心に「国立九州博物館設置期成会」ができた。が、成田空港建設の打開策といわれた千葉県佐倉市の国立歴史民俗博物館に先行されて挫折した。

木々の緑に囲まれる中、緩やかな曲線の青い屋根が印象的な九州国立博物館

このように、九州国博の誘致は度々の挫折とその都度の再起を繰り返した。

＊

しかし、その3年後の71年、大きな転機が訪れる。太宰府天満宮の宮司西高辻信貞が境内に隣接する山林約14万平方メートルを博物館建設用地として福岡県に寄贈したのだ。信貞は、かつて「鎮西博物館」を提唱した信厳の孫にあたる。県が用地を手にしたことで誘致運動にがぜん弾みがついたのは言うまでもない。

西日本新聞は77年、九州国立博物館誘致キャンペーンを本格的に紙面で展開した。それまでの誘

⊙九州国立博物館　国立博物館として108年ぶりに誕生した同館は、時間軸を旧石器時代から近世末期とし、「日本文化の形成をアジア史的観点から捉える」を基本コンセプトに掲げている。古くからアジアとの歴史的、地理的な結節点に位置し、遠《とお》の朝廷《みかど》が置かれていた太宰府設置にふさわしいミュージアムとして、年平均100万人超の入場者を集めている。収蔵品は1千件超。「市民との共生」も、もう一つの特徴で、多くのボランティアが運営を支える。地元・福岡県久留米市出身の建築家、菊竹清訓《きよのり》が本体設計した施設は、海原を思わせる緩やかなカーブの青い屋根と周囲の森を映し出すガラス壁が印象的。天満宮側からエスカレーターや動く歩道で結ばれている「虹のトンネル」も訪問者を楽しませる。

致活動が、行政ペースの〝官製〟運動に終始していたことを指摘し、広範な市民、民間団体も参加する幅広い運動として構築する必要性を説いた。これには九州各地の文化団体などから強い反響が寄せられた。

80年、本社の呼び掛けで「博物館等建設推進九州会議」が結成されたが、それまでの反省を踏まえ、政財界だけでなく、広く学界、文化団体をも網羅した組織とした。

結成会議では「幅広い市民の結集」をアピールした。会長には九州・山口経済団体連合会（現九州経済連合会）会長の瓦林潔を、事務局長に本社編集局長宮田弘司を選んだ。その後も九経連会長と本社編集局長の組み合わせで運営した。

この組織が「博物館等…」とぼかして「九州国立博物館建設…」とうたわなかったのには、訳がある。「九州の地域エゴと受け取られないか」「博物館以外の文化教育施設の可能性も探ろう」など、結成前に繰り返された議論の反映だった。

推進会議は機会を捉えては国へ陳情を積み重ねたが、政治状況には神経を使っていた。「革新知事奥田八二では自民政権がうんと言わんのでは」と気を回したこともある。文部事務次官に福岡県出身の高石邦男が就任したときはチャンス到来と色めき立ったが、リクルート事件で失望に変わった。

＊

推進会議の機関で、終始活発だったのは広報機関誌「ミュージアム九州」編集委員会である。九州歴史資料館学芸員だった亀井明徳、高倉洋彰が相次いで委員長を務め、歴史考古学から自然科学まで、九州大、西南学院大、福岡大などの、幅広い分野の若手研究者が常時20人前後、ボランティアで参加していた。

「ミュージアム九州」は、誘致運動が佐倉市に敗れた教訓から「国への陳情活動だけでは限界がある。九州の学術・文化の底辺の広がりをアピールしよう」と、推進会議発足の翌81年に創刊した。各号「大宰府の文華」「大航海時代と日本」「災害と病気」などの特集テーマで研究論文やリポートを掲載、年4回発行し続けた。九州国博の誕生翌年、81号で幕を閉じた。

「ミュージアム九州」は学界からも高い評価を受けた。日大教授を経て九州国立博物館初代館長に就任した三輪嘉六（考古学者）は、日大時代から注目していたという。「毎号の特集はハイレベルで、それぞれ博物館の特別展に匹敵する」とべた褒めだった。

西日本新聞の記者も編集委員に名を連ねていた。私も約10年間、委員を務めたが、初期にこの役割を担った坂井孝之の活躍は特筆に値する。文化部長、論説委員などを務め、最後は朝刊1面コラム「春秋」を執筆した。博学多識。人柄が若い研究者たちに親しまれ、初春、太宰府の坂井邸で開く梅花の宴を兼ねた編集委員会は盛況だった。その坂井

古代衣装で誘致運動を行う関係者＝1993年5月、東京

開館を飾る特別展「美の国　日本」は多くの来場者でにぎわった＝2005年10月

は博物館の完成を待たず、病に倒れ、世を去った。

誘致キャンペーンに新聞社は編集局だけでなく、事業局、広告局なども加わり、総がかりで取り組んだ。テレビ西日本との連携で東南アジア史跡巡りや発掘調査団派遣も行い、シンポジウムや講演会は再三、開催した。

主力は紙面にあった。誘致運動の節目節目を記録するとともに、実現すべき博物館像に沿って、毎年の新年号には博物館特集を展開した。「アジアの文明交流史」「文明のクロスロード九州」などの内容で、特派員や出張記者の取材による海外情報をふんだんに取り入れた。

＊

推進会議はその後も粘り強く陳情活動を続けていたが、89年、文部省予算に調査費が計上されて、ようやくかすかな光が見えた。そして96年、「九州国立博物館を太宰府に設置」と決まった。

ある時、推進会議の要職者から「博物館の建物は造っても、中に入れる文化財は何もないじゃないか」という言葉が飛び出して、うろたえたことがあった。この懸念は、誘致運動に終始付きまとっていた。

現実の九州国博は、この悩みを見事に乗り越えている。一つにはITなど先端技術をフルに導入、活用した新しいタイプの博物館だからだ。文化財のレプリカ（模造品）の制作や、映像を使った展示の工夫などにそれが見られる。それに加えて、東京、京都、奈良の三大国博はもちろん、アジア各地の博物館や研究機関との間に築いたネットワークの存在が大きい。

九州国博誘致運動の一翼を担った福岡文化連盟は、2006年秋、九州国博のミュージアムホールを主会場に開館1周年記念イベントを展開した。シンポジウムでは三輪が「開館1年の決算」と題して基調講演。初年の入館者が220万人に達し、西日本新聞社と共催の開館記念「美の国 日本」が入場者44万人と大盛況だったことを報告した。

三輪は博物館運営のモットーに「学校よりも面白く、教科書よりも分かりやすく」を掲げた。それは今も引き継がれている。

19年度までの14年間に特別展は57回開かれ、博物館の総入場者は1700万人を突破した。太宰府は元号「令和」ゆかりの里。九州国立博物館もまた令和新時代を迎えた。

古賀透（こが・とおる）……1966年入社。社会部、バンコク支局長、文化部長、メディア開発局長、新聞三社連合事務局長など歴任。元太宰府市中央公民館長。

夢は幻「ライオンズ江川卓」

政財・球界の思惑渦巻く

透き通った秋の日差しがロビーに降り注いでいた。東京・紀尾井町の赤坂プリンスホテル。低いテーブルを挟んで鋭い目をしたスーツ姿の男が2人、ひそひそ話をしている。これが私の「江川事件」の始まりだった。1977（昭和52）年11月初めのことである。

駆け出しの3年を山口総局で過ごし東京支社運動部に転勤して3カ月だった。キャップ豊田泰之から「ガサゴソして気付かれるなよ」と言われ、会談する2人から10メートルほど離れた柱の陰に2人で身を潜めた。聞き耳を立て、様子をうかがったが、言葉の切れ端さえ聞こえない。中身を想像させるような表情の変化もない。30分ほどの会談が終わり、さっと別れてそれぞれが別の出口から消えると、キャップは「これで決まりだな」と言った。

密談していたのは俳優の安藤昇と元広島カープ監督の根本陸夫。法政大の同級生で30年来の親友だ。安藤は2年で法政大を退学、戦後社会をアウトサイダーとして生きた。40歳前に足を洗い松竹、後に東映の俳優に。根本は法政大野球部から近鉄パールスに入団、広島で監督も務め、この時は鉄鋼商社の経営者兼テレビ解説者だった。

安藤を俳優にスカウトした大映の社長は永田雅一。政界のフィクサーとして知られ、元首相岸信介とは盟友。その秘書中村長芳とも長い付き合いだった。中村は1年前にクラウンライターライオ

「江川投手をライオンズへ」とライオンズ私設応援団の街頭署名が繰り広げられた＝1977年11月、福岡市・天神

ンズのオーナーに。万年最下位だったライオンズは根本を監督に起用して立て直すとの情報で、私たちは2人を追ううちにホテルにたどり着いたのだった。

岸、永田、安藤、中村4人の濃い人間関係の網で根本を巻き取る作戦は、安藤―根本会談が最終段階だったのだろう。数日後、根本は大阪のホテルで正式に監督就任要請を受諾した。キャップの言葉通り、赤坂プリンスで「決まり」だったのである。

＊

2週間後の11月22日、プロ野球新人選手選択会議（ドラフト会議）が開かれた。会場は東京・九段下のホテルグランドパレス。後の韓国大統領金大中《キムデジュン》が民主活動家だった4年前に拉致された現場でもある。

⦿江川の入団拒否　作新学院高（栃木）―法政大で数々の記録を残した「怪物」江川卓投手。法政大4年時（1977年）のプロ野球ドラフト会議で、巨人と江川投手の相思相愛を知りながら、パ・リーグ最下位に低迷していたクラウンライターライオンズ（福岡）は、球団再建を懸け江川投手を1位指名。江川入団を期待するライオンズファンは6万人の街頭署名を集めるも、江川投手は入団を拒否し渡米。翌78年、巨人は野球協約を無視し、ドラフト会議前日の「空白の一日」を利用し江川投手と入団契約を結んで、球界、社会は騒然となった。その一連の騒動が「江川事件」。

この年のドラフトは、野球ファンだけでなく世の中すべての目が法政大の投手江川卓に集まった。球界の盟主を自他ともに認めていた巨人と、この怪物右腕が相思相愛であることは誰もが知っている。それにあえて逆らって指名する球団があるのか、その時、江川はどうするのか。日本中の、にわか野球評論家が「巨人以外の球団なら江川は拒否すると後見人の政治家が言っている」「スポーツに政治が介入するなんて」「巨人一辺倒の球界を変えるためパ・リーグの球団に指名してほしい」などとかしましかった。

新監督根本は「まむしの一三」と言われた名うてのスカウト青木一三らスカウト陣を率いて、オーナー中村の横に座った。

＊

巨人と球界の王座を競い、戦後のプロ野球人気を支えた西鉄ライオンズの名は72年のシーズンを最後に消えていた。永易将之、池永正明ら４選手が八百長事件に絡んで永久追放された「黒い霧事件」が、西鉄ライオンズの息の根を止めた。オーナーの西日本鉄道がロッテ球団のオーナーだった中村に経営権を譲渡、ゴルフ場やホテルを中心としたリゾート会社太平洋クラブが新スポンサーとなった。太平洋クラブも４年で終わり、76年シーズン後にクラウンガスライターがスポンサーになっていた。

太平洋クラブは平和相互銀行の創業者小宮山英蔵が設立者。クラウンガスライターは桜井義晃が率いる廣済堂グループである。平和相互銀行は巨額の不正融資事件や政界を巻き込んだ金屏風《びょうぶ》売買疑惑などで経営が傾き、86年に住友銀行に吸収合併されている。

印刷、出版、葬祭などの企業群で構成される廣済堂グループは、村上ファンドや米投資ファンドから株式公開買い付け（TOB）された。落ち着かない球団経営にファンは不安を感じていた。チーム成績も76、77年と2年連続最下位という体たらくだった。

＊

そんなときに、昭和の妖怪といわれる岸の秘書官を務めた中村が球団オーナーとして君臨、球界の寝業師の異名を持つ根本が監督に就いた。中村は岸の娘婿である安倍晋太郎と旧制山口中学の同級生で、大映の総帥永田から頼まれてロッテオリオンズのオーナーになっている。政財界と関わりの深い役者がそろった舞台で何かが起こらないはずはない。

当時のドラフトはくじを引く順番を決める予備抽選を行ったあと、12球団の代表が1番から12番までの数字が書かれた12枚の紙を選んで、1番を引いた球団から順々に欲しい選手名を挙げてゆく。複数指名による抽選はなく、一発勝負だった。

中村は予備選の結果、5番目に本選を引くことになった。残りの封筒は上下2段に分かれて8枚。上段の右から3番目をさっとつかんだ。引く前から「上段の真ん中」と自分で決めていたという。それがまさに「1番くじ」だった。各球団の選択する順番が決まったところで会議は昼食休憩に入った。

ご機嫌の中村はくわえたばこで、ロッテ監督の金田正一に「どうだ、カネやん。カンの勝負だよ」と息巻いた。その写真が西日本スポーツの1面を飾っている。その一方、会議再開までの1時間、さまざまな思惑が渦巻いた。

＊

巨人監督長嶋茂雄はクラウンのテーブルに手を突いて、青木に「何とかしてもらえないか」と直談判すると、横で聞いていた金田がいきなり大声で「いやあ、よかった。江川がパ・リーグに来てくれて万々歳や」と叫び、阪急監督の上田利治も「クラウンさん、絶対指名してくださいよ」とわざわざ言いに来た。

江川を指名して拒否されるなら有望な選手を取った方がいいとクラウンが判断し、巨人と何らかの密約を成立させて江川以外の選手を指名、江川は2番くじの巨人に指名されるのではないか――。そんな疑心暗鬼が会場を包み込んでいたのである。

会議再開。疑念は、パ・リーグの元広報部長で長くドラフト会議の司会者を務めた伊東一雄の名調子で一瞬のうちに晴れた。

「第1回選択指名選手、クラウンライターライオンズ、江川卓、法政大学、22歳、投手」

いまでもあの甲高い声と会場のどよめきが聞こえてくる。根本は平然としていた。「（江川を）取れますか」と聞くと「愚問だよ。めどがあればこそ指名したんだ」とにらまれて、話の接ぎ穂を失ってしまう。取材は終わりである。

実はこの日、西日本新聞社の労組は冬の一時金を巡って48時間ストに突入した。東京支社でも決起集会が開かれ、組合員の豊田と私は、指名後の球団の動きや指名された選手の取材から外れた。

運動部長有吉徹がデスク役、部長職で巨人担当のベテラン記者内田敏夫が川崎市中原区の法政大野球部合宿所の江川会見に駆け付けた。顔も体も真ん丸の内田が、ちびた鉛筆を握って丸っこい字で原稿用紙の升目を埋めていた姿を忘れられない。

＊

翌23日から、江川騒動は地元福岡のライオンズファンにとって人ごとではなくなった。私設応援団長竹内末喜はドラフト1位指名にあやかって、調味料「いの一番」の業務用段ボール箱に入れたファンの署名と黒田節の博多人形を携えて栃木県小山市の江川の実家を訪問し、父二美夫に「やおいかんでしょうな。でも九州、博多はよかとこやけん、来るごと言うてください」と塀の外まで聞こえる大声で陳情した。

江川の後見人である元衆院議長船田中の取材では、東京支社政経部の石﨑憲司、池田敏にキーマンの秘書蓮実進との独自パイプを通してもらった。

2週間後の12月3日、江川は入団拒否を正式表明した。これで江川騒動の幕は下りたと思ったのが大間違い。余波は翌秋のクラウン球団の西武への身売り、フランチャイズの埼玉移転、そしてドラフト前日の「空白の一日」からコミッショナーの強権発動による江川―小林繁トレードと続き、球界、政界を大きく揺るがした。

巨人一辺倒だった日本のプロ野球が江川事件を機に構造変化を起こし、ソフトバンク、楽天、日本ハムなどパ・リーグの地方球団が人気、実力とも球界をリードするようになった。皮肉にも、その第1球は、「九州は遠い」と言って江川が投じたライオンズ入団拒否の速球だったと、私は思っている。

川崎隆生（かわさき・たかお）……1974年入社。山口総局、東京支社運動部、経済部、社会部、バンコク支局長などを経て国際部長、広告局長、社長、会長を歴任。現相談役。

大分県から世界へ——一村一品運動

地方分権の発火点に

1980（昭和55）年1月16日。大分県安心院町（現宇佐市安心院町）の農協ホールは異様な熱気に包まれていた。県内各地から地域おこしの若者たち約200人が集結。何かを求めて飛び入り参加した過疎の村の職員もいた。痛快で、骨太で、取材のペンも追い付けないほど中身の濃い議論を交わしていたのである。「第一回豊の国ムラおこし研究集会」。取材各社の中でも西日本新聞は、地元の大分総局長稲積謙次郎を先頭に記者を総動員、加えて論説委員長滝口凡夫までが本社から駆け付ける異例の布陣。大分のムラおこしは、ここを発火点として始まったのであった。

就任してまだ1年にもならない知事平松守彦が姿を見せていた。「面白い」と思ったのは①知事に案内など出していなかったこと②従って特に席を設けていなかったこと③発言は一般参加者と同じで、手を挙げて司会者の指名を得ること。つまり来賓といった特別の扱いなどは全くなかったこと——であった。

湯布院、大山から、竹田、日田、宇佐と「われらかく闘えり」の発言が相次ぐ。タイミングを見て平松が「はい、ハイッ」と手を挙げる。が、指名してもらえない。苦笑いで首をかしげる。と、メモ紙に何事か書いて、後ろに控える秘書課長に渡した。私はちょうどその横にいた。のぞき見ると走り書きでこうあった。

一村一品運動やムラおこしでは「夜なべ小屋」と銘打った実践者たちの意見交換会が繰り広げられた＝1982年8月

「あとの日程はすべてキャンセル」。もはや席を立てなくなっていたのだ。

＊

平松がようやく発言を許されたのは、しばらくしてからだった。「みなさん、一村一品を一緒にやりましょう。私がその先頭に立ちます」。そして集会が終わった後、参加者は酒も

⦿一村一品運動　「地方分権と掛けてＵＦＯと解く」「その心は？」「話題になるが見た者がいない」――。1980年前後の分権論議で語られたジョーク。大分県知事平松の一村一品運動は、これに挑むように、ムラおこし運動と連動して、分権型社会を目指す実践と実績づくりを進めた。流通面を中心に産業政策として弱いとの指摘もあるが、取り組みは「一街一品」（中国）「ワンビレッジ・ワンプロダクト」（米国）の名で海外に波及。グローカル外交のモデルともなった。政府が主導する「ふるさと創生」「地方創生」と異なり、地域資源に付加価値を付ける現場発の「内発的地域振興」であるのが特徴。平松の発信力も加わり、ソフトパワーを発揮。「大分」は「豊の国」の別名とともに知名度を高めた。

入っての交流会〝夜なべ談議〟に。一般参加者・平松の姿は夜更けても消えることはなかった。

異例の一般参加者がもう一人いた。取材に来ていたはずの稲積である。こちらは司会者から発言を求められてのひと幕。少しも慌てずこう切り出した。

「時代を大きく変えるのは脱藩浪人ですよ。明治維新がそうだった。志を持って自立（脱藩）し、彼らが各地で交わり、絆を強めることでチカラを結集して世の中を変革していく。ムラおこしも同じ。みなさんは脱藩浪人たれ」

こうなるともう、取材というよりは扇動者。同じように、私たち記者も「キミたちはペンを持ったムラおこし戦士。その気構えでやれ」とあおられた。ちなみに滝口は「これはもう地域からの革命だよな」と、ややオーバー気味のひと言を発して帰っていった。やがて、ムラおこしは燎原《りょうげん》の火のごとく全国に広がっていく。

*

一村一品運動は平松の思いつきとか、ましてや県産品愛用運動なんかではなかった。一つの哲学があったと思う。

江戸時代、豊前・豊後の8藩7領とまでいわれた小藩分立の歴史を持つ大分県。そこで新たな県政を担う知事が、なんとか県内を一つにまとめていきたいと願って掲げたのは「協調と創造」だった。だが、これなら大分県でなくとも、新しいリーダーならどこでも、誰でも考える旗印であろう。

私は、陽気でアイデアマンの新知事とどこでウマが合ったのか、フリーパスで知事室に入るのが許された。ある時、雑談の中でこんなご下問があった。

知事の平松（中央）は大分産品のトップセールスにも熱心に取り組んだ＝1988年6月、東京・神田青果市場

「いまね、一市町村一品運動みたいなこと考えているんですよ。どうかな？」

「いいですね、ただ語呂がよくない。もっとスッキリいけませんか」

で、平松が初めて「一村一品」と打ち上げたのが就任から半年の県内市長会議と町村長会議の場だった。小藩分立の大分の歴史を逆手にとったアピール。が、いきなり耳慣れないキャッチコピーを聞かされたように、首長たちの反応は鈍いものであった。

＊

そんな中で開かれた豊の国ムラおこし研究集会。わがふるさとの活性化にもがき、汗を流す若者たちがいた。「一村一品」には、すでにその土壌が用意されていたのである。「ウメクリ植えてハワイに行こう」のスローガンで農業と農村革命に取り組む大山町（現日田市大山町）や、牛喰《く》い絶叫大会や手づくりの映画祭、音楽祭などのユニークなアイデアで観光客を魅了した湯布院町（現由布市湯布院町）といった先頭ランナーが存在した。

79年は統一地方選挙の年であった。折しも神奈川県知事長洲一二をはじめ首都圏の論客首長たちが「地方の時代」を唱える。また、初の自民党総裁公選で現職の福田赳夫を破り政権を奪取した首相大平正芳は「田園都市国家構想」を打ち上げていた。

地方選の候補者たちが口をそろえて「いまや地方の時代です」を決めゼリフにしたのも無理はない。霞が関官僚たちの〝知恵枯れ〟が指摘されたのもこのころ。一村一品運動に弾みをつける〝時代の土壌〟もまた用意されようとしていたのである。

平松に「一村一品」を打ち上げさせずにはおかない条件が内から、外から熟していたと言ってもいいだろう。

後で思えば、最初に挑戦することの難しさを例えた「コロンブスの卵」みたいな話ではあるが、その発信力は半端ではなかった。国内はもちろんだったが、むしろ海外への波及が目立った。アジア各地へ、米国、欧州へと平松の「一村一品行脚」が展開される、ことになる。アジアのノーベル賞ともいわれるマグサイサイ賞も受けた。

＊

平松は一村一品運動の3原則として①地域の自主自立・創意工夫②ローカルにしてグローバル③人づくり――を挙げた。そしてムラおこしの戦士たちは「内発的地域振興」をうたう。どちらも国や県をアテにしない〝自力本願〟である。

この取り組みが、台頭していた地方分権論としっかり接点を結ぶ。初めての知事選の時、選挙事務所での茶飲み話で「わが国もユナイテッドステーツ・オブ・ジャパンでいくべきですよ」と語っていたのを思い出す。気がつけば分権論の先頭にいた——それは自然な流れだったかもしれない。平松はその後、西日本新聞が主宰する九州21世紀委員会で「九州府構想」を打ち上げる。郷土の先達・福沢諭吉が唱えた「分権論」まで引っ張り出しながら、一村一品と地方分権の二頭立てで地域の自主・自立を唱え続けた。

後に政府の臨時行政改革推進審議会部会長で地方分権を担当した熊本県知事細川護熙も「日本一づくり運動」で独自の地域自立に取り組んだ。地方分権の動きはまさに九州がリードするかたちで展開した時代であったといえよう。私たちはあえて「地方主権」と呼んだ。

西日本新聞はこうした流れをすくい上げ、まとめながら「九州知事サミット」「九州連合議会」などを展開。紙面によるキャンペーンと併せて91年度の日本新聞協会賞を受賞した。

平松、細川が再三にわたって紙面に登場し、このキャンペーンに大きく力を添えることになったのは言うまでもない。

松永年生（まつなが・としお）……1966年入社。佐賀総局、東京支社政経部、大分総局、社会部、久留米総局長、編集企画委員長などを歴任。宗像ユリックス館長を務めた。

日韓の「誠信の交わり」を今に、未来に

友好の懸け橋、朝鮮通信使

1980（昭和55）年5月に韓国で発生した光州事件。首謀者として死刑判決を受けた金大中《キムデジュン》を「救え」と日韓連帯を叫ぶ声が日本各地で上がった。軍事政権下の韓国のイメージは暗く、重い。その当時、日韓をつなぎ、その光ともなる記録映画が各地で上映され、話題となった。「江戸時代の朝鮮通信使」。私も見たが、そうだったのかと、目から鱗《うろこ》が落ちる思いだった。

植民地支配のため意図的に隠された近世の日朝友好史。戦後も教科書や辞書から消えていた。製作をリードした在日の通信使研究家、辛基秀《シンギス》から「ゆがめられた歴史観によって、さまざまな民族差別が生じている。それを正したい」という話を聞いた。学校に通う辛の娘も、その被害者であった。

映画は観衆の心を動かした。長崎県・対馬の庄野晃三朗も衝撃を受けた一人。私は庄野の息子の伸十郎から「おやじは対馬藩が日朝友好に貢献した歴史があったことに感動し、夏祭りでその行列の再現を始めたのです」という話を聞いた。大阪府・堺から対馬に移住して商売を軌道に乗せることができた、その恩返しの意味もあったという。

後に対馬名物になる「李朝通信使行列」（後に李朝は朝鮮に改称）が根付くには親子2代の絆があっ

日韓両国の参加者が当時の衣装をまとい、再現した朝鮮通信使のパレード＝2019年8月4日、長崎県対馬市

たのだ。その話に私は感激した。

＊

90（平成2）年に来日した韓国の大統領盧泰愚《ノテウ》は宮中晩さん会の答礼で、江戸中期に対馬藩に仕えて日朝外交に尽くした雨森芳洲《あめのもりほうしゅう》をたたえる演説をした。その5年後の95（平成7）年11月、対馬・厳原町で朝鮮通信使縁地連絡協議会（略称「縁地連」）の結成大会があり、大統領演説を引き合いに「通信使でまちおこしを」と湧いた。

雨森芳洲は江戸に向かう朝鮮通信使に同行してもいる。縁地連は通信使と縁のあった自治体主体の組織だが、生みの親は対馬の実業家の松原一征である。日朝史と朝鮮通信使に強い関心を抱いて

⦿**朝鮮通信使**　朝鮮王朝が室町時代から江戸時代にかけて日本に派遣した外交使節団。豊臣秀吉による朝鮮出兵「文禄・慶長の役」で一時途絶えたが、江戸幕府の関係修復要請に応じる形で１６０７年に再開し、１８１１年までに計12回派遣された。同行した医師や儒学者、画家らが日本各地で交流を深め、文化的な影響も与えた。２０１７年10月、江戸時代の朝鮮通信使に関する外交記録など３３３点が国連教育科学文化機関（ユネスコ）の「世界の記憶」（世界記憶遺産）に登録された。

いた私は、その結成大会に出向いて松原を知った。

松原は「日韓の懸け橋である通信使は未来を輝かす希望の星」という考えを持って、会社経営の傍ら縁地連理事長として活動に打ち込んでいた。縁地には情熱家が多く、芳洲生誕地の滋賀県高月町（現長浜市）では平井茂彦という役場職員と出会った。地元では「芳洲を活用した地域おこしといえば、平井さんや」と有名だった。

また京都大教授上田正昭は「韓国の研究者から日本の韓国・朝鮮観のゆがみを批判されるたび、負い目を感じていたが、芳洲を知って胸を張れるようになった」と研究者としての良心を率直に語った。

＊

小中高校の教育者も通信使に熱いまなざしを注いだ。日韓の子供たちの友情を育てようと歴史資料を調べても暗い面ばかりが目につく。そこに通信使の友好の歴史が浮上した。

福岡県内には在日の子供も多く、現場教諭の教材研究が熱心に行われていたが、通信使はこぼれおちていた。取材に訪ねた在日韓国・朝鮮人教育研究集会の会場では「傷を癒やすような通信使の往来を知って意欲が湧いた」と話す教諭もいた。

98（平成10）年、来日した大統領金大中と首相小渕恵三の間で日韓パートナーシップ宣言が発表され、韓国で日本の大衆文化の開放が始まった。21世紀に向けて新たな日韓関係を構築していこうという動きである。

2001（平成13）年には「こころの交流——朝鮮通信使」展が福岡県立美術館で開かれた。意外

華やかに再現された朝鮮通信使行列＝2018年8月5日

にもこれが、対立の続く在日本大韓民国民団（民団）と在日本朝鮮人総連合会（総連）を結ぶことになる。

通信使展を機会に両組織に出入りするようになった私は、総連から「北九州市・折尾の朝鮮高級学校で通信使の授業をやってもらいたい」と依頼があり、教壇に立った。初の民団・総連の合同花見会にも招かれた。対立を超えた、全国的にも異例の催しだった。

＊

当時、在日社会は曲がり角にあった。民団も総連も過去に人権闘争を重ね、生活権擁護の道を切り開いてきた。その後、何を目標にするかが問われていた。「通信使のように日韓の懸け橋になってほしい」と訴えたのは駐福岡大韓民国総領事の徐賢燮《ソヒョンソプ》だった。芳洲をたたえる盧泰愚の大統領演説の草案を書いた外交官である。

その思いは02年ワールドカップサッカーの日韓共催でさらに真実味を帯びる。縁地連は海峡を越えて釜山で日韓合同大会を開いた。「朝鮮通信使祭り」をうたい、九州各地の郷土芸能チームも参加。景勝の龍頭山一帯を練り歩いて喝采を浴びた。釜山と九州がぐっと近くなった。

国書を交わす対馬藩主役の陸上自衛隊対馬駐屯地の司令山口勝（左）と、朝鮮通信使正使役の釜慶大名誉教授南松祐＝2019年、対馬市

朝鮮通信使祭りについては「発案したのは釜慶大学総長に就任した姜南周《カンナムジュ》先生。釜山市長を説得して通信使による日韓文化の祭典を興した」という話を聞いた。

姜南周は豊臣秀吉の朝鮮侵略で日本に4年間抑留された儒学者、姜沆《カンハン》の16代子孫。姜沆は徳川幕藩体制を支える朝鮮朱子学を伝え、姜南周は朝鮮通信使を日韓の懸け橋にした。後に通信使がユネスコの「世界の記憶」に登録（17年10月末）されたのも姜南周の発案が基だった。2人は日本の恩人である。

縁地連をつくった松原は対馬の文化振興に尽力し、数々の功労賞を贈られている。通信使顕彰事業に打ち込みながら、関連する史料を見つけては買い取り、コレクションを持つまでになった。聞き書き「海峡を結んだ通信使」（梓書院）の取材の際、松原は「通信使がわしの生きがい」と熱く語った。

*

秀吉の朝鮮侵略の後、徳川家康の意向を受けた対馬藩は国交修復に尽力し、通信使派遣を実現させた。対馬藩は対朝鮮外交を家役とし、善隣友好の懸け橋となった。現代でも、その誇りを持つ。

2000年、岡山県・牛窓で開催の縁地連全国大会でのことだった。私たちが対馬と大都市・釜山の都市比較をしていると、会話を耳にした厳原町長渕上清が割り込んできた。「対馬をばかにしたらいかん。江戸時代、対朝鮮外交を使命とした島だ。国の外交権を一任された使命を、命を張って貫いた。小さな島と、ばかにするでない」

通信使は外交使節であり、往来することで江戸時代の両国の平和的秩序が保たれた。ここに通信使の精神が生きている。もっと具体的に言えば、雨森芳洲が晩年に説いた「誠信の交わり」である。「互いに欺かず、争わず、真実をもって交わる」。誠心誠意の姿勢を貫くことで善隣友好が維持されるということだ。

政治問題で日韓対立があっても民間交流を絶やさない。「民間交流は日韓のインフラ（基盤）。これを壊したらいけない」とある元国会議員が言っていたが、そのけん引役を通信使が果たすべきであろう。厳原町長の自負は間違いなくこれにつながっている。

嶋村初吉（しまむら・はつよし）……奈良新聞、産経新聞を経て1992年入社。スポーツ編集部、文化部、編集企画委員会、整理部。著書に「九州のなかの朝鮮文化」（明石書店）など。

運命で語れぬ長崎大水害

濁流が支配した「光る海」

石畳と教会の屋根をすり抜けて丘へ上がってごらん
宝石箱に身を投げた様な港の夜を抱きしめてごらん
大空に深く横たわる川がこの町に注ぎ込んで
光る海になる

（さだまさし作詞作曲「長崎小夜曲」）

１９８２（昭和57）年7月23日夕から24日未明にかけて、暗闇の空から長崎に「注ぎ込んで」きたのは、梅雨前線から延びた不気味な形の湿舌、それがもたらした空前絶後の豪雨であった。「宝石箱に身を投げた様な」と歌われる美しい坂の町は、「光る海」から一夜にして濁流と土石が支配する黒色の町に化した。

23日深夜、本社の取材車は私たち記者3人とカメラマン合原光徳を乗せ、福岡市から応援取材のため現地へ加速していたが、長崎市の隣町、長崎県多良見町（現諫早市）まで来たところで冠水のため走行不能になった。やむなく午後11時すぎに車を降り、記者3人は旧国道34号を長崎市に向かって歩きだした。合原と取材車は別ルートから市内入りを試みた。

すでにその頃、市内各所で土石流、山崩れ、崖崩れ、地滑りなどが同時多発していた。後に「長崎大水害」と命名されたこの豪雨災害では、長与町で1時間に１８７ミリとわが国観測史上最大の雨量を記録。県内で２９９人の死者・行方不明者を出したが、とりわけ長崎市内ではその9割が土砂崩壊による犠牲者だ。斜面都市の特性が災いし、「水害」の名とは裏腹に、土砂災害による犠牲者が溺死者を大きく上回ったのがこの水害の特徴である。

同市中心部にある長崎総局にたどり着いたのは歩き始めて8時間後の24日午前7時ごろだった。夜間、車でなら30分程度で着く距離にもかかわらず、これだけの時間がかかったのは、道路が川となり、流木や土石などが行く手をふさぎ、遠回りを余儀なくされたからだった。

途中、長崎水族館から旧日見トンネルへ向かって最短ルートの道なき斜面を上っていた時、濁流が私たちを襲い、あわやのみ込まれそうになった。幸い３人が手をつないでいたため難を逃れたが、そうでなければ下流からさらに橘湾まで流されていたかもしれない。

*

私は長崎で記者としての一歩を踏み出した。歴史、街並み、祭り、食…すべてに魅了された。中

⦿九州と豪雨　九州は毎年のように台風や梅雨前線による水害に襲われる。台風は太平洋高気圧の縁を回るように北上し、強い勢力のまま九州を直撃することが多い。梅雨末期には前線が九州に停滞、南からの湿った暖かい風が流れ込み大気が不安定になり、しばしば大雨になる。地球温暖化の影響も指摘される。加えて急峻《きゅうしゅん》な九州山地、崩れやすい南九州のシラス台地など、地形や地質の特質から豪雨による甚大な災害が起きやすい。想定を上回る被害に防災対策が追いついていない側面もあるとみられる。

でも中心部を流れる中島川に架かる11の石橋は、今風に言えば、「癒やし」のマイスポットだった。取材の行き帰りには、遠回りしてまで川沿いを歩いた。その川で私が目にしたのは、崩落・流失した石橋群の無残な残骸であった。

長崎大水害は、車が水に無力であることも徹底的に示した。雨脚が強まった時間は帰宅時間と重なり、中心部では渋滞が始まっていた。やがて圧倒的な降水によって車はことごとく制御不能となった。

今でこそ「車内にとどまるのは危険」は常識だが、当時はそうではなかった。「車の中が一番安全。ここで雨がやむのを待とう」と考えた少なくない人たちが、車に乗ったまま流され、あるいは車内で溺死した。豪雨の前に車は無力どころか凶器にさえなることを教えられた。

ルポライターの河口栄二は、長崎大水害を克明に追った著書「濁流～雨に消えた299人」（講談社、1985年）で、「豪雨は自然現象だが、水害は社会現象である」と記す。意味するところはこうだ。

「無人地帯の砂漠や密林、海に、いくら大雨が降っても人間や社会に被害はまったくおよばない。そこでは、豪雨はたんなる自然現象にしかすぎない。災害とは、あくまで人間や社会が被害をうけることをいう」。自然の物理的現象に誘発されて、社会のもろさが露呈する状況。それが災害の基本構造というわけだ。

ならば、国土強靱《きょうじん》化や避難体制の整備、総合防災システムの確立が最大の政策課題になるのだが、こうした科学的認識と知見を人々が持つまでには長い時間を必要とした。

「方丈記」や「吾妻鏡」が記すように、有史以来、わが国ではさまざまな天変地異が起こり、民衆

中島川が増水して半壊した眼鏡橋＝1982年7月24日、長崎市

に塗炭の苦しみをもたらした。自然の猛威や大量死と背中合わせに暮らしてきた日本人には、永遠なるものはなく、形あるものは必ず滅びるとの死生観や無常観が培われた。

＊

この日本的「いのち観」に関連するある調査データが、「濁流」に収められていて興味深い。長崎大水害後に、東京大新聞研究所が長崎市民にアンケートを行い、その災害観を分析したものだ。

それによると、「災害に遭って生きるか死ぬかは、一人一人の定められた運命によって決まっている、という意見についてどう思うか」との質問に「まったくそう思う」（14％）、「ある程度そう思う」（40％）を合わせると、「運命論」への賛同者は半数以上に上っている。

長崎は被爆都市である。「運命論」が過半数を占めるのは、原爆という受難の歴史を刻んだ長崎ゆえだろうか。原爆犠牲者は、近代科学がもたらした異形の大量死である。だが「長崎の鐘」などの著者として知られた医師で、原子野の聖者と呼ばれたカトリック信徒永井隆は「原爆は神の摂理」「犠牲者は神にささげられた小羊」と原爆投下を「運命」として受け入れた。

戦後の九州で発生した主な水害

年　月	名　称	主な被害地域・県	死者・行方不明者
1945年9月	枕崎台風	全国的に大被害	全国で3756人
1948年9月	低気圧による豪雨	佐賀、長崎	247人
1949年6月	デラ台風	九州、四国	全国で468人
〃　8月	ジュディス台風	佐賀など	179人
1951年10月	ルース台風	九州、中国、四国	全国で943人
1953年6月	西日本大水害	九州北部—中部	1001人
1954年8月	台風5号	鹿児島、宮崎	56人
〃　9月	台風12号	九州	全国で144人
1955年9月	台風22号	鹿児島、大分	34人
1957年7月	諫早大水害	長崎	539人
〃　9月	台風10号	鹿児島	8人
1959年9月	宮古島台風	長崎、熊本	40人
1961年9月	第2室戸台風	宮崎、大分、四国	全国で202人
〃　10月	台風26号(電車埋没)	宮崎、大分	全国で109人
1962年5月	低気圧水害	鹿児島	23人
〃　7月	梅雨前線豪雨	佐賀、長崎、鹿児島	52人
1963年8月	梅雨前線豪雨	熊本	12人
1965年8月	台風15号	鹿児島	19人
1966年7月	梅雨前線豪雨	鹿児島	15人
〃　8月	台風13号	宮崎	24人
1967年7月	昭和42年7月豪雨	長崎、広島	全国で369人
1969年6〜7月	梅雨前線豪雨	鹿児島、宮崎	57人
1971年8月	台風19号	鹿児島	47人
〃	台風23号	宮崎、大分	13人
1972年7月	天草豪雨など	熊本、宮崎	123人
1976年6月	梅雨前線豪雨	鹿児島	32人
1982年7月	長崎大水害	長崎	299人
1991年9月	台風19号(風倒木)	福岡、熊本、大分、長崎	16人
1993年7〜8月	平成5年8月豪雨	鹿児島、宮崎	121人
〃　9月	台風13号	九州全域	43人
1997年7月	出水市土石流など	九州全域	21人
1999年6月	福岡水害(地下街水没)	福岡	1人
〃　9月	台風18号(高潮)	熊本	16人
2003年7月	福岡水害、水俣市土石流	福岡、熊本	23人
2005年9月	台風14号	熊本、大分、宮崎、鹿児島	全国で29人
2009年7月	中国・九州北部豪雨	九州北部、中国	九州、中国で36人
2012年7月	平成24年7月九州北部豪雨	福岡、佐賀、熊本、大分	33人
2017年7月	平成29年7月九州北部豪雨	福岡、大分	43人
2018年6〜7月	西日本豪雨	九州、中国	全国で232人
2020年7月	梅雨前線豪雨	熊本、大分、福岡	79人

※気象庁「災害をもたらした気象事例」、九州地方整備局「過去の災害」、九州地域づくり協会「九州災害履歴情報データベース」、本社「140年史」などから作成。死者・行方不明者の数は災害の期間や範囲によって違いがある

確かに私が取材した市民から聞こえてきたのは「大水害は第二の原爆」であった。しかし、今、同じ質問をかつての被災地の人たちにぶつけて、同じような数字が出てくることは絶対にないだろう。何よりも、現代の災厄を「運命」で片づけるわけにはいかない。

別表の通り、戦後九州の主な水害は、終戦直後の枕崎台風から、熊本県南部を中心に大災害となった2020年7月の豪雨まで膨大な数に上る。今後も発生は不可避だ。20年版国土交通白書は、この10年で起きた土砂災害が、その前の10年の1・5倍に増えたと報告。原因は地球温暖化の影響とみられる降水量の増加で、行政、住民、企業が主体的に災害リスクに備える「防災・減災が主流となる社会」の実現を呼びかける。

新型コロナウイルス禍を機に、「避難所と3密」などの新たな課題が浮かび上がる中、安全安心の災害対策にゴールはない。

長崎市内を歩くと、数多くの原爆犠牲者慰霊碑や被爆遺構が目を捉えて離さない。同じように、長崎大水害のかつての被災地を巡ると、町や地区単位で建立された大小さまざまの鎮魂碑と出合う。

長崎原爆の直接爆死者7万4千人、長崎大水害の犠牲者299人。数字でひとくくりにすれば、一人一人の顔は見えないが、それぞれの人生に分け入れば、誰にも確かな生の足跡が遺《のこ》されている。長崎大水害鎮魂の碑は、単なる墓碑銘ではない。濁流の中にかき消されていった慟哭《どうこく》、そして災害と常に隣り合わせに今を生きる私たちへの「声なき警告」なのである。

馬場周一郎（ばば・しゅういちろう）……1972年入社。社会部などに勤務。著書に「二〇五〇年　変わる日本　変わる社会」。公益財団法人人権教育啓発推進センター上級特別研究員。

外国人との共生を問い掛けた

指紋押捺の強制と拒否

1975（昭和50）年秋、新聞・テレビで一斉に報道された「1円訴訟」は、忘れがたい衝撃となった。北九州市にある在日大韓基督教小倉教会牧師の崔昌華《チォエチャンホァ》が、NHKを相手取り、自分を本名で呼ぶように求めるとともに、誤った名前で呼んだことは人格権の侵害であるとして、1円の支払いを求める損害賠償請求訴訟を提訴したというニュースである。

当時、本社勤務だった私は、最初は訴訟の意味がのみこめなかった。新聞を読んで分かったことだが、崔が記者会見などで「本名はチォエ・チャンホァであって、サイ・ショウカではない」と繰り返し念押ししていたのに、NHKが何度も誤って放送をしたために精神的苦痛を受けたというのである。NHKに抗議し是正を求めたが、改めないので訴訟に踏み切ったということであった。

私は83年夏から北九州支社勤務となり、崔と会った。

訴訟をめぐって、崔に対し日本人ばかりでなく、在日韓国人・朝鮮人からも、非難中傷の声が寄せられていた。ある作家からは「漢字は日本、中国、韓国などで、その国の読み方が認められている」と、もっともらしい疑問が投げかけられた。これについて、崔は「あなたの姓（上別府《うえんびゅう》）を韓国語読みすれば『サンビョルブ』となりますが、そう呼ばれて納得できますか」（要旨）と、反論した。

＊

指紋押捺拒否事件の控訴審判決で記者会見する崔昌華＝1986年12月26日

崔は、この訴訟を「人格権訴訟」と呼んでいた。名前は一つしかなく、それを誤って呼ぶことは、その人の人格を侵害することであるというのであった。在日韓国人の多くは家庭では本名で呼び合いながら、学校や職場では日本語読みを受忍している。韓国人と分かれば、いじめられ差別されるからだという。

崔は、在日韓国人が本名で呼ばれることは自由な人間として生きる第一歩である、本名を取り戻

⊙改正入管難民法と指紋押捺　外国人登録法に基づく指紋押捺制度は廃止されたが、政府は2007年11月施行の改正入管難民法で、日本に入国する16歳以上の外国人に指紋と顔写真の提供を原則として義務づけた。01年9月の米中枢同時テロなどを受けて、テロの未然防止が目的であるとした。在日韓国人・朝鮮人などの特別永住者、16歳未満、外交・公用での来日、政府が招いた人は除かれるが、かつての指紋押捺制度の復活との指摘もあり、日弁連や人権団体は「犯罪捜査に際限なく利用される恐れがあり、来日外国人の人権を侵害しかねない」と批判している。

すことで主体性を確立するのだという考えを、穏やかに語った。崔は政府側などとの交渉では怒髪天を衝《つ》く勢いで追及したが、通常は、笑顔を絶やさない紳士であった。

私はその後、88年夏から3年間ソウル支局で勤務したのだが、私を韓国語読みする韓国人はなく、本名で呼ばれた。崔の訴えがまっとうなものであると改めて知った。

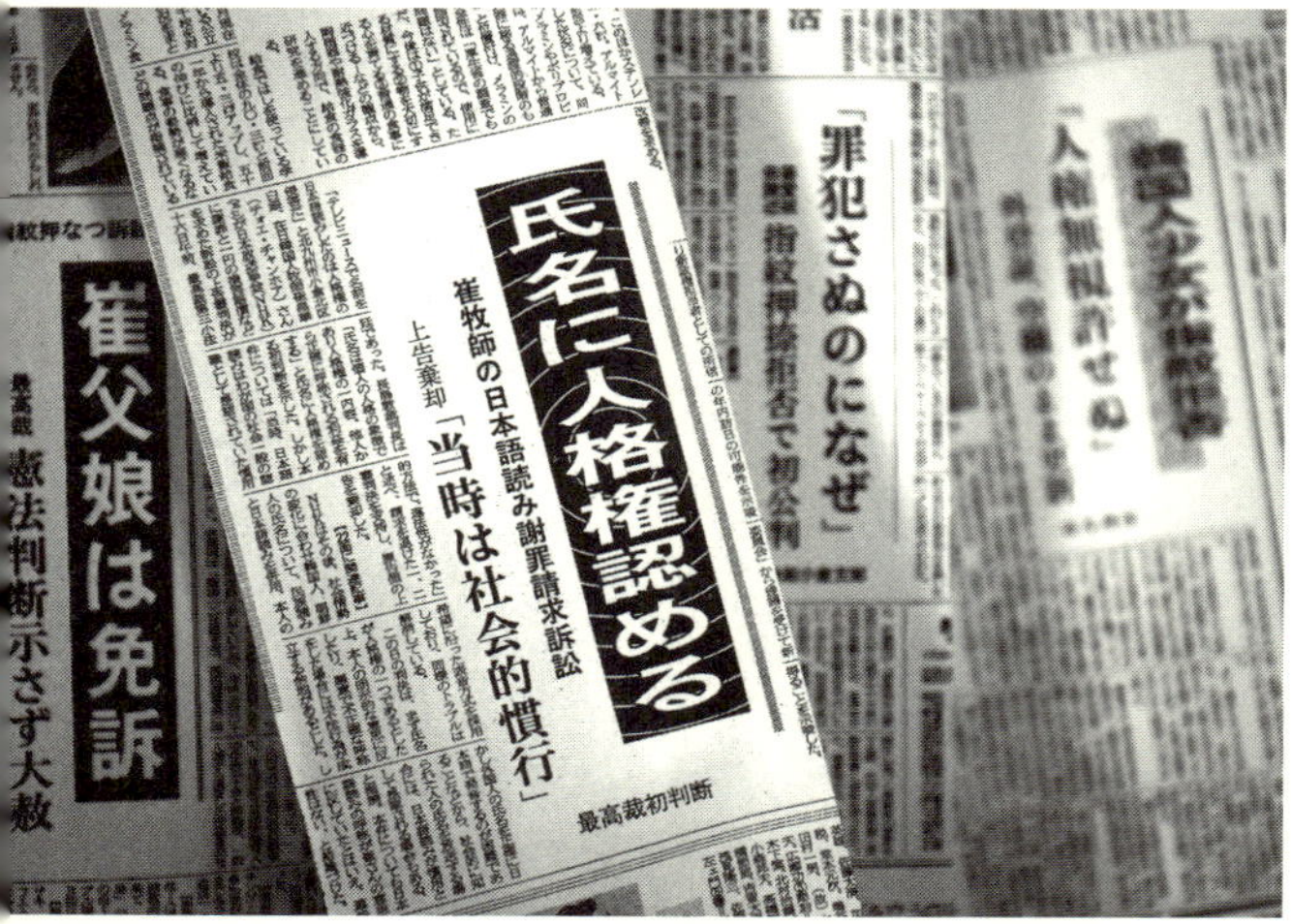

崔が取り組んだ訴訟を伝える西日本新聞紙面

「1円訴訟」は同年2月16日、最高裁判決で原告敗訴に終わった。しかし、判決理由の中で「氏名は（中略）人が個人として尊重される基礎であり、（中略）他人からその氏名を正確に呼称されることについて不法行為法上の保護を受けうる人格的な利益を有する」と、氏名に人格権を認める判断が示された。崔の訴訟は、全国多数の人々の支援に支えられ、最高裁判決の3年前ごろからNHKをはじめ放送局は、希望する在日韓国人・朝鮮人については本名で呼ぶようになり、社会情勢は大きく変化した。崔は判決後の記者会見で「名前を正確に呼ばれる権利が定着した」と語った（翌17日付西日本新聞朝刊）。崔の訴えは、報われたといえよう。

＊

崔と知り合ったころ、崔はもう一つの訴訟を闘っていた。それは家族ぐるみ刑事被告人としてであった。この訴訟は、指紋押捺《おうなつ》拒否事件というべきものであった。

次女で中学生の善恵《ソンヘ》が、外出時に携帯を義務付けられている外国人登録証を受けるに際し、指紋の押捺を拒否した事実は、81年1月13日付西日本新聞でも大きく報道された。当時、在日外国人は外国人登録法で14歳になれば左手人さし指の指紋押捺を義務付けられ、その後も3年ごとの更新時に指紋押捺を強制されていた。これを拒否すれば、懲役や罰金など刑事罰が科される定めとなっていた。

最初の指紋押捺を拒否したのは善恵が初めてであっただけに、全国的に大きな出来事となったのである。前後して崔、長女の善愛《ソンエ》、妻の金貞女《キムジョンニョ》＝韓国では夫婦別姓、長男の聖植《ソンシク》も指紋押捺を拒否した。崔は指紋押捺制度に対し、在日外国人を差別し管理するものとして深い憤りを感じていたが、家族の平和な暮らしのためにこれまで指紋押捺に耐えてきたのであった。

しかし今度ばかりは、末娘1人を矢面に立たせられないと拒否を決断し、他の家族も続いたのである。

指紋押捺制度は、戸籍のない外国人の本人確認のために必要というのが法の建前であった。しかし、本人確認のためであれば署名などの方法があるではないか、指紋は犯罪者から採るものであるから、在日外国人を犯罪者と同じに扱うことであり、人権を侵害するものだ、というのが崔たちの拒否の理由であった。

北九州市は崔と娘二人を刑事告発し、崔と善愛は警察・検察の取り調べを受けて起訴され、裁判になった。善恵は未成年であるため、家庭裁判所による「審判不開始」決定となり、裁判にはならなかった。

＊

崔、善愛父娘の裁判は最高裁まで争われたが、昭和天皇の死によって大赦となり、89（平成元）年7月14日免訴判決で終わった。無罪を主張する崔らは大赦を拒否して判決を求める上申書を提出したが、最高裁による有罪・無罪の判断は下されなかったのである。

この間、一家はカミソリ入りの手紙などによる脅迫、中傷で、恐怖と苦しみ、悲しみにさいなまれた。それだけでなく、崔は韓国や米国での会議などに出席しようにも日本への再入国許可を得られないために断念させられ、善愛はピアノの勉強で米国留学のため出国すると同時に特別永住権を奪われ、居住者としての帰国を禁止されるという仕打ちにあった。

しかし、この裁判に対する反響は大きかった。指紋押捺の拒否者が1万人以上に拡大し、日本人の共感も広がり、全国各地で支援の抗議デモ、北九州、福岡両市など全国数百の自治体や議会からの政府や国会に対する指紋押捺制度の改善・廃止の意見書提出などの動きが広がった。そして、外国人登録法に基づく指紋押捺制度は92年から順次改正され、２０００年には導入から半世紀を経て全面的に廃止された。善愛は奪われた永住権を14年ぶりに回復した。さらに12年には外国人登録法も廃止された。崔没後のことである。

この訴訟でも崔は実質的に勝利したといえよう。崔はかねがね、権利は闘い取るものであると話していた。その考えを身をもって証明したのである。

私は、ソウルの病院で療養中の崔を見舞った。闘志あふれる崔にもさすがに深い疲労の色が見えたように思えた。崔はその約5年後の1995年2月8日、64歳で帰らぬ人となった。

＊

今日また、ヘイトスピーチによる在日韓国人・朝鮮人らに対する排外主義的な動きが報じられている。先の戦争当時から戦後においても依然として克服し得ない、排外的な空気に流される危険を今なお否定することはできない。

少子高齢化社会の克服策として、政府が外国人労働者の受け入れを緩和したことから、私たちの身近にさらに多くの外国人が居住する日も遠くない。そのとき、隣人として共に生きる地域社会を築けるか否か、日本人一人一人に外国人の人権に対する意識のありようが問われている。

「私は日本を信じてきた。今も、多くの日本の友人たちに支えられている」。日本で生まれ日本で育ち韓国語もうまくは話せない善愛が、福岡地裁小倉支部での自身の指紋押捺拒否事件初公判で述べた言葉である（84年1月23日付西日本新聞夕刊）。日本および日本人の良心に対する善愛の問い掛けは、今も新しい。

人々の新聞離れが止まらないという。それだけに、すべての人の人権保障の砦《とりで》としての新聞の役割、記者の使命はますます大きくなっていると思う。

上別府宣治（うえんびゅう・のぶはる）……1967年入社。大分総局、社会部、都市圏部、長崎総局、北九州支社、東京支社、ソウル支局長、鹿児島総局長、総務部長など歴任。著書に「南国雑話」（高城書房出版）。

子ども社会の病巣に迫る

浮かび上がった弱者いじめの実態

1983（昭和58）年9月20日、西日本新聞社会面で「弱者《じゃくしゃ》いじめ」と題した連載がスタートした。連載はこう書きだしている。

「〝いじめ〟は、昔からあった。それは概して特定のグループや個人によるものであり、やり方にも少年社会なりのある種のルールと歯止めがあった。しかし、最近の〝弱者いじめ〟は、自分より強い者からいじめられた者が、抑圧されたはけ口をより弱い者に向けることで『加害者』に転じる」

「弱者いじめ」は今でこそ子ども社会の病理の代名詞のように語られるが、当時は世間でも学校現場でも、ほとんど意識されていなかった。しかし各地の少年相談センターなどを通した本紙の調査で、子どもたちの世界でいじめ被害が急増している実態が浮かび上がった。そこで「少年社会の病巣に迫ろう」と社会部で弱者いじめ取材班を立ち上げ、私もその一員として連載取材に加わった。

少年問題は主として「非行」や「問題児」という視点で捉えられてきたが、問題はもっと根が深いのではないか。子どもたちの社会に、いびつな人間関係が広がりつつあるようだ。その実態を報告し、みんなで考えよう——。これが取材班の狙いだった。いじめは、いつでも、どこでも起こりうる。いじめ対策は、特定のいじめっ子や、いじめられる子を対象にするだけでなく、ごく普通の子どもたちの問題として考えなければならないのではないか。ほぼ1年続いたキャンペーンは弱者

「学校における子どもの人権」をテーマに開かれたシンポジウム＝1987年3月7日、福岡市

いじめの問題を社会的に認知させる推進力になった。が、その道は険しかった。

＊

「うちの娘に何の用か。新聞記者だと。きさん、ふざけんな」

　男はそう叫ぶと私の襟首をつかみ、奥の部屋に引っ張り込んだ。短パン姿。腕には入れ墨。その腕で日本刀を手にしたとき、そばにいた男の妻が必死で制止した。忘れもしない、「弱者いじめ」取材で遭遇した強烈なひとこまだ。

　それは暴行や恐喝を重ねて施設に入れられた女子中学生のことを知ろうと、福岡県内の実家を訪ねた

⦿いじめ実態調査　文部科学省が実施した問題行動・不登校調査で、２０１８年度に認知されたいじめは、前年度に比べて約31％増加し、54万３９３３件と過去最多を更新した。児童生徒１千人当たりの件数は40・９件（前年度30・９件）。過去５年間の傾向として、小学校でのいじめが大幅に増加しているのが特徴。心身に重大な被害を受けるなどの「重大事態」も６０２件で、過去最多となった。

際の体験である。父親であるその男は、暴力団の幹部だと名乗った。いきり立っていた。取材どころの話ではなかった。

他にも忘れ難い取材がある。私が訪ねようとしていたある中学校の男性教師が急死した。生徒補導主事をし、地域で有名な熱血先生だった。生徒がけんかした、トラブルを起こした、誰かをいじめている、警察に補導された――。教師はそのたびに一人で奔走した。父母や地元の警察署からも一目置かれる存在だった。

なぜそこまで献身的だったのか。それが知りたくて教師の家を訪ねた。応対してくれた奥さんは話の途中から泣き出した。「主人は寝食忘れて生徒指導に打ち込んでいました。でも、指導にのめり込むほど先生仲間からは浮いて、孤立してしまう。悩みに悩んだ末、亡くなったのです。死の真相は校長先生にだけしか話していません」。私は思わずもらい泣きした。きれいごとではない、通り一遍の取材では分からない現場の厳しさを垣間見る思いだった。

＊

取材は学校や家族、子どもたちの心の機微に入り込む必要があった。表面的な問いかけでは信頼は得られず、問題の核心に迫れなかったからだ。いじめを受けて不登校になった少年を何カ月にもわたって訪ねた。拒否されても、嫌がられても、少年とその親からなんとか話を聞き出そうとした。いじめっ子の取材では、家族と苦しみを共有した。いじめ問題の対応に心身をすり減らす教師たちとは、一緒になって対応策を考えた。喜怒哀楽の振幅が大きい取材の連続だった。

連載の最初のシリーズは「少年社会の死角で、いま…」。テーマは、福岡県内の中学校で、ほぼ全校生徒がお金をたかるか、たかられるかしていた実態を教師たちがあぶり出し、事態解決への取り組みをまとめた「学校ぐるみ　加害者か被害者だった」、難聴でいじめられていた身近な少年の死を見据え、無料配布の手づくり新聞でキャンペーンを張った女性を取材した「他人事《ひとごと》でないと主婦はペンを握った」、陰惨ないじめに遭った小学生が家族や周囲の励ましで立ち直っていく「地域の輪で子どもはたくましくなった」などの記事を展開していった。

連載が始まると、読者からの手紙やはがきが続々と取材班に届いた。感想あり、意見あり、提言あり。私たちは反響の大きさに驚くとともに、少年社会の日常の奥底に潜む病巣を探り当てたとの思いを強くした。

「なぜ、いじめばかり書いているのか」という、キャンペーンへの冷ややかな反応も一部にはあった。ある自治体の教育行政トップは、取材に応えて「わが管内の小中学校にいじめ問題など一つもない。西日本新聞は何をいじめ、いじめと騒いでいるのか」と語った。文部省（当時）が子ども社会のいじめ問題の実態調査を始めたのはその後である。

「社会の根深い課題を掘り起こし、他に先駆けて問題提起する」というジャーナリズムの役割を私たちは少しは果たせたのだと思う。

＊

取材班は、いじめの構造やメカニズムを「現代の弱者いじめ症候群」として紙面化した。「不特定多数で特定の子をいじめる」「良い子、悪い子の区別はない。普通の子が加害者になり、被害者にもなりうる」「強い者が弱い者をいじめるだけではなく、弱い者がより弱い者に矛先を向け、いじめが拡大再生産される」「誰もが、いじめはよくないと思いながら、自分が被害者にならないために、加害者の仲間に加わるか、傍観する」「手口は陰湿、残忍化し、歯止めがなく、長期にわたる」「被害者は親、教師にも打ち明けず、一人で悩む」などである。

取材班の松永年生は、校内に蔓延《まんえん》していたいじめを見事に克服した福岡県内の中学校をリポートした。その学校では、教師たちが熱心に討議して、学校ぐるみ統一の実践テーマを掲げた。「いじめを見過ごすことは、いじめである」。そして教師は子どもたちに呼びかけた。

「いじめの現場を見かけ、やめろと制止できたら素晴らしい。君はすごい勇者だ。でも、怖くてできなかったら、遠くから、やめろと言って逃げてもいい。それでも、君は勇者だ。だが、後で報復されるんじゃないかと、それもできないかもしれない。だったら、声に出さなくてもいい。心の中で、やめろと叫びなさい。そんな君も立派な勇者だよ」と。絶対に傍観者をつくらない。小さな正義、小さな勇気を大事にしようという教師たちの努力が実ったのである。

＊

私が特に気になったのは、いじめの構造が子どもたちの個性発揮を萎縮させることにあった。子どもたちは、正義感も才能も人間らしい優しさも押し殺し、ひたすら集団に同調する。これでは、まともな人格形成は難しい。個性やリーダーシップを発揮し、社会的弱者や多様性を思いやるような人材が、どうやって育つのか。そんな危惧を抱いた。

キャンペーンから35年以上が過ぎた。不幸にも当時の不安は的中したようだ。文部科学省が発表した２０１８（平成30）年度のいじめ実態調査によると、全国の小中高校で認知されたいじめは過去最高の54万件余にのぼった。デジタル社会を迎え、SNSを使ったネットいじめが広がるなど、事態は改善するどころか一層深刻化、陰湿化しているという。

確かに、子どもたちだけでなく大人も含め、社会の人間関係では「空気を読む」ことが優先されがちだ。集団の空気に少しでもそぐわない言動は、仲間外れに遭い、SNSなどで激しい攻撃にさらされかねない。そんな社会で民主主義を支える健全な心が育つのだろうか。

人間社会には多様な課題がある。複雑な利害が絡む。真の苦しみは表面に見えづらい。それらをうまくすくい取り、手を差し伸べて改善していくのが人間の知恵のはずだ。いじめに遭う子どもの辛さ、弱者の涙に、目をそらせてはならない。「見ようとしなければ、それは見えない」。今でも切にそう思う。

中川茂（なかがわ・しげる）……1975年入社。社会部、東京支社報道部、中国総局長などを経て論説委員長。現在、筑紫女学園大などで非常勤講師。著書に「一世紀の青春」など。

宮様の見舞いに金栗四三涙《いだてん》

忘れ得ぬ第32回九州一周駅伝

これは、西日本新聞社主催の九州一周駅伝を軸にした、心優しい高松宮と「いだてん」金栗四三《かなくりしそう》をめぐるエピソードである。

1983（昭和58）年11月29日、熊本県・玉名市民会館で、わが国初のオリンピック選手だった故金栗四三の玉名市民葬が開かれた。祭壇の左右に花輪が並ぶ中で、中央に据えられていた一株の胡《こ》蝶蘭《ちょうらん》の供花が参列者の目を引いた。贈り主の名が「高松宮宣仁」だったからだ。一民間人の葬儀に、天皇の弟宮からの供花は異例中の異例だった。

しかも供花にあたっては、業者に依頼されたのではなく、西日本新聞本社を通じて当時熊本総局長だった私に「白の胡蝶蘭を熊本で購入して会場に直接届けてほしい」とのこと。東京から送れば傷みかねず、地元業者に頼むのでは形だけと受け取られそうだというわけだ。そのころ胡蝶蘭はまだ珍しくて高価で、市内の花屋を尋ね回った揚げ句、買い求め、参列を兼ねて会場へ向かう車に家内を伴い、抱きかかえさせて届けたのも、優しい心根の高松宮に打たれたからである。

この年、高松宮賜杯九州一周駅伝は32回目を迎え、高松宮は熊本市からの4日目スターターを務められることになっていた。そこへ「せっかく熊本に出かけるのだから、久しぶりに金栗さんに会いたい」との注文。明治、大正にかけ3度のオリンピックに出場、マラソン王と呼ばれ、箱根をはじめ名だたる駅伝の開催企画に参加してきた金栗も、表舞台から引退していた。玉名市近郊の実家に尋ねると、高齢のため熊本市の県医師会病院に入院中だった。

この近況が本社から高松宮家に伝わると「じゃあ、ぜひ見舞いに行く」となった。うわさには聞いていたが、自由奔放、わが道を行くというご性格に、担当の本社開発局長久間覚の指示は「何とかしろ」。病室で金栗に「宮様見舞い」を伝えると、金栗は「とんでもないこと、こんな姿ではお目にかかれない」と固辞されたが、高松宮たっての希望を繰り返し伝えて、やっと了承してもらった。

＊

事前に発表される公的行事ならともかく、高松宮の民間人見舞いもこれまた異例。表ざたになるとメディアをはじめ騒ぎになるので、内々の準備に入った。ニュースを追う記者がニュースをつくるのか、と初めての経験に首をかしげながらの毎日が始まった。まず病院長との内密の連絡、県警本部長との警備関係の協議などなど。

特に頭を抱えたのが県警。普段から大げさな警備体制を嫌う高松宮なので、本部長は「えらいことになった」と腕組み。あとで知ったが、万全を期す県警は病院の医師、職員はもちろん、入院患

⦿**金栗四三**　1891年、熊本県春富村（現和水町《なごみまち》）生まれ。熊本・玉名中（現玉名高）から東京高等師範学校（現筑波大）に進学。短距離の三島弥彦とともに日本人初の五輪選手として1912年ストックホルム大会に出場。しかし、日射病のためレース途中で意識を失い、近くの農家で看病された（記録は行方不明）。続く20年アントワープ大会（16位）、24年パリ大会（途中棄権）にもマラソンで3大会連続での出場を果たした。箱根駅伝や九州一周駅伝の開催にも尽力し、83年11月13日、92歳で死去。

晩年の金栗四三

者・家族に至るまでひそかに身元調査をしていたという。病院からは90歳を超える金栗の病状に「少々不安がある」と伝えられ、緊張させられた。

主治医から毎朝、病状連絡をもらうことにする一方、県警にこのことを伝えると、次の一手を打つ騒ぎになった。「殿下がこれだけ見舞い、再会にこだわっておられるとすれば、もし死去された場合どうなる？」「宮様のご心情、気さくさからすれば、仏前参りがあるかも」というのだ。そこで県警と私は玉名市近郊にある金栗家周辺の現場確認へ。隣近所には気付かれないように車を走らせ、幹線道路から金栗邸までの走路、高松宮を乗せる西日本新聞社の社長車のほかに駐車できる台数、目立たない警備の配置法などについて子細に調べ回ったものである。これらの懸念は取り越し苦労に終わり胸をなでおろしたが、ニュースづくりの仕込み作業の大変さだけは思い知らされた。

＊

そして11月7日、総局前のスタート号砲を打った高松宮は、金栗の見舞いに病院へ。報道各社には当日伝えたものの現場は狭い個室。写真撮影にいきりたつカメラマンたちをなだめすかして西日本新聞の代表取材による写真提供、状況報告は現場取材者の私ということで折り合った。

そんな中でハプニングも。高松宮と親しくしていた本社社長の福田利光も近くの駅まで列車で駆けつけ、病院玄関前で高松宮に提供している社長車から降り立つと、一斉にカメラのフラッシュが光った。高松宮と間違えてのことで、慌てて私が説明する羽目になったが、当時の在熊写真記者にとって宮様はやはり遠い存在だったのだろう。

病室での高松宮は明るい笑顔を絶やさなかった。「久しぶりだな、金栗クン」と涙ぐむ金栗の手を握りながら「大変だろうが、頑張れよ」と励まし続け、付き添いの奥さんにも「大事にしてあげてね」などと声を掛けて慰めた。10分足らずの短い時間だったが、そこには私が何度か伺った際の雰囲気とはまるで違う、和やかな空気が漂っていた。

このあと高松宮は、地元の政財界代表ら約20人との夕食懇談会や、ゴルフプレーの予定行事を楽しまれたが、その折々に垣間見せる「気さくな人柄」には驚かされた。酒席に呼ばれていた老妓《ぎ》のひとりが「昔々のことですが、宮様が佐世保の海軍基地にお見えのころ、お呼ばれいただいたことがあります」と語りかければ「ああ、そんなこともあったなあ。じゃあ今夜もお酌してよ」と応じ、緊張気味の席が一度に緩んだりもした。ゴルフ場ではキャディーから「あの木陰にはキノコがありますよ」と教えられると「どこだ、どこだ」とプレーを中断してのぞき込む、その姿には、前日まで気がかりだった金栗との再会で一安心した心情が働いていたに違いない。

＊

10日間・1千キロを超す世界最長といわれた九州一周駅伝は1952（昭和27）年、サンフランシスコ講和条約発効・独立回復を記念して始まった由緒ある大会。第4回からは当時高松宮の知遇を得ていた福田利光の口利きで「賜杯《しはい》＊」となり、2013（平成25）年の第62回まで続いた世界に誇れる駅伝レースだ。古くは高橋進、広島庫夫、君原健二、そして宗茂・猛兄弟、谷口浩美など、日本陸上界でも名だたる長距離ランナーが育った。ここで取り上げた第32回大会も宮崎県チームの優勝で11月13日、無事幕を閉じた。

その日の夜、金栗は天国へ旅立った。享年92。まるで、自分も関わった、そして高松宮のお見舞いまで頂戴した、この年のレースだけは最後まで見届けようとしたかのような生涯であった。

＊注＝天皇・皇族などから競技の勝者に贈られる優勝杯

向江泰（むかえ・ゆたか）……１９５７年入社。長崎総局、政治部、東京支社政経部、沖縄特派員、社会部、熊本総局長、スポーツ本部長、編集企画委員長など経て久留米市収入役。

悪徳商法追放への取り組み

「社会部110番」に届いた声

悪質な現物まがい商法（ペーパー商法）により被害者数万人、被害総額2千億円といわれた戦後最大の巨大詐欺、豊田商事事件が、2人の男による会長刺殺事件で幕を閉じて4カ月余。世間の目がいかがわしい商法に集まる中、私は社会部で受けた1本の電話から、悪質商法の追放にかかわることになった。

電話は1985（昭和60）年10月、「社会部110番」にかかってきた。読者と社会部をつなぐ電話で、私は担当だった。

電話の男性は「私はトイレファンの販売員だったが、仕事仲間のやり方がひどすぎるので嫌になってやめた。無知な人を集中的に狙って不必要な製品を法外な値段で売りつけている。新聞で書いて問題にしてほしい」と言った。

トイレファンとは、くみ取り便所の臭いを逃がすモーター式脱臭器。当時、下水道が普及していなかった地方ではどこの家も備えていた。それをどんな売り方をしているというのか。

会って話を聞きたいと伝えると、30代だという男性は「上京して別の仕事に就く。いま博多駅で、これから新幹線に乗る」と言った。私は待っていてくれるよう説得し、博多駅近くの喫茶店を指定して落ち合った。それから4時間にわたって聞いた話は衝撃的だった。

彼は次のような話をした。

＊

所属していたのは「だまし売り」をする訪問販売専門の会社だった。販売員は制服を身に着け、胸には写真入りの身分証明書、腕には「〇〇保安協会」という腕章をつけていた。その格好で訪問先を探すのだが、目をつけるのは過去に訪問販売で被害に遭ったと思われる家だった。

悪質業者は訪問販売で売りつけた家を仲間に教える目的で、トイレファンの電線などに目印を残していた。それを確認した販売員は、家人に「メーカーから無料点検に来ました」と、うその話を切り出し、筒先のファンを取り外す作業に入る。その際、モーター内部のコードなどにライターでこっそり火をつけ、焦がしておく。そして「大変だ。漏電で火事になりかけている」と驚いてみせる。

福岡県警中央警察署は福岡市中央区の「赤坂老人憩いの家」で、高齢者を対象とした「悪徳商法等困りごと相談所」を開設した＝1986年

⊙社会部110番　西日本新聞社会部が行っていた企画。読者と新聞をつなぐ窓口として、専用の電話番号を設けて紙面に掲載。情報の提供を呼びかけ、届いた疑問や社会の問題点を記者が取材、紙面化していった。1980年代から2002年まで掲載。西日本新聞社では現在、その企画の趣旨は、情報の窓口が電話からインターネットのSNS（ソーシャルネットワーク）に形を変え、「あなたの特命取材班」のタイトルで受け継がれている。

まだ取り換えて間がないと不審がられたら、「だまされたのです。この製品は5年前のもの。実際は換えられていない」と言いくるめ、新しいファンを売り込む。先方がだましに弱いとみたら、筒の途中に不必要な「中間臭気扇」を取り付け、原価2千円の品を1万円から3万円の高値で売りつける。

この悪質な商法を社会面トップで報じた。反響は大きかった。「うちも被害に遭った」という電話が「社会部110番」に殺到した。特に被害の多かった福岡県筑豊地区を回ってみた。あちらの家、こちらの家で真新しいトイレファンが取り付けられている。話を聞くと、あるお年寄りは「販売員が集団で繰り返しやってきた。そのたびにファンを取り換えられ、年金をむしり取られた」と嘆いた。

＊

悪質なトイレファン商法がなぜこれほどはびこったのか。背景には訪問販売の過当競争があったといわれている。円高不況からバブル景気に向かう転換期。一般家庭はマイホームやマイカーのローンに追われ、まともな商法では売れない。その結果、だまし売りのテクニックがどんどん巧妙化したようだった。

続報、連載と連日のように大きく紙面展開した。行政の反応は早かった。第一報から6日後には通産省が「訪問販売トラブル情報提供」の初適用に踏み切り、悪質業者は実名を公表すると発表した。

翌月には福岡県警が詐欺と県押し売り等防止条例違反の疑いで、悪質な大手業者の摘発、幹部の逮捕に乗り出した。鹿児島県警なども後に続いた。福岡国税局は販売会社を所得税法違反（脱税）容疑で告発した。

福岡市城南区の中村学園大・短大の城南寮で、キャッチセールスや悪徳商法に乗せられないための講演会があった＝1988年4月

この結果、４カ月余りで九州に30社あった悪質業者は次々に廃業した。

＊

次に私たちが取り組んだのが、当時大きな社会問題になっていたキャッチセールスである。街頭で呼び止め、営業所などに同行させて法外な値段の商品を契約させる。「社会部１１０番」や消費生活センターに苦情が相次いでいた。福岡市の天神地下街や博多駅地下街などで、若い女性を呼び止めて喫茶店などに誘い、10万円から70万円もする化粧品やダイエット薬を押し売りするという。

取材してみると福岡県下で業者は20社、販売員は２００人以上いることが分かった。被害は消費者だけではない。観光にも影響が出始めていた。

そこで苦情の実態を社会面でまとめ、押

し売りの現場を写真付きで大きく報じた。消費生活センター所長には紙面に登場願い、被害防止策を説明してもらった。売り手が男から女に代わったセールスの〝戦術転換〟も報道した。

さらに販売員経験者を探し出し、売り込みの手口を詳細に聞き出して紙面化した。3人1組になって気弱そうな女性を〝標的〟にする。狙った女性のバッグのひもを握って離さず、「お茶でも」と誘う。商品を手渡し、「中身を確認して」と包装紙を破らせ、解約を拒否する――。そんな手法である。

＊

キャッチセールス一掃の決め手は、悪質商行為の防止に取り組む関係団体が結束した「対策会議」だった。同様の組織はすでに熊本市にあったが、私はそれを思い切って大きくしようと考えた。関係機関に出向いて呼びかけるとどこも協力的で、福岡通産局、福岡県、福岡県警、福岡市、商工会議所、市内の19商店会による「キャッチセールス対策会議」を発足させた。

対策会議は被害情報を共有し、警察との連携強化などを申し合わせた。商店街のあちこちに追放の共通看板を出し、警戒を呼び掛けるアナウンスを流した。警察は街の見回りに乗り出した。地方から出てきた新入生が狙われやすいと分かると、大学は消費生活相談員を講師に招いて講座を開いたり、学生新聞による被害追放作戦を展開した。

こうした取り組みが実を結び、キャッチセールスの売れ行きが激減。倒産などで福岡の街から業者が姿を消した。地下街商店会役員から言われた次の言葉が忘れられない。

「われわれが何年も取り組んできて効果が上がらなかった問題だった。新聞の力はすごいね」

反響は大きかった。友好紙の中日新聞の記者が本社に来て「名古屋もキャッチセールスの被害がひどい」と状況を語り、「どうして撲滅できたのか教えてほしい」と九州の取り組みを取材した。

＊

プレゼントが当たったと呼び出し、高価な教材を売りつけるアポイント商法。安っぽい景品を餌に羽毛布団などを高い値段で売りつける「催眠商法」――。さまざまな悪徳商法退治で私たちは成果を上げた。それができたのは狙いを絞っての「集中報道」もあるが、行政、警察との連携がうまくいったことが大きかった。消費生活センターは積極的に苦情相談の実態を紹介し、報道を支援してくれた。

その間、悪徳商法関係者から抗議や脅しの電話が何度もかかってきた。「きさま、なんの権利があって俺たちの仕事の邪魔をするんだ」「これ以上やったら許さんぞ」と。それでも、安心して過ごせる社会づくりに貢献したいという強い思いが支えになり、キャンペーンを貫くことができた。

あれから35年。特定商取引法（旧訪問販売法）の相次ぐ改正、警察の取り締まり強化などで、あれほどはびこった悪質訪問販売、キャッチセールスなどは全国的に鳴りを潜めた。その代わり、オレオレ詐欺、架空請求詐欺など新手の事案が増加した。手口はさらに巧妙化している。

岩尾清治（いわお・せいじ）……1970年入社。社会部などを経て大阪支社編集長、久留米総局長。著書に「遺言・楢崎弥之助」「村井勉聞書・今に生きる」など。九州市民大学理事。

韓国に民主化の風、88年ソウル五輪

アジア新時代へ密着取材

私は1985（昭和60）年から88年まで韓国・ソウル支局に勤務した。着任時、3年後に開催されるソウル五輪の本社取材団を受け入れる態勢づくりが、私に与えられた特命事項だった。西日本新聞はこの五輪に、国外開催のオリンピックでは最多となる10人の取材陣を派遣することにしていた。本社がそれほど力を入れたのは、目覚ましい経済成長を遂げながら、南北に分断され、軍事独裁政権の影を引きずる韓国で、平和の祭典であるオリンピックが開催されること。さらにこの五輪を「アジア新時代」の幕開けと位置づけ、九州・山口ゆかりの選手が多数出場することもあって身近な大会と捉えたためだった。

私は五輪に向け、取材基地になるプレスセンターに本社専用のワーキンググルームを確保することを目指した。世界の報道機関と競合し、難航したが、組織委員会に日参してようやく実現した。

＊

ソウル五輪の開催が決まった81年は、韓国では軍事政権が民主勢力を抑圧しながら支配を固めた時期だった。五輪招致は政権の国際的認知を高め、国民にも誇るべき成果となった。だが政権の思惑とは裏腹に、五輪は韓国を民主化という新たなステージへ導くキーワードになった。

五輪前年の87年は韓国政治の分水嶺だった。年末に大統領選が予定されており、大統領全斗煥《チョンドゥファン》

海外取材としては本社始まって以来の大部隊となったソウル五輪の現地取材班＝1988年9月、プレスセンター

は軍事クーデターの同志である盧泰愚《ノテウ》を後継に指名。政権側に有利な間接選挙で実施するとした。野党勢力は民意が直接反映される直接選挙制の導入を求め、全国の主要都市で大規模集会を開催。参加した学生が街頭で警官隊と衝突した。催涙弾が発射され、取材する私たちは防毒マスクが必携になった。

　軍隊による鎮圧のうわさがささやかれた。だが軍隊を投入してデモを鎮圧すれば死傷者が出るだろう。オリンピックを前に、欧米諸国が黙認するはずはなく、分断国家での開催を模様見していた東側諸国に不参加の口実を与えかねなかった。

　そんなある日、出勤途中にカーラジオから臨時ニュースが流れた。与党の大統領候補である盧泰愚

⦿ソウル五輪　アジアでは東京大会（１９６４年）以来2度目の開催となった夏季五輪大会。招致レースでは名古屋市と競い合った。一時は韓国と北朝鮮との共催案も検討されたが、両国間の対立の溝が深く交渉は決裂。ほとんどの東側陣営が参加したが、北朝鮮は選手団を派遣しなかった。日本は２５９選手（男子１８８人、女子71人）を派遣。競泳男子１００メートル平泳ぎの鈴木大地、柔道95キロ級の斉藤仁など金メダル4個、銀メダル3個、銅メダル7個を獲得した。また、陸上男子１００メートルでは驚異的な世界新記録（9秒79）でゴールしたベン・ジョンソン（カナダ）の禁止薬物使用が発覚して金メダルを剝奪、世界記録も抹消された。

が直接選挙制を受け入れると表明したのだ。事態収拾のため民主化に踏み切る政策の大転換。直接選挙であれば、知名度も人気も高い野党候補に敗れる可能性も高く、大きなリスクを伴った決断である。夕刊送稿のため支局に急いだ。

大統領選は野党側が著名な金泳三《キムヨンサム》と金大中《キムデジュン》を擁立、分裂選挙になり、与党の盧泰愚が漁夫の利を得る形で当選した。

選挙戦中の11月29日、中東から韓国へ向かっていた大韓航空機がビルマ（現ミャンマー）沖上空で爆破墜落する大事件が起きた。犯人は日本人名の偽造パスポートを持つ北朝鮮の工作員だった。投票日前日の12月15日、バーレーンで逮捕された「真由美」こと金賢姫《キムヒョンヒ》がソウルに移送されてきた。その後の韓国当局の尋問に対して、ソウル五輪を妨害するために犯行を指示されたと自供したという。

事件が選挙結果に影響したかどうかは分からないが、「何が起きても不思議ではない」朝鮮半島情勢の冷厳さに背筋が寒くなった。

＊

民主化が進んで韓国の国際的イメージが改善することに目を付けたのが、国鉄民営化で発足したばかりのＪＲ九州。社長石井幸孝が来韓し、韓国国鉄幹部との会談で、切符の相互販売など協力関係を結ぶことで合意した。87年10月には博多駅と釜山《プサン》駅が姉妹駅になった。

ＪＲ九州はその後、九州の企業の先陣を切る形でソウル事務所を開設。91年3月には韓国鉄道庁と協定を結び、博多港―釜山港間で高速船ビートルⅡの定期運航を開始した。博多港は新型コロナウイルス感染拡大前まではクルーズ船からの上陸客を含めた外国人入国数が日本一を誇っていたが、

日本選手団も外国選手と一緒になり別れを惜しんだソウル五輪の閉会式＝1988年10月2日

このビートルの長年の貢献も忘れてはなるまい。

初代ソウル事務所長の高橋誠は小倉駅長などを務めた後、九州観光推進機構の専務理事事業本部長として、韓国をはじめとしたインバウンド（訪日外国人観光客）の九州誘致に尽力した。

話を五輪に戻すと、84年のロサンゼルス五輪をボイコットした東側陣営がソウル五輪に参加するかが注目された。そんな折、板門店《パンムンジョム》で南北朝鮮の実務者協議が開催された。南側から来た記者たちは、軍事境界線を越えて北側の板門閣前広場まで行くことができる。そこにはピョンヤンから来た記者たちがいて、情報交換の場になっていた。

私はモスクワ放送のピョンヤン支局長を見つけると「ソウル五輪にソ連は

参加するのか」と聞いた。支局長は「参加する。機関決定されている」と答えた。特ダネだったが、板門店からの帰りのバスの中で、同行の記者たちに紹介した。翌日、本紙を含む数紙が「ソウル五輪にソ連参加」と報じた。

＊

西側のモスクワ五輪ボイコット、東側のロス五輪ボイコットと続いた分断五輪に終止符が打たれ、12年ぶりに東西両陣営がそろった平和の祭典が実施されることになった。

女子1万メートル予選に出場した松野明美（ゼッケン378）。日本新を出したが決勝進出は果たせなかった＝1988年9月26日、ソウル市・五輪スタジアム

日本選手団がオリンピック村に入村するのに合わせ、運動部次長豊田泰之ら10人の本社取材陣が到着した。「郷土選手の徹底報道」を掲げ、競技から応援団の話題まで取材に走り回った。

九州・山口関係の郷土勢は43人（バレーボール除く）で、日本選手団259人の約17％を占めた。このうちレスリング男子グレコローマン52キロ級の宮原厚次（鹿児島）が銀メダル、柔道男子65キロ級の山本洋祐（熊本）と同86キロ級の大迫明伸（宮崎）が銅メダルを獲得。

全力を出し尽くしてゴール後倒れ込む松野

それぞれの奮戦記を紙面で展開した。

日本新を出しながら決勝に進めなかった陸上女子1万メートルの松野明美（熊本）の五輪体験も、周辺の表情とともに「熊本応援団総立ち。スタンド最前列で祈る母」「小さなヒロイン五輪燃焼。『楽しかった』松野スマイル」と伝えるなど、各選手の人間ドラマを描いていった。

閉会式を私はオリンピックスタジアムの観覧席で見届けた。「東西結び陽気に別れ」「分断の地に友情築き」「肩を組み大合唱　ソウル五輪閉幕」（10月3日朝刊）。郷土勢の晴れやかな顔もあった。九州が世界の輪の中にあることを実感させた瞬間だった。

椛浩（かんば・ひろし）……1966年入社。整理部、香港支局長などを経てソウル支局長。経営企画委員長、メディア開発局長、東京支社長、常任監査役。現株式会社九州情報リエゾン社長。

産業史の節目、高島鉱閉山と新日鉄高炉休止

近代化の立役者に時代の波

小学5、6年の頃、好きな教科は社会だった。日本や世界のことがいろいろ載っている社会科地図帳を見るのが楽しかった。

日本列島のあちこちにマル（〇）の大きさで工業生産高などが表されていた。重工業製品が目立つのは北九州で、石炭生産量では九州にマルがいくつかあり、自分が住む九州を教科書で知る楽しさがあった。

新聞社に入社して15年後、東京転勤になり、担当取材の引き継ぎで最初にあいさつに行ったのは石炭会社と鉄鋼メーカーだった。不思議な巡り合わせを感じたのを思い出す。

＊

１９８６（昭和61）年、マルがある地域を不安にさせる話が、長崎県高島町（現長崎市高島町）の三菱石炭鉱業高島砿業所（以下、高島鉱）と、新日本製鉄（現日本製鉄）の八幡製鉄所（九州製鉄所八幡地区、北九州市）など複数の製鉄所で、同時に進行していた。日本で最初の洋式機械化炭鉱と、世界最大の鉄鋼メーカーだ。

「石炭から石油へ」のエネルギー革命と円高が、政府の国内炭保護政策を限界に近づかせ、石炭産業の段階的縮小が始まろうとしていた。「終わりの始まり」ともいわれた。一方、鉄鋼メーカーは構

三菱高島鉱の閉山を前にした長崎県高島町＝1986年11月

造的な鉄冷えで合理化を迫られていた。

円高で海外炭との価格差が拡大した国内炭を原料炭として購入するのを鉄が拒み、主要炭鉱の中で特に経営が厳しい高島鉱の閉山の引き金を引く。そういう構図に見えた。

三菱石炭鉱業とその親会社の三菱鉱業セメント（現三菱マテリアル）は東京駅のすぐ前のビルにあった。新日鉄本社も東京駅から程近

⦿**高島鉱**　長崎港の南西14・5キロ沖合の離島・高島にあった日本初の洋式機械化炭鉱。１８６８（明治元）年、長崎に寄港する外国蒸気船の燃料として石炭需要が高まり、トーマス・グラバーが佐賀藩との合弁で海洋炭鉱を開発。官営から旧三菱財閥へ譲渡されたのが81年。１９６５（昭和40）年には年間約１２７万２千トンの最高出炭量を記録、最盛期の島には約２万１千人が暮らした。閉山は86年11月。２０２０年４月時点で、島に住民票を置いているのは３５３人。一方、官営八幡製鉄所の操業開始は１９０１年。東田第一高炉の火入れを機に、「鉄都」北九州が誕生した。

かった。それらの企業取材で駅を挟んで行ったり来たりする、はいずり回るような仕事の毎日だった。

＊

「86年10月20日、三菱石炭鉱業が高島鉱閉山を労組に提案」→「同月28日、新日鉄が雇用調整助成金制度に基づく『一時帰休』を労組に提案」→「87年2月、新日鉄が5高炉休止・1万3千人削減を提案」

高炉休止は当初は釜石（岩手県）、堺（大阪府）など3基が検討され、八幡を口にする空気はなかった。八幡は「4番打者」「長男」だからとんでもない、という感じだった。全国紙3紙が、八幡を除く3～4高炉休止へ、と朝夕刊で報じた日の夕刊で本紙は「八幡含む5高炉休止へ」と報じた。八幡は2基が1基に。

「八幡を特別扱いする時代ではもうない」と八幡製鉄出身（新日鉄は八幡製鉄と富士製鉄の合併企業）の副社長は言った。のちに連合会長になった八幡製鉄出身の新日鉄労連幹部からも同じ言葉を聞いた。

「鉄は国家なり」といわれた時代では既になかった。八幡の1基休止時期は原案より半年繰り上げられて発表された。「聖域」だった製鉄所を、そう扱うことで危機の大きさが伝わった。

＊

鉄鋼の合理化と同時並行的に閉山が進行した高島町には、炭鉱の島という「一島一町一企業」の悲劇が重くのしかかった。陳情のため上京した町長星野誠一を何度も取材したが、温和な方ながら、陳情先での言葉は激しかった。「高島を無人島にするわけにはいきませんから」と厳しい口調で訴えた。

閉山決定後、石炭政策に抗議して通産省前の歩道で夜を徹してハンガーストライキした人たちの中に、炭労委員長の橋本亮もいた。師走が近い寒空の下、「高島の人たちのことを思うとなんでもない」と話す橋本も高島鉱の出身だった。

一時帰休の提案に揺れた新日鉄八幡製鉄所＝1986年10月、北九州市・戸畑西門

橋本と同志だった高島鉱労組書記長山崎清嗣の訃報を聞いたのは、年が明けた87年1月のことだ。私は東京で星野と一緒に行動する山崎の姿を何度か見掛けていた。閉山後は組合員の離職対策などに追われていたが、自ら命を絶った。高島で生まれ育った3代目のヤマ男。責任感の強さで慕われた闘士だった。まだ48歳。

その約1年後、今度は星野の訃報を聞いた。高島鉱出身。組合長、高島町議を経て町長になり、島の再生に奔走した末、脳梗塞で倒れた。閉山のうわさが出始めてからの長い闘いで、過労が極まったのだろう。享年66。

時代は、時に人々の犠牲を伴って前に進む。時代の歯車を回す政治や経済は、時に地域に痛みを強いる。それにあらがった高島の町長、炭鉱労組の書記長の闘いと死に、私は無言のメッセージを読み取りたい。犠牲や痛みを強いられた人々、地域を、時代は忘れていきがちだ。果たしてそれでいいのか――。高島の悲劇に触れた記者として、今も胸に抱く思いだ。

＊

高島鉱の閉山問題の取材では、親会社の三菱鉱業セメント相談役で日経連会長だった大槻文平の話も聞いた。星野をよく知る一人だった大槻は、閉山後の高島について「三菱発展の基礎を築いた島でもあるから何とかしたい」と思案していた。町は炭鉱閉山から19年後の２００５（平成17）年、長崎市に編入され、自治体としての高島町は消滅した。

株価が右肩上がりだった80年代後半、重厚長大型の企業は構造改革できしみを増した時期だった。企業は経済合理性により脱国内炭を推し進め、日本の近代化を支えた石炭産業と労働者、そして産炭地は、その波にのみ込まれた。

産業地図は経済の変遷とともに塗り替わっていく。昭和の地図は鉄鋼と石炭産業の盛衰を映し、バブル景気崩壊を挟んだ経済の地殻変動は平成の地図を塗り替えてきた。

令和の時代、一部でマネー優先のいびつな色彩を強めている経済社会は、どのように変遷し、どのような地図を描いていくことになるのだろう。

私の息子が使った中学校社会科地図（２００４年発行）には「北九州工業地帯の変化」として、石炭の調達先が１９６０（昭和35）年には同じ九州内だったのがオーストラリアに替わっていることが記載されている。

２０１５（平成27）年に世界文化遺産に登録された「明治日本の産業革命遺産　製鉄・製鋼、造船、石炭産業」には、官営八幡製鉄所の施設と高島炭鉱の井坑《せいこう》跡も含まれた。

東京で石炭や鉄鋼産業の取材に駆け回っていた頃、私は近代以降の産業変遷史の節目に立ち会っていたんだな、と振り返って思う。

川村俊郎（かわむら・としろう）……１９７１年入社。運動部、筑豊総局、社会部、経済部、パリ支局、都市圏情報部長などを経て、朝刊１面「春秋」を14年間執筆。現在は夕刊「がめ煮」担当。

ハウステンボスに描いた夢

風雲児・神近義邦の人生

1987（昭和62）年11月末、長崎県西彼町（現西海市）の焼肉屋で長崎オランダ村の社長神近義邦と初めて対峙《たいじ》した。長崎総局の記者だった私は、約1カ月間、何度となく長崎オランダ村に足を運び、取材を申し入れたものの断られ続けて、ようやく会うことができた。

「なぜマスコミを避けるのですか。地域で先駆的な取り組みをしている経営者なら、その理念を地域に語るべきじゃないですか」

私の怒りを込めた強い口調に、マスコミ嫌いの謎の人物といわれた神近が「分かった。なんでも聞いてくれ」と口を開いた。当時45歳。鋭い眼光。何にも動じない雰囲気。抜群の記憶力。元西彼町役場職員、東京・永田町の高級料亭「一條」総支配人、ミネベアグループ取締役、長崎バイオパーク社長という不思議な経歴の持ち主は、自ら構想した日本生まれのテーマパーク「長崎オランダ村」の目指すものを語り始めた。

＊

欧州出張で美しい地中海の風景に感動した神近が、帰りの飛行機の中で一気に書き上げたのが、故郷・大村湾のテーマパーク「オランダ村」構想。長崎とオランダの歴史的な関係から、オランダの街づくりと「自然と人間との調和」をテーマにしたものだ。資金集めに苦闘しながら、西彼町に83

年7月開業。最初は1万平方メートルの敷地に大きな風車1基、ミニチュアで再現したオランダの街並み、売店、レストランぐらいでスタートしたが、オランダ政府の協力を得て、オランダ風の建物56棟、巨大な木造帆船「プリンス・ウィレム号」の再現を果たし、劇場や魅力的なレストランなどをそろえた。

九州の西端に位置し、JRの駅からも遠く交通不便ながら、週末は観光客がマイカー、バスで押し寄せ、大渋滞が繰り返された。5年後の入場者数は初年度比5倍増の160万人。「東の東京ディズニーランド（83年開業）、西の長崎オランダ村」と並び称され、銀行業界のトップに君臨してきた日本興業銀行（興銀）までが主力銀行としての融資を決定した。地方の新ビジネスには異例ともいえる状況が生まれたのである。

88年1月5日から西日本新聞紙上で「ゼロからのスタート　長崎オランダ村の挑戦」という連載（全20回）をスタートするや、長崎総局には東京の一流企業から記事をファクスで送ってほしいという依頼の電話が相次いだ。当時、鉄鋼や自動車など「重厚長大」の基幹産業が構造転換の荒波に苦しんでいた。長崎オランダ村は時代を切り開く新たな産業として、全国の企業が大きな関心を示した。

⦿**ハウステンボス**　長崎県佐世保市の大型レジャー施設。施設名はオランダ語で「森の家」。略称はHTB、152ヘクタールの敷地を有し、全体が中世のオランダの町を構成するテーマパークになっている。遊戯施設や庭園、レストラン、ミュージアム、ホテル、マリーナなどがあり、花、光、ゲーム、音楽とショーなど数々のイベントが年間を通じて行われる。1992年に開業したが、2000年前後から経営危機が表面化、03年に会社更生法の適用を受けた。10年にH．I．S．の子会社となり、経営が健全化した。

ホテルヨーロッパを背に感慨深げな神近義邦＝1992年3月25日

こうした中で、神近はさらなる大構想を打ち出した。自然との共生を大きな理念に掲げ、オランダ政府の本格的な支援で、本物の設計図をもとに、オランダ王室の宮殿「パレスハウステンボス」や教会の鐘楼「ドムトールン」をはじめ、オランダの誇る美しい街並みを再現し、全長6キロメートルの運河を配置。さらに豪華な別荘群を入れた定住ゾーンまで取り込んだ環境未来都市「千年の街ハウステンボス」計画だ。

企業進出がなく閑古鳥が鳴いていた佐世保市の針生工業団地を買収して、１９９２（平成４）年３月に完成。敷地１５２万平方メートルは東京ディズニーランドの２倍の広さ。総工費は２４００億円。通称リゾート法といわれる総合保養地域整備法（87年制定）の助成を取り込み、日本興業銀行を中核に全国の銀行団が協調融資を行った。日本の先駆的なテーマパークには一流企業が先を競うように出資や出店を申し入れてきた。その数65

社。定住ブロック（250棟）では1棟1億円もの別荘分譲に7倍もの予約が入っていた。

ところが開業直前に事態が暗転した。突然のバブル崩壊に見舞われ、即日完売するはずだった別荘予約のキャンセルが続出。集客も95年度を除いて、計画の年間目標400万人を下回り続け、巨額融資の金利負担が重くのしかかった。

＊

「ハウステンボスを助けてほしい。近く会社更生法が申請される。切り売りでもされたら、ハウステンボスが廃虚になってしまう」。2003（平成15）年1月、私の携帯電話にかかってきた神近の悲痛な声は、ハウステンボスの緊急事態を告げていた。

ハウステンボスは00年までの7年間に累損が300億円に達し、経営難に陥った。神近は興銀に要請して累損の全額免除を実現。経営責任をとって同年6月、社長の座を退いていたものの、ハウステンボス復活を願う創業者の苦悩は深かった。

＊

当時、二度目の長崎総局勤務で総局長だった私は「観光長崎の目玉というべきハウステンボスを救うには、地域、行政を動かすしかない。マスコミ主導でハウステンボス支援運動を起こそう」と決断。経済部長の川崎隆生と協議し、社を挙げて会社更生法申請から間髪を入れずにハウステンボス支援・再生のキャンペーンを展開することになった。

長崎総局と経済部の記者たちが夜討ち朝駆けの取材を続けた結果、会社更生法申請のXデーが2月26日と判明。その前日の25日朝、興銀出身のハウステンボス社長森山道壮に面会した。

「明日の朝刊で、きょう会社更生法申請という記事を出します。前倒しして今日中に関係先の銀行から融資とは関係ない他の銀行への資金移動を終えてください」と切り出すと、森山は「ハウステンボスをつぶすのか」と声を荒らげた。「つぶしたくないから、事前にお伝えしているのです」と私。会社更生法が申請されると通常、融資している金融機関は、資金回収のためハウステンボスの銀行口座を凍結する。ハウステンボスは営業資金が枯渇して、休業、倒産という最悪のシナリオも想定されたからだ。

深夜、「ハウステンボス　会社更生法申請へ」という1面トップ記事を朝刊に載せて輪転機が回り始めた。そこへ神近から携帯電話が入った。「預金移動の確認がとれないので記事を止めてほしい」。もう輪転機は止められない。その10分後、神近から「預金の移動が完了したようだ」との電話が入り、胸をなでおろした。

ハウステンボスの会社更生法申請は、長崎のみならず九州全体に激震が走った。西日本新聞はマスコミのトップを切って、再生・支援キャンペーンに入った。「甦《よみがえ》るか千年の街」「再生の道　ハウ

ハウステンボス＝2019年3月撮影

ステンボス」などの連載企画やシンポジウム「ハウステンボスの再生を考える」などだ。他の新聞、テレビのマスコミ各社も同様の取り組みを始めた。島原の旅館の女将《おかみ》をはじめ、観光関係者がハウステンボスで横断幕を掲げ、「ハウステンボスをつぶさないで」と声を枯らした。長崎県と佐世保市も緊急支援策を打ち出し、他県への支援要請なども行った。当時の長崎県知事金子原二郎は「マスコミが支援の流れを作った。行政も動かざるを得なかった」と明かした。

ハウステンボスの経営主体はみずほコーポレート銀行（旧興銀）から野村プリンシパル・ファイナンスに移ったが経営は低迷。10年、旅行大手のエイチ・アイ・エス（H.I.S.）に代わった。H.I.S.は「光の王国」というイルミネーションイベントや、ハウステンボス歌劇団の開設などで娯楽性を強化した。韓国、中国、台湾からの入場者が増え、佐世保市の固定資産税免除などの支援もあって、11年度以降、黒字化を達成。経営が軌道に乗っている。

*

一方、神近はハウステンボス事業にかかった2千億円を超える巨額融資を個人保証していたことで、03年の会社更生法申請に伴い、個人破産し、すべての財産を失った。神近を初めてマスコミで紹介した私の連載「ゼロからの出発」のタイトルが象徴するように、無から起業して、新時代の先駆者として脚光を浴びたが、約20年ですべてゼロに帰した。

20（令和2）年9月、78歳で亡くなった神近は、15年にも及ぶがんとの長い闘いを続けながら、自らの人生を綴った自伝を残した。その中で、料亭総支配人だった30代のころ、当時首相で客として来た今は亡き田中角栄にあいさつしたとき、「君の人生の目標は何だ」と聞かれ、「エコロジストです」と答えたら、「青いな」と言われた、と振り返る。若いころから花の栽培やコメ作りなどを通じて、自然環境への思いは人一倍、強かったという。

「自分が作りたかったのはテーマパークではなくて、本当の街だった。オランダは風車で水をくみ上げ陸地をつくり、樹木を植え、微生物による水の浄化のためにコンクリートではなくて石垣で護岸を作った。オランダの400年におよぶ干拓の歴史と国づくりに学ぼうと思った」。

神近はオランダの国造りの手法と人間が開発した高度な技術力を組み合わせ、エコロジーとエコノミーが共存する先進的な未来都市創りという「前人未踏の大ビジネス」（神近の著書「ハウステンボスの挑戦」）に挑んだといえる。

18年6月、神近は自らが主宰する勉強会「神近塾」のメンバーとともに、オランダを訪問。かつてハウステンボス計画を支援してくれたオランダ政府関係者から大歓迎を受けた。神近はユトレヒトなどの街並みを歩きながら、歴史的建造物の日本での再現を目指して奔走した日々を振り返って感慨に浸った。

効率よりもエコロジーを基礎とした未来環境都市型のテーマパークを目指すという事業そのものは挫折したが、エコロジスト神近の事業理念は、今後の日本の街づくりへの重い問いかけであることは間違いない。

小野博人（おの・ひろと）……1972年入社。長崎総局、東京支社、パリ支局長などを経て長崎総局長、スポーツ本部長、事業局長。著書に「ああ西鉄ライオンズ」（西日本新聞社）。元テレビ長崎常務。

「鉄の街」から「鉄もある街」へ

スペースワールドとその時代

「〝宇宙〟が街にやってくる」。そんなタイトルの企画を西日本新聞北九州版に連載した。街にジングルベルが流れ始めた1987（昭和62）年12月。北九州市は高揚感に包まれていた。クリスマスを待つ子どものように。市民の目を輝かせた贈り物の名は「スペースワールド」。

新日本製鉄（現日本製鉄）は同月3日、宇宙をテーマにした体験学習型の大型レジャー施設「スペースワールド」を、八幡製鉄所（現九州製鉄所八幡地区、同市八幡東区）内に建設すると発表した。

わくわくしながら想像した。工場や煙突がひしめく工業地帯の真ん中に出現する米航空宇宙局（NASA）のスペースシャトルや宇宙基地。宇宙飛行士の訓練体験に歓声を上げる子どもたち——。その光景は、重厚長大の工業都市・北九州が、ソフト産業都市へと離陸する発射ボタンのように思えた。

＊

明治時代、この地に官営八幡製鉄所が開設され、燃料となる石炭が遠賀川を下って筑豊から運ばれた。以来、「鉄は国家なり」の言葉通り、製鉄を中心とする北九州の重化学工業は日本の近代化、戦後の高度成長の原動力となった。立ち並ぶ煙突から立ち上る「七色の煙」は繁栄の証しだった。

73年に国内の粗鋼生産量は約1億2千万トンに達し、世界生産に占めるシェアは17・1％と最高

1990年4月22日、雨の中オープンしたスペースワールド

を記録した。やがて鉄鋼の生産拠点が世界に広がると、コストの安い新興国が急速に業績を伸ばし、市場を席巻した。さらに、円高が追い打ちを掛け、日本の鉄鋼業は構造不況に直面することになる。

63年に門司、小倉、戸畑、八幡、若松の5市合併で誕生した北九州市。九州で最大の人口を誇る大都市となった。だが、79年に福岡市に抜かれ、同年の106万人をピークに減少に転じた。産業の停滞と歩調を合わせるよ

⊙**スペースワールド**　北九州市にあった総合レジャーパーク。国内初の宇宙をテーマとしたレジャー施設として、1990年4月、新日本製鐵（現日本製鉄）が八幡製鉄所の遊休地に開業した。入場者のピークは97年で、年間約216万人を集客した。翌年、絶叫マシン「アトラスタワー」の事故以降、減少に転じた。2005年5月、民事再生法の適用を申請、入場者は150万人に減った。同年8月にレジャー企業・加森観光が経営を引き継いだ。09年度以降、経営は黒字転換したが、17年12月31日をもって閉園した。

うに人口減少は続き、2000年代半ばには100万人を割り込んだ。

80年代後半。日本全国がバブル景気を謳歌《おうか》していた。その一方で、九州など製鉄や炭鉱などの産業が地域経済の柱だった地域は活況に取り残され、出口の見えない構造不況のトンネルの中であえいでいた。とりわけ、冒頭に紹介した87年は、北九州にとって「どん底の年だ」と多くの人が口にした。

2月に新日鉄が第4次合理化計画を発表。八幡製鉄所の戸畑第4高炉が休止されることになり、地域に大きな衝撃を与えた。新日鉄は合理化の実施に先立って人員削減に着手し、前年末から一時帰休を始めた。これに合わせ、関連企業などにも一時帰休など合理化の波が広がった。

＊

「鉄冷え」「構造不況」「合理化」「リストラ」。こんな見出しが連日、新聞に載り、重苦しい空気が地域を覆う中、新日鉄や関連企業にとって、生き残りを懸けた「脱鉄」が合言葉になった。

情報システム、シルバー事業、不動産開発、マンション経営、教育機器販売、学習塾経営、保険代行業、自動車販売…。雇用の確保と新たな収入の柱となる新規事業の開拓に、なりふり構わず活路を求めた。ある関連企業の社長がこう話したことを覚えている。「武家の商法といわれようと、挑戦する体力があるうちに成功させなければならない」。

その中でも、広大な工場遊休地をいかに活用し、地域浮揚の起爆剤となるビッグビジネスを展開するか――が最大の焦点となった。

複合経営企業への転換を目指す新日鉄の新たな中核事業、スペースワールドは90（平成2）年4月

22日、開業した。製鉄所構内の遊休地33万平方メートルに、宇宙旅行を疑似体験できる「スペースドーム」を中心に、六つのパビリオン、八つのアミューズメント施設が造られた。投資額は約380億円。年間200万人以上の入場者を見込んだ。

当時、ある地銀は、スペースワールド開業に伴う北九州市経済への波及効果は、開業後1年間で1080億円、雇用創出5600人と試算した。テーマパークの先輩、長崎オランダ村に匹敵する規模だ。地元の期待はいやが上にも高まった。

北九州市も運営会社に出資した。99年にはJR九州が地元の要望に応え、鹿児島線に最寄り駅「スペースワールド駅」を新設。官民一体となった鉄都再生の旅が始まった。

＊

バブル景気の頃から、90年代半ばまでを「テーマパークの時代」と呼ぶこともできよう。国が「リゾート法」を整備して後押しし、金融機関がバブルマネーを注ぎ込んだ結果、全国に地域浮揚の夢を担ったテーマパークが次々と生まれた。

九州でも、83年の長崎オランダ村に続き、90年にスペースワールド、92年にオランダの街並みを再現したハウステンボス（HTB）、翌93年には世界最大級の室内プールを誇るシーガイア（宮崎市）が部分開業した。

北九州市と同様、石炭産業の構造不況と人口減少にあえぐ福岡県大牟田市は、予想される三井三池炭鉱の閉山をにらみ、地域浮揚の核として炭鉱をテーマにしたネイブルランドを95年に開園させた。

大型施設が相次いで誕生し、九州はテーマパークアイランドと呼ばれた。ところがバブルの崩壊で状況は一変。テーマパークの乱立による競争の激化も苦境に拍車を掛けた。地方の施設では経営悪化や破綻が目立った。

九州でも、入場者数の減少により、ネイブルランドはわずか3年で、長崎オランダ村は2001年に閉園。リゾート法の指定第1号だったシーガイアも、一度も黒字を計上することなく、同年に会社更生法の適用を申請して破綻した。

巨額の初期投資が重荷となったHTBも03年に会社更生法の適用を申請。営業は継続したが、リーマン・ショックの影響などで苦戦が続いた。ただ、10年にエイチ・アイ・エス（HIS）の傘下に入ると、人気キャラクターによるアトラクションや斬新なイベントで、業績はV字回復を果たした。

これは全国でもまれなケースだ。テーマパークブームが過ぎた後も業績を伸ばした「勝ち組」といえるのは、豊富な資金とコンテンツ、大都市に近いという立地に恵まれた東京ディズニーランド（千葉県浦安市）とユニバーサル・スタジオ・ジャパン（大阪市）くらいではないだろうか。

＊

スペースワールドに話を戻す。テーマパーク間の競争激化で、年間入場者数は97年度の216万人をピークに減少。経営悪化に伴い、2005年に民事再生法の適用を受け、加森観光（札幌市）が経営を引き継いだ。その後、入場料の値下げや新規施設の開業で入場者数は回復し、経営も黒字に転じた。

だが、運営会社は16年12月、1年後の閉園を突然、発表。施設の老朽化のほか、土地を所有する新日鉄住金（現日本製鉄）との用地賃貸を巡る条件交渉で折り合いが付かなかったことが一因とされる。

惜しむ市民の声の中、「またいつか、別の星で、会いましょう」のメッセージを残し、スペースワールドは17年末、閉園した。跡地にはイオンモールの大型商業施設や北九州市の児童文化科学館ができる予定だ。20年には日本製鉄の組織再編に伴い、伝統ある八幡製鉄所の名も消えた。

閉園後も残るスペースワールド駅のホームに立ってみた。宇宙への夢をかき立てたスペースシャトルの実物大モデルは撤去され、今はもう見えない。だが、ここが「鉄の街」から「鉄もある街」へのスタート地点だったという事実は消えることはない。

これから進むべき道は。公害を克服した経験を生かした環境技術都市、海外の技術研修生を受け入れる国際交流都市、漫画やアニメなど若者文化を発信するサブカルチャー都市――。新たな街づくりへの挑戦は終わらない。

坂井政美（さかい・まさみ）……1984年入社。北九州支社、大牟田支局、経済部、東京支社報道部などを経てパリ支局長、国際部長、論説委員長。1面コラム「春秋」担当。

福岡ホークスを育てたカリスマたち

飛躍を求めた移転劇と買収劇

1988（昭和63）年8月の初めだった。地場スーパー・ユニードの広報担当者がささやいた。「ホークスが福岡に来るようですよ」。私にとっての、ダイエーのプロ野球・南海ホークス買収、福岡移転劇取材の始まりだった。「えっ、ロッテじゃないの」と一瞬、戸惑った。78年にライオンズが埼玉県所沢市に去った福岡は、青年会議所などがロッテオリオンズ誘致で動いてきた。

入社8年目の私は経済部の流通担当になったばかり。81年に九州ダイエーと合併し、ダイエー傘下に入ったユニードは、経済部にとって重要な取材先の一つ。広報担当者ともやっとあいさつを済ませたところだった。

ダイエーの水面下の動きは88年5月ごろから活発化していた。運動部を中心に裏取り取材が続いていた。

8月28日付の本紙朝刊1面トップをホークス移転の記事が飾った。「11年ぶりプロ球団」「福岡市に本拠地」「来シーズンから」「ダイエー　南海買収へ動く」との活字が躍った。

ダイエーのホークス買収は、当事者の球団、南海電鉄、ダイエーだけでなく、受け入れる自治体、市民団体も巻き込んでの移転劇。だから運動部、経済部、都市圏部、社会部などが連携して取材した。

しかし、主舞台は本紙の発行エリア外の大阪。当事者たちの口は堅い。紙面掲載後もしばらくは全面否定が続き、9月21日の買収合意まで、苦しい取材を重ねた。

＊

ロッテの本拠地・川崎球場（川崎市）は当時、老朽化が著しく、球団は移転先を探していた。そこに、球団誘致を模索する福岡が現れた。80年代初めから話がくすぶっていた。

西鉄ライオンズの黄金期をエースとして支えた稲尾和久が、球団誘致を訴えて精力的に動いていた。それが青年会議所など地元の誘致熱に火をつけた。稲尾が84年から3年間、ロッテの監督を務めたのも「ロッテの福岡移転を促す」意図があったためといわれる。

88年初め、千葉市が新球場建設に着手した。ロッテの視線が、川崎と地理的に近い千葉に向いた。

球史初のチャーター機移動で福岡空港に降り立ち歓迎の花束を振る監督の杉浦（左）とオーナー中内＝1989年1月19日

⦿当時の福岡市　ホークス移転と同時代、福岡市では大型開発が相次いだ。大きな吹き抜けが特徴のイムズビル、複合商業施設のキャナルシティ博多、三越を核テナントとした西鉄福岡（天神）駅再開発、演劇専用劇場の博多座…。アジアも視野に「日本一元気な街」をアピールする福岡市にとって、プロ野球とドーム球場はどうしても必要な「都市機能」といえた。当初は低迷したホークスだったが、大型補強や若手育成が功を奏し、２０１７年から3年連続で日本シリーズを制するなど、九州のファンに愛される常勝チームとなった。

ロッテの福岡熱は急に冷めた。

ダイエーもそのころ、グループの総帥・中内㓛《いさお》の強い意向で買収可能な球団を探していた。最有力候補はロッテ。そして南海も、本拠地の大阪球場の老朽化と周辺再開発で、移転せざるを得ない状況を抱えていた。ロッテの心変わりで、ダイエーはホークスに照準を合わせ直した。

球団取得後の本拠地候補には当初、神戸市の名も挙がった。しかし結局、アジアに近い福岡市に絞られた。「ダイエーの東アジアへの店舗展開の足がかり」ともいわれた。市長桑原敬一はじめ福岡市の熱意も中内を動かした。

「地方の時代」も移転を後押しした。パ・リーグの本拠地は、阪急、近鉄、南海の3球団が関西、西武とロッテ、日本ハムの3球団は関東に集中していた。関西にはセ・リーグの阪神もある。地域分散の意味でも球団買収の大義名分が立った。

＊

ホークス買収時のダイエーの広報文が手元にある。「『福岡ダイエーホークス』の発足について」と書かれた文書はA４判で10枚。88年10月１日、プロ野球実行委員会とオーナー会議で球団譲渡が承認されたことを受けて報道各社に配られた。

「最大の国民的スポーツであるプロ野球の発展に寄与し、企業イメージアップを図っていく」「日本で初めて流通産業がプロ野球球団を経営することになる」「全国の店舗を通じて、日本中に幅広いファンづくりを行う」…。ダイエーの高揚感が伝わってくる。

当時はバブル景気の真っ最中。福岡ダイエーホークスが誕生した89年の末には日経平均株価が史上最高値3万8915円（終値）をつけた。ダイエーも業績が右肩上がりで、まさに絶頂期だった。

中内は80年ごろからプロ野球球団の買収を考えていた、といわれる。理由は明快だ。プロ野球のファン層の広さと、新聞、テレビ、ラジオなどの媒体による宣伝効果。そこから得られる社会的信用力は絶大なものがある。ダイエー幹部の「約300社にも膨らんだダイエーグループ統合の象徴となる」とのホークス買収時の談話が残っている。

神戸市内の薬局から身を起こし、安売りのスーパーとして「価格破壊」の言葉をはやらせ、家電メーカーの系列販売にも挑戦した中内。次の飛躍には「プロ野球球団」が必要だった。

＊

ダイエーによるホークス買収劇から16年後、2004（平成16）年夏の暑い土曜日の午後だった。小柄な男性が西日本新聞社の編集局を訪れた。ソフトバンク社長孫《そん》正義である。経済部のソファで部長吉田宏（後に福岡市長）と向き合った。2人は10年ほど前からの顔見知り。雑談の中で吉田が「球団を持ったらどう」と水を向けた。孫はあいまいな笑いで話をそらした。

その2、3カ月後に起こったことを考え合わせると、その訪問に納得がいく。孫は「福岡の空気」を探りに来たのだった。

ダイエーは90年代後半から収益が悪化、経営危機に陥った。04年はホークス球団の身売り報道が過熱した。

私は経済部デスクだった。球団経営を引き継ぐ企業があるのか、ないのか。ＪＴ、ＮＴＴ、航空会社、自動車・飲料メーカーなど大手企業の名が飛び交った。しかし後継企業は遅々として決ま

ラストナイターの平和台球場と上は建設中の福岡ドーム＝1992年10月1日

らない。そんなとき、ソフトバンクが突然、名乗りを上げた。10月18日朝、福岡市入りした孫は福岡県知事、経済界幹部を訪ねて、「ホークス球団を買い取りたい」と協力を要請。同日中に福岡と東京で記者会見した。

当時、経営再建中のダイエーからドーム球場、営業権（チケット販売など）を買い受けていたのは米投資会社コロニー・キャピタル。同社トップと親交がある孫は、その前後にドーム球場使用や営業権買収について直接交渉。ダイエー側の大筋理解も得て、意思表明からわずか2週間で買収の流れをつくった。ＩＴ企業のスピードに心底驚いた。

インターネットの拡大期だった。幅広い年齢層にネットユーザーを広げたい孫の目に、プロ野球は必要不可欠な道具と映った。佐賀県鳥栖市出身、福岡市・雑餉隈《ざっしょのくま》で起業した彼にとって、古里に根付いた球団の所有は、個人的にも意味のあるものだった。ソフトバンクは「数多いベンチャー企業の一つ」から「12社しかないプロ野球球団オーナー企業の一つ」となった。

＊

ダイエーの中内が福岡市で手がけたシーサイドももちのドーム球場。あれから年月を経て、球場の隣接地には複合商業施設と高層マンションが立つ。球団移転前、福岡市は一帯を住宅地として開発予定だった。

中内㓛というカリスマ経営者がドーム球場を造らなかったら、ここは一体どんな街になっていたのだろうか。そして、中内の後、孫正義という2人目のカリスマが現れなかったら、ホークスは今も福岡にとどまっていただろうか。

孫が球団買収で動いたころ、地元にはその半ば強引なやり方に反発と懸念の声が上がった。地場企業が連合して球団経営を担う案が取り沙汰された。しかし「プロ野球はリスクが大きく、地場企業には無理」との現実論と、既成事実を積み重ねる孫の素早い動きの前に、それらの声もやがてかき消された。プロ野球球団の経営は華やかで見返りも大きい分、球団・選手や球場の管理運営など企業側の負担もこれまた大きい。

かつて西鉄ライオンズとパ・リーグの覇を競った時代もある南海ホークスの売却が明らかになった時、元監督の鶴岡一人は「これも時代の流れ」と嘆息した。ホークス経営のバトンは鉄道から小売業へ、そしてITへと移った。その時々の日本経済を支える花形産業が、プロ野球球団の経営をも担っていく。さらに言えば、そこにカリスマ経営者が加わって、地域を大きく変えていく。

白石克明（しらいし・かつあき）……1981年入社。佐賀総局、経済部、東京支社報道部で経済関係を取材。宮崎総局長、経済部長などを歴任。元福岡市企業同和問題推進協議会会長。

「拝金社会」の幕開けを告げた事件

別府3億円保険金殺人

「昭和」が終わり、元号が「平成」に変わって1週間後の1989年1月13日。「保険金殺人の走《はし》り」といわれた犯罪の当事者が静かに息を引き取った。被告の荒木虎美、61歳。死因はがん性腹膜炎。別府3億円保険金殺人事件の実行犯として殺人罪に問われ、一、二審で死刑判決を受け上告中の身だった。

当時、私は入社5年目。社会部のサツ回り記者として警察署や事件現場を駆けずり回っていた。荒木の訃報に接したのは博多署の刑事部屋だった。テレビニュースを一緒に見ながら、刑事官が語った言葉は今も鮮明な記憶だ。「あのワルもついに死んだか。ただ、あいつを死刑囚にできんやった大分県警の連中や遺族は無念やろうな」

死刑囚にできんやった？　一瞬、言葉の意味が私には理解できなかった。恥ずかしながら「公訴棄却」「死刑判決消滅」を知らなかったのだ。その場で刑事官から公訴棄却について詳細なレクチャーを受けた。控訴審判決から4年4カ月。上告直後に荒木のがんが発覚したため、最高裁は一度も公判を開かなかった。被告死亡につき公訴は棄却される。つまり、法的には起訴そのものがなかったことになり、大分地裁、福岡高裁の死刑判決も消滅したことになる。

10年後の99年秋、私は社会部の遊軍キャップとして別府事件を改めて取材する機会を持った。20

事件解明の鍵とみられる乗用車を引き揚げる捜査員＝大分県別府市・別府国際観光港

世紀の終わりに当たり、本紙が年次企画として取り組んだ「九州100年・20世紀との対話」の一環だった。関係者をリストアップし、まず訪ねたのは荒木から最初に事情を聴いた警察官だった。大分市在住の隅三郎で、事件発生当時は別府署盗犯係長。犯行現場となった別府市の埠頭《ふとう》を一緒に歩きながら事件を振り返ってもらい、その記憶を基に検証記事を書き始めた。

＊

その日は霧雨の降る肌寒い夜だった。

74（昭和49）年11月17日夜。別府国際観光港の岸壁から4人乗りの乗用車が海に転落した。妻とその娘2人が水死し、1人助かった荒木は「妻が運転して

⦿保険金殺人　別府3億円保険金殺人事件の後も、1981年の佐賀替え玉保険金殺人事件、99年発覚の長崎・佐賀連続保険金殺人事件、2002年発覚の久留米看護師連続保険金殺人事件、04年発覚の元中洲ママ連続保険金殺人事件と、九州でもメディアに注目される保険金目当ての殺人事件が続いた。いずれもテレビドラマなどの題材に繰り返し取り上げられている。関係者がテレビのワイドショーなどに出演して主張を展開する劇場型としては、81年の「ロス疑惑」や98年の和歌山毒物カレー事件などが記憶に残る。

いた」と話した。当初、別府署は交通事故として処理を始めたが、翌日、「虎美」という名前から署内は色めき立つ。「もしかしたら山口虎美ではないのか」

まさしく、その本人だった。旧姓山口虎美。詐欺や傷害などで何度も逮捕歴があり、その身辺捜査からさまざまな疑惑が浮かび上がった。荒木姓の妻の婿養子となる形で再婚したのは、転落の約100日前。この1年余、誰かれ構わず、執拗《しつよう》に再婚相手として母子家庭を物色していたことも明らかになる。転落した車の検証も徹底して行われた。車両床面にある排水栓8個のうち、主要な4個のゴム栓が外されていた。

さらに、隅ら捜査陣が重大な関心を抱いたのは生命保険契約の異常さだった。再婚直後の9月2日から11月5日までの2カ月間に計6社と契約。妻子にかけられた保険は、災害死亡時で総額3億1千万円にも上った。「状況証拠は真っ黒。調書を作成しながら、一獲千金を夢見た、イチかバチかの犯行だと確信した」。隅はこう述懐したが、本人はひるむことなく「潔白」を主張した。「私がやったというのなら証拠を出してみろ」。荒木が言うように物的証拠は皆無だった。

荒木は新聞や雑誌のインタビューに積極的に応じる一方、テレビを逆利用し、ワイドショーにも進んで出演した。メディアを利用して身の潔白を語る「劇場型犯罪」という点でも「走り」だった。車転落から1カ月近くが過ぎた12月11日、大分県警は殺人容疑での逮捕に踏み切る。逮捕場所はフジテレビ（東京）の裏門。ワイドショーに出演し、とうとう「無実」をぶった直後だった。

起訴までの間に、横浜市の横浜港で科学警察研究所による車の転落実験が行われた。「転落直前に荒木が運転しているのを見た」という目撃証言や、事前に犯行計画を打ち明けられたとの証言も加

控訴審中の1982年9月、別府国際観光港でも行われた転落実験（合成写真）

わった。だが、状況証拠に頼った捜査であることに大きな変わりはなかった。

＊

80年3月、大分地裁は荒木に死刑を言い渡した。84年9月の福岡高裁判決も死刑だったが、判決理由のそこここに「疑問」が見え隠れした。

例えば、控訴審判決の認定。「荒木がハンマーでフロントガラスを割り、脱出した」と認定したが、ハンマーは助手席の荷物棚の中から見つかっている。つまり、水中で荒木はハンマーでフロントガラスを割った後、わざわざ荷物棚にハンマーを戻し、ふたを閉めてから脱出したことになる。

「有罪にするための証拠だけをかき集めたとしか思えなかった。この程度の証拠で死刑にしていいのかという疑問は今も消えない」。控訴審で国選弁護人だった弁護士小野山裕治だけでなく、判決に疑問を投げかける法律家は多かった。

控訴審判決の直後、荒木と面会した人がいた。北九州市在住の作家、佐木隆三。法廷取材や面会、手紙のやりとりを続けながら事件の真相を追い続けていた。佐木も判決に強い疑問を投げかけた一人で、85年7月に「一・二審死刑、残る疑問」（徳間書店）を刊行している。

「控訴審判決の日のことはよく覚えています。荒木が頭を下げたのが特に印象的でしたから」。佐木は荒木に面会した時の言葉を正確に振り返ってくれた。「一つお願いがあります。私を支援していただけませんか。（死刑囚として初めて）再審で無罪を勝ち取った免田栄さんにしても熱心な支援者がおられた。私も良識派が支援者についてもらいたいんです」

佐木は「近く単行本にまとめます」とだけ答え、支援については返答しなかった。死刑判決に疑問を投げかけた法律家も同じだ。上告審を手弁当で支援しようとした弁護士は一人もいなかった。なぜか。状況証拠はあらゆる面で荒木の犯行だった可能性を強く示唆していたことも事実だが、佐木はそれ以上に荒木の人間性に言及した。

81年4月27日、佐木は福岡拘置所で初めて面会したときの荒木の最初の言葉が忘れられないという。「裁判で無罪になった暁には3億円の保険金が全額入ります。その時はいくらでもお礼をしますから、よろしくお願いします」。ここに「すべては金次第」との価値観に支配された荒木の本性があり、今に通じる事件の本質がある。

＊

99年11月14日付の本紙朝刊に掲載された検証記事に私はこう記している。

【犯罪は、時代を映す鏡だという。その背景や動機に、社会のひずみや心の荒廃など時代の病理が凝縮された形で反映されるからだ。大分県別府市で起きた3億円保険金殺人事件は「高額保険金犯罪の走り」といわれる。高度経済成長を遂げた日本社会の価値観が、「善悪」から「損得」へと大きく変質したとされる1970年代。人の命さえも金銭にかえてしまう「拝金社会」の幕開けを告げる事件だったのだろうか】

時代は昭和から平成に移り、令和になった。荒木だけでなく、佐木をはじめ私が取材した関係者もすべて鬼籍に入った。にもかかわらず、その犯罪の特異性は事件発生から46年が経過した今も、類似事件発生のたびにクローズアップされる。まさしく、拝金社会の幕開けを告げた事件として今後も語り続けられるだろう。

傍示文昭（かたみ・ふみあき）……1984年入社。大分総局、社会部、北京特派員、東京支社編集長、編集局長など歴任。TVQ報道スポーツ局長。著書に「さだ番楽屋話」など。

邪馬台国時代の王族の墓か

吉野ケ里で巨大墳丘墓発掘

1989（平成元）年2月27日夜。佐賀総局の記者たちはいつもの編集会議に臨んでいた。その席で県政キャップが「佐賀県教委の文化財担当者が文化庁に向かった」という情報を伝えた。発掘調査が進んでいる吉野ケ里遺跡（佐賀県吉野ケ里町、神埼市）に関係した動きではないか…。

4日前の23日、朝日新聞朝刊1面に「邪馬台国時代のクニ　吉野ケ里遺跡で発掘」、社会面には「邪馬台国九州説に光　常識覆す大集落」の記事が載った。書かれている大規模環濠集落に築かれた城柵や楼観（物見やぐら）、人骨が残る甕棺の出土などについては既に西日本新聞でも報道していたし、新事実は含まれていなかった。それでもこの記事が刺激的だったのは、それまでの発掘成果を総合評価し「魏志倭人伝の記述に対応」した「邪馬台国時代のクニ」と位置づけた点だった。

担当者の文化庁行きを知り、記者たちは夜討ち取材に散った。私は発掘リーダーの職員宅前に張り込んだ。深夜、自宅に帰った職員は、車中から出てきた私に一瞬、たじろいだ様子だったが、快く客間に通してくれた。

＊

得た情報は驚く内容だった。吉野ケ里遺跡の中央部に、明らかに盛り土した墳丘墓が確認されたという。直径40メートル、高さ約2・5メートル。試掘調査で十数基の甕棺埋葬が推定された。古

巨大墳丘墓から出土。朱色に塗られた甕棺の中から見つかった把頭飾つき銅剣と管玉＝1989年3月8日

墳時代を300年以上さかのぼる弥生遺跡に巨大墳丘墓が出現したのだ。県教委は①日本最大級の弥生墳である②他の甕棺墓群から離れた高い場所に位置している③甕棺に盛り土し墳丘を築いている——ことから「吉野ケ里のクニのリーダーの墓」と意味づけた。これを受けて文化庁は緊急調査を指示した。

取材を終えたのは深夜1時過ぎ。夜を徹して記事を書いた。じっくり腰を据えて書き、翌日朝刊で報道したかったが、当日昼に知事の現場視察が予定され、地元紙を出し抜くには朝刊まで持ちそうにない。「最大級の墳丘墓発見　佐賀・吉野ケ里遺跡」のスクープ記事が28日夕刊1面トップを

⊙**吉野ケ里遺跡**　佐賀県吉野ヶ里町と神埼市にまたがる丘陵で発掘された、旧石器時代から中世にかけての複合遺跡。1986年5月から本格調査が始まり、88年に国内最大級の環壕《かんごう》集落が確認された。把頭飾《はとうしょく》付有柄《ゆうへい》細形銅剣やガラス管玉など多くの副葬品を伴った墳丘墓も発見。90年に国史跡に指定、91年に国の特別史跡に格上げされ、2001年に国営吉野ケ里歴史公園が開園した。

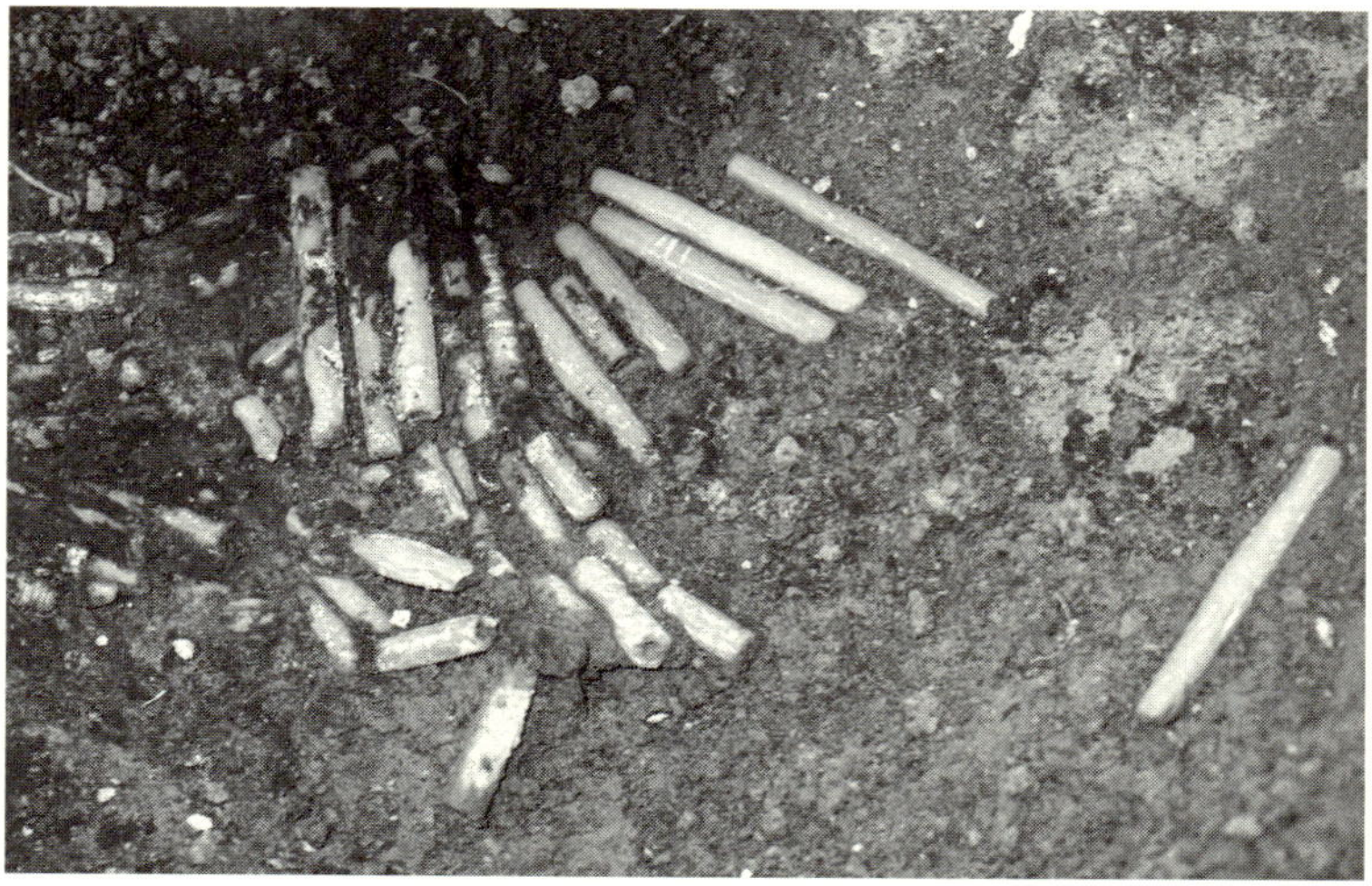

出土した管玉の一部

飾った。

弥生遺跡での古墳並み墳丘墓出土は考古学界のビッグニュース。社会面には「夢掘る人ワクワク　謎解明一歩ずつ」の記事と墳丘墓の航空写真が載った。提携紙の中日新聞や北海道新聞などにも掲載され、他の新聞、テレビも追いかけた。

＊

墳丘墓発見の大ニュースは新たな続報を次々と生み出した。吉野ケ里遺跡は佐賀県の工業団地として着工が迫っていたが、急きょ、墳丘墓の発掘調査が行われた。

緊急発掘初日の3月2日。現場での記者会見で、内側に赤い朱が塗られた甕棺の中から、柄に飾りが付いた銅剣とガラス管玉が出土したことが発表された。王族を葬った甕棺だった。3日付朝刊1面トップの見出しは「銅剣、管玉が出土」。4日付1面では「鮮やかブルー　新たに弥生最大の管玉」とカラー紙面を展開した。

大きな発見の連続に報道は過熱した。発掘成果の有無にかかわらず、毎日夕、現場の特設テントで記者会見が設定された。文化財発掘報道では重要な遺跡や文化財でも、発掘直後に慌ただしくマスコミに発表されることはない。時には数カ月を置いてじっくり吟味し、意味づけした後の公表が常だ。吉野ケ里発掘では事件報道並みの即時発表だった。

記者会見を主管した県教委の発掘責任者、高島忠平は後に「工業団地開発の判断が迫られており、通常スタイルでは吉野ケ里遺跡の保存は実現できなかった」と語った。

＊

即時記者会見には新聞、テレビだけでなく、週刊誌や月刊誌の記者も詰め掛けて報道合戦を展開。日々何らかの吉野ケ里情報が活字や電波に乗って駆け巡り、全国に知れ渡った。いわゆる「吉野ケ里フィーバー」である。

考古学専門の研究者だけでなく、一般の歴史ファンも大勢、見学に訪れた。ロープを張って見学者を誘導したが、調査に支障をきたす人出になったため、一般公開はいったん5月連休までと期限が設けられた。

2月の報道で関心が高まって以降、5月連休までの吉野ケ里遺跡見学者は105万人を超えた。「全国から押し寄せた考古学ファン、観光客は、穴ぼこと土だけの遺跡を、縁日のように露店が並ぶ観光地に変身させた」と新聞は書いた。

一見地味な遺跡もロマンがあれば市民を引きつける。佐賀県はもとより埋蔵文化財を抱える自治体関係者に、文化財保存や観光行政、街づくりのあり方まで考えさせる一大イベントだったと思う。

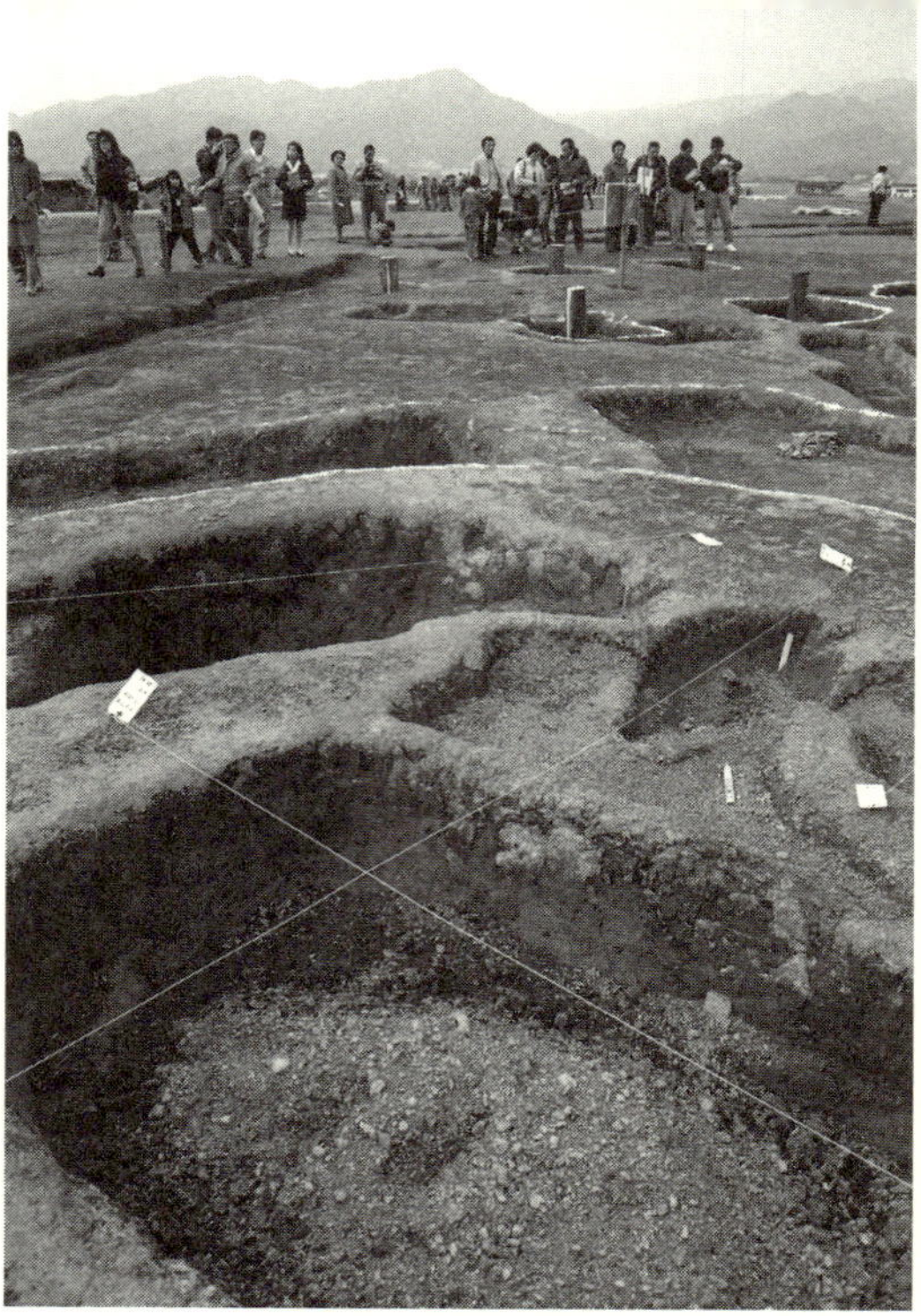

現地説明会に訪れた考古学ファン

＊

吉野ケ里遺跡一帯約80ヘクタールは1982（昭和57）年、工業団地の最有力候補地になり、同年7月に区域内68ヘクタールで埋蔵文化財確認調査が始まった。86年、うち30ヘクタールで記録保存のための発掘調査が始まり、調査終了後は工業団地として造成することになった。

　それが89年、巨大墳丘墓から銅剣とガラス管玉が出土したことで流れが変わる。墳丘墓の発掘を始めて5日後、知事香月熊雄は遺跡を国史跡に指定するよう国に求めるとともに、墳丘墓を含む約18ヘクタールの保存を表明。さらに国営公園化を国に要望し、首相海部俊樹が遺跡を視察した。

　1年後の90年5月、遺跡の見学者累計が２００万人を突破するなど見学者は増え続け、国史跡に指定された。91年5月には国特別史跡に昇格。さらに92年10月、国営吉野ケ里歴史公園整備が閣議決定された。同時期に発掘された奈良・藤ノ木古墳やその後の青森・三内丸山遺跡をしのぐ異例のスピードで国史跡指定と整備が進んだ。

92年5月、天皇、皇后両陛下が訪れ、墳丘墓発掘から4年目の93年4月には見学者が累計700万人を超えた。

＊

吉野ケ里フィーバーには伏線がある。西日本新聞社とサガテレビが企画して89年4月に開いた日中友好佐賀シンポジウム「徐福を探る」だ。徐福は中国・秦の時代、不老不死の妙薬を求めて東方へ船出したと言い伝えられる人物。佐賀をはじめ国内各地の徐福渡来伝説を「科学的に解明する」試みとして、日本や中国の文献学、考古学、航海学、人類学など幅広い分野の学者が参加した。

講師陣の京都大名誉教授福永光司、同樋口隆康、天理大教授金関恕たちはシンポジウムの打ち合わせで佐賀を訪れると必ず、遺跡各地を訪れた。吉野ケ里の発掘現場を訪れた彼らは、国内最大の弥生環濠集落や膨大な甕棺・人骨等の出土品、楼観など魏志倭人伝に合致する遺跡のありさまに目を見張った。その話が学者間で広がり、吉野ケ里報道につながっていった。

＊

26年間に及んだ吉野ケ里遺跡発掘調査は2012（平成24）年9月でいったん終了。報告書作成に入り、集落、墓地、墳丘墓のテーマごとにまとめられた。報告書は18年度までに8分冊（計3487ページ）に上った。弥生総括編もまとめられている。

報告書によると、墳丘墓は弥生中期前半（紀元前2世紀から3世紀）の遺構と判明。発掘した甕棺14基のうち8基から銅剣が出土した。緊急発掘冒頭に出土した1002号甕棺は、把頭飾付有柄銅

発掘調査中の吉野ケ里遺跡＝1989年3月15日

剣と79個のガラス管玉が副葬された「王墓の風格を持つ」墓とされた。北墳丘墓と南祭壇は造営時、後漢代の中国の都城に見られるように「南北の軸線を意識して築造された」とされ、吉野ケ里のクニの成立に示唆を与えている。

19（平成31）年3月には吉野ケ里遺跡担当者が「1993年の北内郭調査で発掘した弥生後期前半の竪穴住居から、石硯《せっけん》と研石《けんせき》を出土していた」と発表した。これは弥生期に吉野ケ里で文字が使われ、あるいは文字を使える人物がいたことを示している。

吉野ケ里遺跡の弥生遺構の発掘と調査報告は19年度に区切りを迎えたが、石硯発見の例でも分かるように、報告書の公表により、幅広い分野の研究者の目が吉野ケ里の発掘成果に注がれることになる。

吉野ケ里フィーバーから30年余たって思う。墳丘墓発掘初日に1002号甕棺から銅剣と管玉が出土しなかったら、現場での定例記者会見もフィーバーも起こらなかっただろう。とすれば、吉野ケ里遺跡を工業団地開発の大波から守ったのは、遺跡それ自体が秘めたサプライズとロマンの数々であり、報道はそれを広く伝えたに過ぎない。

今もなお、古代歴史解明の糸口になっている吉野ケ里遺跡の情報発信力を再認識させられる。

埜口滋（のぐち・しげる）……1970年入社。大牟田支局、都市圏部、宮崎総局、佐賀総局次長職、熊本総局次長などを経て編集センター担当部長。現在、佐賀県徐福会理事。

日本初の「セクハラ訴訟」から30年

職場の「常識」は変わったか

本紙に掲載している女性読者の投稿欄「紅皿」は1954（昭和29）年1月に始まった。女性たちがつづった喜怒哀楽、夫婦や親子問題などが、くらし面に載っている。89（平成元）年4月21日付朝刊の紅皿で「性的中傷を受けて」という投稿を掲載した。男性上司から「夜遊び女」「男出入りが激しい」などと中傷された上、退職に追い込まれたという衝撃的な内容だった。投稿した女性は同年8月5日、福岡地裁に元上司と会社を相手取り損害賠償を求めて提訴した。

日本で初めてセクシュアルハラスメントの違法性を訴えたこの「福岡セクハラ訴訟」は大きな反響を呼び、「セクハラ」は同年の新語・流行語大賞の金賞（新語部門）に選ばれた。92年4月16日、原告勝訴の判決が出された。その内容は画期的だった。原告女性が主張した被告側の加害行為15のうち12の事実を認め、性的中傷および退職勧奨などの上司や会社の行為は性的平等を損ない、人格権を侵害する不法行為であると厳しく指摘し、元上司と会社に計165万円の支払いを命じた。加害行為12のうち6件は直接証拠がなかったにもかかわらず、裁判所は被告の性向、女性観、別人への類似発言の傾向などから加害事実として認定している。判決は一審で確定した。

＊

まず提訴に至るまでを振り返ってみたい。89年1月18日付本紙朝刊に「女性協同法律事務所」開

セクハラ訴訟などを報じた本紙記事

設の記事が掲載された。女性が気軽に相談できる法律事務所を辻本育子と原田直子の2弁護士が開設したという内容だった。自分の身に起きた性的中傷、退職強要がどうしても納得できない原告はすぐに同事務所を訪れている。そこで「あなたが女性だから解雇されたのは明らか。女性への労働差別行為であり、裁判できます」と言われた原告は裁判を決意。福岡市内で活動する女性団体に支援を求めた。

新聞各社にも声をかけたが、反応は鈍かったという。そんな中、原告から相談を受けていた本社初の女性デスク野口郁子が「女性としてあなたの痛みはよく分かります」と紅皿への投稿を勧め、掲載されたのが「性的中傷を受けて」と題した紅皿だった。

⦿男女平等　憲法は第14条で「すべて国民は、法の下に平等であって、人種、信条、性別、社会的身分又（また）は門地により、政治的、経済的又は社会的関係において、差別されない」と規定する。女子差別撤廃条約も「国の発展、世界の福祉、平和は、あらゆる分野で、女子が男子と平等の条件で最大限に参加することが必要」と明記する。しかし、社会の現実は憲法や条約に遠く及ばず、セクハラ被害は後を絶たない。育児・介護休業法が1992年に施行されても女性任せの風潮は根強い。国会や地方議会への女性進出は1～2割程度。私たちの社会は性による差別をなくすための不断の努力が求められている。

私自身、原告の話を聞いて、彼女の苦悩、悔しさ、それを理解してもらえないいら立ちに共感した。本社内をみても、紙面では「男女平等」「女性の社会参加」をうたいながら、当時はまだ女性記者の数はごくわずか。私自身が居心地の悪さや働きにくさを感じていたからだ。

原告の投稿を受けて読者の意見を募ったところ「娘が男性上司から性的関係を強要された」「職員旅行で男性上司から裸をのぞかれた」など約50通が寄せられた。これまでほとんど表に出ることのなかった女性たちの悲痛な叫びのように聞こえた。

89年11月16日の初弁論を前に連載記事「性的嫌がらせを問う」を企画したのをはじめ、裁判を機に結成された「職場での性的いやがらせと闘う裁判を支援する会」の活動などの記事を掲載していくことで、セクハラ問題の重要性や広がりを伝えるよう心掛けた。

＊

裁判にあたって弁護団や裁判を支援する会が最も危惧したのは、原告のプライバシーがさらされ、マスコミにスキャンダラスに取り上げられることだった。そのことによって裁判で争われるべき問題、つまり「性的嫌がらせが性的平等を損ない人格権を侵害する不法行為である」という主張が、個人的スキャンダルに矮小化《わいしょう》されかねない。弁護団は裁判所に対して原告、被告双方を匿名にすることを要請した。福岡地裁はこれを認める異例の措置を取り、事件番号のみで裁判が行われることになった。

それでも初弁論当日、東京からもメディアが詰め掛け、原告を取材したいという問い合わせが弁護士事務所に多数あった。報道陣を避けるため、原告は開廷よりかなり早く職員通用口から地裁に入り、法廷では髪形も洋服も変えた。ただ、食い下がるメディアもあり、閉廷後に原告をどう脱出させるかとなったときに、私はとっさに「うちの会社に」と言い、本社ビル内の女子休憩室に原告を伴った。取材記者だれしもが「原告のインタビューはぜひもの」と考える気持ちはよく分かる。それでも原告を好奇の目にさらすわけにはいかなかった。

もちろん原告、弁護団、支援する女性たちを提訴前から間近で取材していた本紙も、他のメディアと横並びで記事化した。この裁判についてスキャンダラスに報じるメディアがほとんどなかったのは、原告のプライバシーが守られたことと、地元紙の本紙が抑制的に動いたことも大きかったのではと思う。

＊

この裁判を通して、声を上げた原告女性の勇気、無償で代理人を務めた女性弁護士たち19人の気概、「原告は私自身でもある」と裁判を支援した多くの女性たちのパワーを目の当たりにした。弁護士角田由紀子は弁論のたびに東京からまさに弁当持参で福岡入り。支援する会の代表は、私が取材を通して面識のあった社会学者で佐賀大助教授だった牟田和恵が引き受けた。

提訴の前年、米国のパンフレットを「日本語版　性的いやがらせをやめさせるためのハンドブック」として出版した東京の「働くことと性差別を考える三多摩の会」は、表面化しない性的嫌がらせの実態を探るため、福岡セクハラ訴訟と同時期に全国で1万人アンケートを実施。その結果は「働く女の胸のうち――女6500人の証言」（学陽書房）という本にまとめられ、裁判所に証拠として提出された。

原告女性の全面勝訴に、喜びを分かち合う支援者ら＝1992年4月16日、福岡市中央区城内の福岡県弁護士会館（当時）

福岡大教授の林弘子（労働法）が書いた鑑定意見書は英米法を分析したうえで、原告の被害の実態を解き明かした。紅皿への投稿という「小さな声」が多くの女性たちの共感を呼び、大きなうねりとなっていくようだった。

＊

81年の女子差別撤廃条約の発効、国内では86年の男女雇用機会均等法の施行を背景に性差別への意識の高まりがあり、草の根の女性たちが声を上げ始めていた時代でもあった。一方で、提訴前に原告女性が簡易裁判所に調停を申し立てた際に「男遊びをしているなどと言われたことで上司を訴えるなんてばかげている」と調停委員から言われ、調停は不成立に終わった厳しい現実もあった。自己主張せずに職場の花、潤滑油、縁の下の力持ちに徹して働くことがまだまだ女性に求められていたのである。

この裁判によって「ハラスメント」という問題の概念が周知され、社会問題として認識されたことの意義は大きい。97年の改正男女雇用機会均等法で、事業主にセクハラ防止に向けた雇用管理上の配慮義務が規定された。パワーハラスメント、マタニティーハラスメントなどさまざまなハラスメントが社会問題としてクローズアップされることにつながった。さらにドメスティックバイオレンス（ＤＶ）や児童買春など、性暴力に対する社会的関心を広げるのに大きな役割を果たしたといえる。

＊

「職場の『常識』が変わる」（インパクト出版会）。これは福岡セクハラ訴訟が終わって裁判を支援する会がまとめた、裁判の経緯を紹介した本だ。タイトルに、判決によって女性の働く環境が大きく変わるという思いが強く込められている。その提訴から30年近くたった２０１８年。財務省事務次官の女性記者に対するセクハラ行為が明るみに出た。職場の常識は一見変わりつつあるようだがその実、依然として働く女性を性的対象としてしか見ない風潮が根強く残っていることを痛感した。セクハラは古くて新しいテーマである。性被害に声を上げる「＃ＭｅＴｏｏ」運動が世界的に広がっていることもそのことを物語っている。

藤井千佐子（ふじい・ちさこ）……１９７３年入社。佐賀総局、文化部、地域報道部、東京支社報道部、大牟田支局長、熊本総局長など歴任。「福岡・女性議員を増やす会」理事。

オウム真理教に揺れた波野村

紛糾の果てに、高い代償

オウム真理教が東京都内で同時多発テロ「地下鉄サリン事件」を引き起こしたのは1995（平成7）年3月20日のことである。その5年前、熊本県波野村（現阿蘇市波野）の原野にオウム教団の施設建設話が持ち上がり、まだ実態の分からなかったこの戦闘的集団を巡って、村は大揺れを続けた。

助役岩瀬治茂は日々の出来事を小まめに書きつけ、退職後に「オウム真理教との闘いの記録」として冊子化した。その第1ページ、90年の項に次の記述がある。

「5月7日　オウム印刷と名乗り、大河原に牧場を求め、土地の購入の動きがあるとの情報」

「5月19日　大河原の土地売買の届出。オウム真理教、松本智津夫名」

大河原は村中心部から離れた原野のど真ん中。やがてここにオウム真理教の修行施設が建設される。阿蘇外輪山上の人口わずか約2千人の村に起きた「オウム騒動」の始まりである。

当時、私は阿蘇支局に勤務していた。現地記者として騒動と向き合うことになる。

＊

「地下鉄サリン事件」でカルト（狂信的）集団と認識されたオウム真理教だが、波野村で施設建設を行っていた当時は違った。教祖麻原彰晃（本名松本智津夫）に先導されて高学歴の信者たちがポアと

警察の捜索が入った旧波野村のオウム真理教道場＝1990年10月22日

いう大量殺人を伴うテロを起こすなどとは、誰も考えていなかった。

今だから話せるが、私は施設用地造成中と施設建設直後の2度、地元テレビ局のカメラマンとオウムのキャンプ地に無断で立ち入ったことがある。なにしろ広大で、道路といえるものはない。近くまでオフロードバイクか四輪駆動車で乗り入れ、あとは身の丈まで伸びた草をかき分けながら、磁石を頼りに雑草のジャングルをひたすら歩くしかなかった。

⦿**オウム真理教**　１９８４年に設立された新興宗教団体。89年の坂本弁護士一家殺害事件（死者3人）、94年の松本サリン事件（死者8人、負傷者約１４０人）、95年の地下鉄サリン事件（死者14人、負傷者6千人超）など、数多くの殺人事件、無差別テロ事件を実行。警察は95年5月、山梨県の教団施設で麻原彰晃を逮捕。麻原は13の事件で起訴された。２０１８年1月、教団が関わった事件の刑事裁判が終結。同年7月、06年に死刑判決が確定していた麻原、および事件に関わった教団の元幹部ら計13人の死刑が執行された。

キャンプ地侵入で見たのは、作業をする信者とは別に、鉈《なた》や特殊警棒のようなものを腰に帯びた警備担当の信者たちがいる光景であった。「この教団には何か怪しげなものがある」。収容所を思わせる異様な雰囲気を目の当たりにして、そう思ったものだ。

そのとき私たちが抱いた印象と、東京の民放クルーが教団の了解を得て取材したという内容は全く違っていた。施設内部の様子をワイドショーなどの番組で流していたが、ひたすら修行にいそしむ一般の信者、インテリを感じさせる雄弁な男性、美人教団幹部の姿など、イメージアップにつながる映像ばかりだった。

＊

私たちの侵入取材がどこでどう伝わったのか、意外な方面から関心が寄せられた。それは警察である。

日ごろから取材で面識のある地元署幹部から「一杯やりませんか」と声が掛かった。出掛けていくと刑事課と警備課の幹部もいた。予想しないわけではなかった。内部の状況を教えてほしいという話である。手持ち写真の有無も聞かれた。「怖くて、全景しか撮れなかった」と口を濁した。ただ、異様な警備の実態だけはありのままに話した。

後日、私は署幹部からオウムの施設を抜け出した男性信者が署に逃げ込んできたという情報を得た。近畿地方の実家に帰りたいというので、両親に連絡した上で汽車賃を渡して送り出したという。幹部は信者が語った内容と実家の電話番号を教えてくれた。

信者の実家に電話をすると、電話に出た当人は30代くらいと思われた。「もっと修行をして超能力を身に付けられると思ったのに、ワーク（労働）と村民との対立で嫌になった。在家（家にいながらの）信者としてやっていくので心配ない」と明るい調子で話した。施設では暴力的行為も蔓延し、数回脱走を試みたことも警察に打ち明けていたようなので、そのことを確認すると「そうだ」と認めた。

私はそれを記事化した。後に、このインタビュー記事がきっかけとなりオウム真理教から名誉毀損《きそん》で西日本新聞社が裁判を起こされ、私は福岡地裁で証言もした。電話取材に応じた信者も教団に連れ戻されて「そんなことは一切言っていない」を通した。結局、裁判所の和解勧告を受け入れ、裁判は終わった。

＊

まだ裁判の決着がついていなかったころ、私は薄気味悪い体験をした。裁判所や弁護士事務所への用件で福岡市内の道路を歩いているとき、赤土にまみれた車がいつも私を追尾していた。車にはそれと分かる信者たちが乗っていた。

阿蘇支局では明け方の午前3時や4時に信者の訪問を受けた。激しく戸をたたいて「教えを聞いてほしい」と大声を上げる。近所の手前もあり、警察を呼ぶと言うと「あなたの息子さんは○○幼稚園に行ってるんでしょう」と女性信者が含み笑いを浮かべて言うのだった。「それがどうした」とはねつけてはみたが、気持ちは静まらなかった。

波野村では住民と信者との対立が激しくなった。住民は「オウム監視・団結小屋」を設けて信者の動向を監視する。施設で生活を始めた信者たちが村に住民票を提出しようとすると、役場は受理

赤くさびた門扉。村の日常と教団の生活を隔てる「境界」だった

しない。「400人とも500人ともいわれる信者が住民票を得たら、村は教団に乗っ取られてしまう」とおびえる村職員もいた。村議会が「公序良俗に反するがごとき新興宗教の関係者を住民と認めない」と決議すると、オウム教団はこれを憲法違反として議員11人を名誉毀損で告訴した。

住民との軋轢を繰り返したオウム教団が、取得した土地を村に引き渡し、信者たちが波野を立ち去ったのは96（平成8）年である。代償として村は教団に9億2千万円を支払った。岩瀬は「とんでもない教団に見込まれたものだ。残ったものは何ひとつない」（96年12月17日付）と書いている。

「闘いの記録」は次の二つの記述で結ばれている。

96年12月19日「極めて厳しい村情勢の中で年末を迎えた。焦点は次期の選挙となった。オウム教団との争点も一応は終結の目安はついたが、これから今までに被った被害をどう処理していくかこそ、今の村に課せられた最大の課題だ」
97年1月7日「寒波厳しく粉雪が舞っている。村長選の行方も全く分からなくなった。村民の集まりの中でも話題にならなくなっている。不思議な現象だ。静かなること山の如し。これでオウム真理教関係日記抜粋を終わりとする」

*

騒ぎが収まったころ、私は阿蘇支局から運動部に異動となった。
その後のことだが、阿蘇支局時代に親しくなった警察官が私を訪ねてきた。プロ野球を観戦したいというのでホークス戦に案内した。試合後、居酒屋で一杯やりながら、話はいつしかオウムに向かう。少し酔いが回ってから教えてくれた。
「あんた、教団のポアリストに入っとったらしいよ」

岡田雄希（おかだ・ゆうき）……1981年入社。筑豊総局、阿蘇支局、運動部、福岡東支局、久留米総局、スポーツ本部長、西日本新聞トップクリエ取締役など歴任。

雲仙普賢岳噴火、過熱取材の中で

火砕流による大惨事の教訓

長崎県の雲仙・普賢岳の噴火災害は、主に二つの点で特異な自然災害だった。一つは、1990（平成2）年11月17日の噴火開始から96年6月の終息宣言まで、5年7カ月に及ぶ長期にわたったことである。もう一つは、多くの報道関係者が命を落としたことである。そんな中で西日本新聞が一人の犠牲者も出さなかったのは、ほんの偶然にすぎなかった。

私が熊本県の阿蘇支局から長崎県の島原支局に異動したのは90年3月。阿蘇支局在勤中の3年半、阿蘇中岳は活動期にあり、火山灰で空が覆われる日も珍しくなかった。大きな噴火があるたびに、取材に追われた。その点、有明海に面した新任地の風は心地よかった。ところが着任から8カ月して、あろうことか島原半島中央部の普賢岳が突然噴煙を上げた。再び火山と向き合う羽目となった。

雲仙の主峰、普賢岳の噴火は1792（寛政4）年以来で、どの新聞も「198年ぶり」を見出しにとった。寛政の噴火は大規模なものではなかったが、普賢岳と島原城下の間の眉山が地震のために大崩壊。有明海対岸の熊本地方も含め犠牲者1万4千人を超す大惨事となった。世にいう「島原大変肥後迷惑」である。

そんな歴史もあって、長崎県島原市は1週間後に大規模地震を想定した避難訓練を実施。翌月には「地震に備えて」と題するパンフレットを全世帯に配布した。しかし事態は別の様相を見せ始め

多数の犠牲者を出した雲仙・普賢岳の火砕流＝1991年6月3日

た。

最初の噴火からしばらく小康状態にあった普賢岳の活動が活発化したのは、91年2月中旬。新たに開いた三つ目の火口も加わり、連日のように火山灰を噴出した。山体に火山灰が堆積すると、それほどの降雨でなくても土石流が発生する恐れがある。５月15日、普賢岳東側の水無川で初めての土石流が確認された。普段は水のない川を泥流が走り、浮いた石と石がぶつかり合うテレビ映像は人々の目を引き付け、その後の過熱取材の契機となった。これに「火砕流」が追い打ちをかけた。

火砕流は、火口からせり出した溶岩塊（溶岩ドーム）が成長し、ついには山の斜面を崩落する現象。昼間は黒褐色の土煙に見えるが、夜間は赤いペンキをぶちまけたように見え、かなりの高温である

⊙普賢岳の噴火　普賢岳は雲仙山系の最高峰。噴火前は標高１３５９メートルだったが、山頂部の溶岩ドームが膨張して１００メートル以上高くなり、「平成新山」と名付けられた。噴火の影響で発生した火砕流は９４３２回、土石流62回に及ぶ。これによる被害は死者44人、負傷者12人、建物被災２５１１棟。経済的な被害額は約２３００億円に上った。６・３大火砕流では高名なフランス人火山学者と妻も犠牲になった。

ことが知れる。5月24日に始まり、26日には火口から約2・5キロ離れた水無川で土砂排除中の作業員がやけどを負った。

＊

こうしたことから市災害対策本部は国道57号より上流の水無川流域集落に避難勧告を発令。軽トラックなどに家財道具を積み、市街地の避難所に逃れる住民が相次いだ。その一方で、報道陣の取材車は同じ道を逆にたどり、普賢岳の麓を目指した。

新聞、テレビ各社がカメラを構えた高台の農道は「定点」と呼ばれた。火口から3キロ余り離れ、火砕流の流路を真正面に仰ぎ見る絶好の撮影ポイントだった。「定点観測地」という意味で使われたようだが、むろん避難勧告地域内である。

住民が避難した後の集落には報道陣のほか、地元消防団員もとどまった。当初は土石流への警戒が目的だったが、これに耳を疑うような理由が加わった。一部報道機関による避難住民宅の電源、電話の無断使用が発覚し、留守宅警備にも当たらざるを得なくなったというのだ。6月3日の大火砕流（6・3大火砕流）で12人の消防団員が亡くなったが、住民たちからは「団員が死んだのは、おまえらマスコミのせいだ」と恨む声が上がった。

火砕流が頻発し始めた5月下旬以降、西日本新聞も本社などからの応援記者が急増し、ピーク時には30人を超えた。初めて島原を訪れた記者を車に乗せ、最前線の定点に案内するのが現地支局長の半ば務めになっていた。到着するなり「すごいですね」と彼らが口にしたのは、火砕流の跡が生々しい山肌を前にした驚きばかりではなかった。普賢岳に向けてずらりと並んだ報道各社のカメラの多さに、びっくりした声でもあった。

6・3大火砕流があった日も、島原にやって来たばかりの社会部記者と定点に立った。午後3時半ごろだった。いつもより記者の数が少なかったのは、雨模様で撮影に不向きだったからだろうか。本紙カメラマンの姿もなかった。

雲の切れ目からのぞく溶岩ドームに目を移すと、薄い紫色の煙がたなびいていた。それは鍋の空だきを思わせた。早々に定点を離れ、国道57号まで下ってきたとき、背後の空が真っ黒になり、しばらくして火山灰というより泥の雨が降ってきた。

支局に戻ると、社会部デスクから「午後4時8分に大きな火砕流があり、民家が何軒も燃えたらしい」と聞かされた。被害の全体像はまだ分からなかったが、定点を離れるのが遅れていたら巻き込まれていた。間一髪、私たちは難を逃れたのだった。

写真部デスクの安本照夫は火砕流発生直後に支局を飛び出し、1人で定点へ向かった。この日の朝から定点にいた写真部員に「違う場所から撮った写真も欲しい」と伝え、普賢岳西側の仁田峠に移動を促していた。このためカメラ不在となった定点の状況が気掛かりだったのかもしれない。結果的に、この一言が1人の命を救った。

安本は麓に車を置き、定点まで約400メートルの地点まで斜面を登った。火砕流の余熱に汗が噴き出た。カメラのファインダーを通して見たのは「黒焦げのタバコ畑、倒れた電柱、燃える家々、吹き飛ばされた車…」という、まるで爆撃の跡のような光景だった。

＊

被害状況を調査する九州大教授・太田一也＝1990年11月21日

6・3大火砕流による死者は43人（行方不明3人含む）に上った。このうち報道関係者は16人。チャーターしたタクシーの運転手を入れると20人になる。定点にいた全員が助からなかった。災害取材で一度にこれだけの報道関係者が亡くなったのは他に例がないと思う。「想定外だった」では済まない。何らかの事前対応ができなかったのか。

私を含め、多くの記者が火山への知識を十分に持ち合わせていなかった。特に火砕流については、この災害まで見たことも聞いたこともなかった。数百度の熱風が時速100キロを超すスピードで押し寄せてくることを認識していれば、少しは状況が異なっていたかもしれない。

九州大教授で島原地震火山観測所長の太田一也が「危険だ」として、報道各社に定点から退去するよう再三呼び掛けたが、応じる社はほとんどなかった。定点に何度も立った本社写真部員は「他社が居続ける中で、自分だけ脱落はできなかった」と振り返る。現場記者の横並び意識が個々の判断力を鈍らせた。定点は大火砕流発生時、立ち入りを禁じる「警戒区域」に指定されておらず、記者の間には「避難勧告地域にとどまっているうちは大丈夫」との勝手な思い込みもあった。

住民との関係を悪化させない配慮が当然のことながら取材側には求められるが、普賢岳災害に関しては最悪だった。「留守宅侵入事件」より前から、狭い農道をカメラの三脚や取材車が占拠するなど、住民にとって報道陣は「厄介者」だった。現地に支局を置く新聞数社が連携して自粛を求める動きもあったが、過熱する取材競争の前に無力だった。

「進むか、退くか」。災害現場の取材で迷うことは少なくない。その見極めは難しいが、危険を感じたときに身の安全を守るためには、基本的には「逃げる」しかないと思う。デスクなど取材を指揮する側を含め、常に念頭に置くべきだ。

普賢岳の火砕流はその後も続き、火山活動終息までの総計は９４００回を超えた。土石流も相まって、島原の街のかなりの範囲はがれきと化した。しかし、６・３大火砕流後の報道機関の犠牲者は皆無だった。大惨事が教訓になったとすれば、その代償はあまりにも大きかったと言えよう。

安達清志（あだち・きよし）……１９８０年入社。阿蘇支局、島原支局、北九州支社、画像センター写真グループ、鳥栖支局、浮羽支局など歴任。２０１９年12月没。

前代未聞、選管ぐるみの不正選挙

奄美・伊仙町の選挙騒動

始まりは鹿児島総局デスクからの電話だった。１９９１（平成３）年4月24日夜。

「明日から徳之島の伊仙町の応援取材に行ってくれ。選挙が荒れて大変なことになっている」

鹿児島県・大隅半島の鹿屋支局勤務だった私は、同じ県内ではありながら奄美群島・徳之島の伊仙町を知らなかった。新聞をめくり、21日に投票が行われた伊仙町長選で起きている事態について、次の点を頭にたたき込んで現地に向かった。

①不在者投票での「替え玉投票」疑惑が発端。
②約千人の町民が、不在者投票で投じられた票を保管していた選挙管理委員会（選管）委員長吉見忠業を町役場内に「軟禁」。不在者投票が開票所に運び込まれず、３１６票が無効になった。
③開票は深夜から未明にかけてあり、樺山資敏候補が１０４票差で盛岡正博候補を破り当選した。
④選挙結果に納得しない一部町民が開票所に投石して窓ガラス十数枚を割り、町役場前に座り込んで警備に当たる県警機動隊員とにらみ合うなど、騒然としている。
⑤23日未明までに選管委員長名の「選挙無効」の告示が町役場の掲示板に張り出されたが、選管委員長と選管委員２人、さらに選管書記長の４人が所在不明。

＊

伊仙町長室＝1991年4月26日

現地入り後は異例な事態が続いた。選挙は終わっているのに、選管委員長が当選人を告示する紙を町役場の掲示板に張り出さないため、新町長が誕生しない。選管委員長が選挙事務を拒むという、公選法も想定しない「隙間」を突く行為に私は驚いた。

県警が替え玉投票疑惑の公選法違反容疑で町選管を家宅捜索するのにもびっくりしたが、雲隠れしていた選管委員長が、盛岡の実弟が

⦿伊仙町の選挙騒動　1991年当時、人口8800人余の鹿児島県奄美群島・伊仙町を「政争の町」として有名にしたのが、同年4月に行われた町長選を巡る不正投票事件。出稼ぎ者の名前をかたり不在者投票用紙を取り寄せた「替え玉投票」の発覚を防ぐため、町選管ぐるみで不在者投票総数の数合わせのため投票用紙をすり替えるなどして、4被告が公職選挙法違反（投票偽造）などの罪に問われた（全員有罪確定）。一方、最高裁による「選挙無効」判決を受け、93年10月に行われたやり直し町長選は、前回同様に激しい戦いとなり、わずか14票差で当落が決した。

院長を務める徳之島徳洲会病院に入院中と知ったときは、あぜんとした。中立が疑われるどころの話ではない。案の定、選管書記長、町職員に続き、選管委員長吉見も逮捕され、伊仙町は「選管ぐるみの不正選挙」という前代未聞の汚名を着せられた。

なぜこんな選挙不正が起きるのか。なぜ町内対立がここまで激しいのか——。伊仙町の人たちにそれを尋ねると、次のような話が返ってきた。

昔から町内対立はあったが、衆院選・奄美群島区（定数1）で保岡興治と徳田虎雄が激しくしのぎを削るようになって、奄美の市町村長、議員の系列化が進んだ。伊仙町は樺山が保岡派、盛岡が徳田派で、町長選は典型的な「保徳代理戦争」である。

町にはサトウキビと奄美群島振興開発事業の公共事業以外に主要産業がなく、選挙のたびに「勝ち組」の業者が仕事をもらう。「負け組」は諦めて指名業者の申請すら出さない。選挙結果に生活が懸かってくるので、自分の推す候補の応援に熱が入る。町内の対立勢力は拮抗《きっこう》していて、町で盛んな闘牛と同様に選挙賭博が裏で行われ、現金買収も絶えず、不正選挙の引き金になりがちだ——。選挙にまつわる犯罪など言語道断だが、選挙が過熱する背景にはそんな事情もあるのだという。

＊

騒動勃発から3カ月後。鹿児島県選管が選挙無効を裁決すると、樺山、盛岡両派とも裁決を不服として福岡高裁宮崎支部に提訴。この段階で、両派とも「いずれは最高裁で選挙無効が確定する。やり直し町長選こそ最終決戦」と見越していたと思う。樺山派は1日も早く当選人の告示を受けて町長に就き、態勢強化で最終決戦に臨むための戦術を練った。

その第1弾が、樺山らによる当選人告示請求という珍しい行政訴訟だった。樺山が後に町長に就いたことで訴訟は取り下げられたが、法律的には非常に注目された。町選管に当選人の告示をするよう裁判所が命令せよという訴えで、司法が行政行為を命じるとなると行政への介入になり、三権分立の原則から線引きは非常に難しい。担当弁護士は行政法専攻の大学教授に応援を求めるというので、新判例が出るかもしれないと私も注視していた。

続く第2弾が「町議選で樺山派が過半数を占め、町議会が選管委員長を罷免する。自派から新しい選管委員長を出して当選人の告示をさせる」という作戦だった。

町長不在が長引く中、収入役も助役も任期が切れ、町長選の翌年の92年2月からは全国的にも例のない三役不在の町政が始まる。任期満了に伴う8月の町議選（定数20）の結果は、樺山派10人、盛岡派9人、中立の共産党議員1人。樺山派は1議席しか上回らないため、選管委員長の罷免を確実にしようと9月議会の会期を超ロングランの68日間も確保し、盛岡派の4議員のささいな行為を懲罰動議にかけて出席停止5日間とした。

反発を強める盛岡派が抗議集会を開いたり、議場で両派議員がつかみ合いをしたり、興奮した傍聴人が議場に侵入したり、夜まで延びた審議のさなかに突然誰かが電源を落として議場を暗闇にし、その間に議員が暴れていすを傍聴席の方に投げ出そうとしたり――。何が起きるか分からない、気の抜けない取材が続いた。

そして、10月。議会に選管委員長の罷免権限を持たせた前年改正の地方自治法が全国で初めて適用され、吉見は委員長を罷免。就任した新委員長が1年半ぶりに当選人を告示し、ようやく樺山町長が誕生した。

この時点で私の伊仙町への出張は7回、滞在日数は90日を超えていた。知り合いも増えて愛着も深まったが、残念ながら樺山町政は派閥政治だった。就任から1週間後には町幹部人事で盛岡派を一掃し、半月後には全職員の3分の1近い51人を異動させ、態勢強化を露骨に進めた。

しかし、三役人事をめぐって樺山派議員の1人が盛岡派にくら替えすると、議会構成が逆転。樺山町長は12月に三役人事を否決され、翌93年3月には一般会計当初予算案を減額修正されるなど苦境に立たされた。

＊

9月30日、最高裁決定により91年4月実施の町長選の無効が確定した。町長を失職した樺山は同日、実弟の住民課参事を町長職務代理者となる総務課長に就ける「駆け込み人事」を強行。県地方課の現地指導で撤回する失態も見せた。

町は一気にやり直し町長選モードに突入し、現金買収のうわさが流れ、県警機動隊員が要所警戒に当たる光景は、2年半前の町長選と同じだった。結果は樺山がわずか14票差で盛岡派の候補を押さえ、最終決戦を制した。当日有権者数6442人、投票率95・67％。

私の伊仙町の出張取材はここまでだった。今振り返ると、日本の選挙史に残るような大騒動だったと思う。

ただ、政治勢力が二分した状態で派閥争いが激しく、つかみ合いが出るほどの荒々しい対立がある中で、最後は多数決には従うという民主主義的手法を、伊仙町の人たちはギリギリのところで守り通したことは間違いない。私にとっては、事態がどう動くか分からない中で、次の一手をさまざまに読む取材の仕方を、徹底して鍛えられた。

過熱選挙の要因として挙げられた「保徳戦争」の舞台である衆院選・奄美群島区は、92年の公選法改正で鹿児島本土の選挙区に属する形になり、当時全国で唯一だった1人区は消滅した。その意味で、あの騒動は「歴史」になったと言えるだろう。

斉藤潔（さいとう・きよし）……1983年入社。鹿屋支局、地域報道部、鹿児島総局、佐賀総局などを経て広報部長、編集局次長、経営企画局次長。現在、再雇用嘱託で人事部勤務。

「落葉帰根《らくようきこん》」を信じる中国残留孤児

「大地の子」の物語は終わらない

記者会見場に現れた親子は、目を真っ赤に泣きはらしていた。

「申し訳ない、本当に申し訳ない…」。老いた母は、会見中もひたすらわが子に向かって頭を下げる。50歳近くになった子は、その声を遮るように何度も首を横に振る。

日本語は聞き取れない。けれども、母の思いは痛いほど感じ取れたのだろう。「分かった、もう分かったから、お母さん…」。子がしきりに中国語で発する声はこう言っているように聞こえた。二人は握り合った手を離そうとしない。この日が来るのをどれだけ待ったか。言葉で語らなくても、万感の思いが突き刺さるように伝わってきた。

私は東京支社に赴任した1992（平成4）年から翌年にかけて、中国残留孤児の集団訪日調査の取材を担当した。会場は東京・代々木の国立青少年センター。孤児はここに滞在して肉親らが名乗り出るのを待った。

そこで約半世紀ぶりに再会を果たした親子らの姿に初めて接したとき、私は取材する側でありながら、まともにメモが取れなかった。

終戦時、旧満州で暮らす開拓団を襲ったソ連軍侵攻の悲劇と、中国の人々に救われた孤児たちの命。この物語を私は頭の中だけで理解し、もはや過去の話であるかのように錯覚していた。

親は「命だけでも」と悲痛な思いでやむなく子を残した。帰国後は罪の意識を背負い、名乗り出るにも勇気がいった。子は子で苦悩した。日本に帰れば中国の養父母を裏切ることになる。それが許されるのか…。映画や小説の世界ではない。肉声で聞く一つ一つの事実の重さに、私は半ば圧倒され、ペンを持つ手が震えた。

訪日調査は81年に始まり、既に23回を数えていた。親子らの再会劇は繰り返し報じられていた。新聞社内では「もう記事は小さくていい」という声もあった。愚かにも、私はそんなムードに流されていたのだ。

＊

実はこの頃、訪日調査は深刻な壁に直面していた。戦後半世紀近くを経て、肉親の手掛かりは失われ、身元が判明しない孤児が続出した。九州に関係があるとみられる孤児も状況は同じだ。調査では最初の3年間、身元判明率が7～5割に達した。それが年を追うごとに下がり、92年に肉親らと巡り会えたのは訪日した33人中4人、93年のそれも32人中5人と、判明率は1割台に落ち込んだ。私は92年の調査時、身元不明のまま中国に戻る女性に「今、どんな気持ちですか」と声を掛けた。

⊙中国残留孤児の集団訪日調査　第2次世界大戦後、西側陣営に加わった日本は、中国共産党が建国した中国とは国交を結ばず、残留孤児問題は長年放置される形になった。日本政府は1959年、残留孤児など生死不明の未帰還者を死亡したとして戸籍から抹消した。しかし72年の日中国交正常化をきっかけに、自らも旧満州からシベリア抑留を経て帰国した長野県の住職山本慈昭《じしょう》ら民間の孤児探しが活発化。それに押されるように日中両国政府が重い腰を上げて、集団訪日調査に乗り出したのは終戦から36年もたってからだった。

途端に女性の目から涙がこぼれだした。つらいに決まっている。ばかな質問をしてしまった、と瞬時に後悔した。

その時、彼女は涙を拭いながら話した。

「私の親はきっといます。事情があって会いに来られないのでしょう。でも、幸せです。日本に来ることができて…。中国には落葉帰根という言葉があります」

私はこの時に初めて「落葉帰根」の4文字を知った。木の葉が落ちて土に戻っていくように、人もやがては故郷へと帰っていく。孤児に付き添う通訳ボランティアの女性が意味を説明し、こう語った。「孤児たちは皆、この格言を信じて日本に来ているんです」。

多くが肉親と再会できないまま調査会場を後にする残留孤児たち＝1992年12月9日、東京・代々木

言外に、私の姿勢が問われていた。ありきたりの取材でいいのか、もっと孤児たちに向き合うべきではないか、と。

私は取材を広げ、1本の大型記事を、デスクに願い出て書いた。92年12月9日付朝刊で、見出しは「中国残留孤児離日、身元判明4人、進む高齢化～かさむ定住費」。歳月の流れが孤児たちに重くのしかかっていた。

中国の養父母は孤児をわが子同然に育て、亡くなる間際に真実を告げた人が少なくなかった。その分、肉親捜しは遅れた。孤児は日本に帰国後も苦境に置かれた。日本語の習得は難しく、職は見つからない。生活保護に頼る人が多かった。肉親が引き取りを拒むケースもあった。日本人でありながら白い目で見られ、多くが疎外感に襲われていた。そんな現実をつづった。

＊

集団訪日調査は99年に打ち切られた。その後、個別調査が続くが、2008年を最後に身元判明者は出ていない。日本での孤児支援策は徐々に拡充され、メディアが孤児を取り上げることは、ほとんどなくなった。それでも、私は1面のコラム欄や社説などで折に触れてつづっている。孤児は日中の敵味方の関係を超えた「懸け橋」とも言える存在だ。そして肉親捜しは現在も続いている、と。

「まだ見ぬ肉親を求めて」。厚生労働省のホームページ（HP）に、こんなコーナーがある。これまでに確認された孤児総数は2818人、うち身元判明者は半数以下の1284人にとどまり、HPには未判明者の名鑑が掲載されている。ただし、近況や生死の別などは記載されず、その調査も行われていない。

「なぜ調べないのか」。私は担当者に詰問したことがある。だが戦後70年余を経た今、名鑑はこのままでいい、と思うようになった。亡くなったことが伝わると、関心はむしろ薄れてしまいかねない。そんな危惧を抱くからだ。

訪日調査の取材を経験した後、私は首相官邸担当となり、94年春に当時の首相細川護煕の中国訪問に同行、さらに2002年から北京駐在を命じられた。以来、日中関係の取材・執筆をはじめ、日中交流行事の企画などに携わっている。孤児たちに導かれたのか。不思議な縁である。

北京時代は、中国東北部に行くたびに、中国の人々に孤児のことをどう思うか聞いた。若者の多くは詳しい話を知らず、高齢者は口が重かった。孤児の実数は5千人超ともいわれる。中国で労役を強いられたり、衣食住も満足に与えられなかったり、不遇な人生を送った人もいる。高齢者の反応は、それを暗示していた。

しかし、何よりも憎むべきは戦争である。中国残留孤児の波乱の生涯を描いた小説「大地の子」の著者山崎豊子は、孤児を「戦争孤児」と呼び、「残留」という表現を断固避けた。孤児が自らの意思で残ったように聞こえるからだ。山崎豊子亡き後も日中の間で紡がれた孤児たちの物語は連綿と続いている。風化させるわけにはいかない。微力ながら、ペンを持ち続けたい。

井上裕之（いのうえ・ひろゆき）……1982年入社。社会部、東京支社報道部、北京支局などを経て編集局長、論説委員長。共著に「裁きを裁く～危機に立つ司法」（西日本新聞社）など。

バルセロナで「こけちゃいました」

悲運にめげず入賞したランナー谷口浩美

人生に運、不運は付きものである。同様、スポーツにもアクシデントという名の魔物が出番を虎視眈々《たんたん》とうかがっている。その舞台が4年に1度の五輪となれば、もうそれは悲劇と呼ぶほかはない。

1992（平成4）年のスペイン、バルセロナ夏季五輪。私にとって前回の韓国ソウル五輪に続く五輪取材だ。一衣帯水《いちいたいすい》の隣国から、遠い欧州の地へ。「記者1、カメラ1」というのが1カ月に及ぶ西日本新聞五輪取材班の全陣容であった。

特にマラソン男子には日本の期待が高かった。九州一周駅伝から羽ばたいた谷口浩美と森下広一（いずれも旭化成）の姿もあった。

前年に東京で開催された世界陸上。マラソン当日は気温30度を超え、取材する私らも絶えず汗が噴き出した。高温多湿の過酷な条件下で行われたレースで、なんと出場選手の4割が途中棄権した。その中で優勝したのが谷口。世界陸上で日本人初の快挙は、同時に「暑さに強い谷口」を世界に強烈に印象付けた。当然、暑いバルセロナの金メダル本命候補として注目を集めた。

そのバルセロナ本番。20キロ過ぎの給水地点で、あのまさかが起きた。後続選手に左足のシューズを踏まれて谷口が転倒したのだ。ゴールの陸上競技場で中継のライブ映像を見ていた私の体から汗がすーっと引いた。シューズも脱げている。履きなおす間に他の選手が次々に追い越していく。10秒、20秒…秒針の進みが何と速いことか。走り出すまでに30秒以上はかかったようだ。息をのむ日本の報道陣。よりによって、満を持していた五輪で悪夢とは…。だれも言葉もない。

優勝争いは谷口の後輩・森下と、前年の九州一周駅伝にアジア選抜で参加した黄永祚《ファンヨンジョ》（韓国）の一騎打ちとなった。森下は惜しくも銀メダルに終わったが、ラストのモンジュイックの丘での抜きつ抜かれつの激走は今も五輪マラソンの名勝負として語り継がれる。

*

さて、ゴール後の陸上競技場。レースを終えた選手が更衣室に引き揚げる通路に取材用のゾーンがあり、2位で入った森下が大勢の取材陣に囲まれている。私もその輪の中にいたが、転倒した谷口がどうなったのか、気になって仕方がない。

中山竹道が4位で戻ってきた。やっぱり谷口は無理だったか…。そう思っているところに谷口の姿が現れた。雑草のような強さではい上がってきていたのだ。1人、また1人とかわして8位入賞。金メダル候補としては不本意だったろうが、転んでもめげずにここまで挽回した精神力には心打た

◉**谷口浩美《たにぐちひろみ》**　1960年、宮崎県南郷町（現日南市）生まれ。宮崎・小林高、日本体育大を経て旭化成に入社。85年の別大マラソンで初マラソン初優勝。91年の世界陸上東京大会で優勝（2時間14分57秒）。世界陸上で日本人初の金メダリストに輝いた。五輪には92年バルセロナ大会（8位）、96年アトランタ大会（19位）と2大会連続で出場。引退後は指導者の道に進み、沖電気（廃部）、東京電力（休部）の監督などを経て、2017年からは宮崎大特別教授を務めながら、講演活動や各種マラソン大会のゲストランナーとして活躍中。

れるものがあった。

私は森下の取材の輪から外れて、ゴールした谷口を迎えた。しかし、とんでもない不運に見舞われた選手に掛ける言葉が見当たらない。その時だ。谷口が気まずい雰囲気をほぐすように自ら口を開いた。

「途中でこけちゃいました」

どこかレース経過を報告している感じ。〝恨み節〟の一つも言いたいだろうに…。

「いや、自分の不注意でもある。混み合う給水地点では起こりうることなのだから、もっと注意しなければいけなかったんですよ」

踏んづけた選手をかばう気持ちもあったろうが、その切り替えの早さが入賞を呼び込んだのだろう。終わったものは仕方がない。問題はこれからどうするかだ。彼のこういう前向きな考え方が、4年後の米国アトランタ五輪出場（19位）にもつながった気がしてならない。

バルセロナで日本のマラソン陣は初めての調整法を採用していた。涼しい英国で練習の疲労を取り、レース直前に暑いバルセロナに入るというやり方だ。従来は早めにレース開催地に入り、そこの気候に慣れるというのが常識だった。それが新しい調整法の結果、男子3人全員が銀メダルを含む入賞を果たした。勤勉で練習をやりすぎるきらいがある日本人の場合、本番前にどこかで休養して疲れを取る調整法は理にかなっているのかもしれない。

レース前、私はバルセロナに入る男子マラソン陣を現地の空港で出迎えた。外国メディアを含む大勢の報道陣の前で、谷口は私に気付いて「あっ、西日本新聞がこんな所まで来ている」と言った。

途中アクシデントがあったものの、粘っての８位入賞に笑顔を見せる谷口浩美＝1992年8月9日、バルセロナ市

彼の頭にも、九州一周駅伝に育まれ、ついに五輪の晴れ舞台まで来たという感慨があったのだろうかと思う。

九州一周駅伝を10回以上取材した私としても、駅伝で活躍したランナーたちと五輪で再会することほどうれしいことはない。九州の大地を蹴った脚でバルセロナを駆け抜けろと思ったものだ。

＊

五輪に出場した選手が地元の九州一周駅伝を走っている姿を見ると、長い道のりの先の先に、確かに五輪という大舞台が待っていることを実感する。しかし、ここでもまた、谷口にはとんでもないアクシデントが待ち構えていた。

バルセロナから帰国して間もなく行われたこの年の九州一周駅伝。谷口の走りがおかしい。ピッチ走法のはずが、まるでスローモーションを見ているのではないかと錯覚する走りである。宮崎・大分県境の難所、宗太郎峠で他県の選手に次々に抜かれていく。

バルセロナの疲れが残っていたのだろう。そのうえ、その日は中1日で走ることになり、完全にスタミナが切れたのだ。精神的な疲労も拍車をかけた。もがくようにゴールしたが、なんと区間最下位の9位である。顔はやつれ果てていた。

翌年の九州一周駅伝。今度は森下が足のけいれんで途中リタイアする事態になった。伝統の駅伝は五輪メダリストにも甘い顔を見せようとはしない。

九州一周駅伝で選手は10日間に4度出走できる。が、いつも万全の状態で出番を迎えられるわけではない。万全ではない中で、いかにベストを尽くすか。この過酷さが選手を鍛えたし、「こけた」としてもそこから態勢を立て直し、自分のレースをやり切る強さを与えた気がしてならない。駅伝の最優先課題はいかにたすきをつなぐか。それはアクシデントにいかに対処するかの戦いでもあった。

＊

2013（平成25）年、九州一周駅伝は第62回大会をもって、長い歴史に終止符を打った。九州・山口各県チームから輩出した五輪アスリートは谷口、森下を含め、高橋進、広島庫夫、渡辺和己、貞永信義、君原健二、宗茂、宗猛、伊藤国光、高岡寿成など30人以上を数える。日本長距離界を引っ張った名ランナーたちが駆け抜けた大会として、まさに「金メダル」に値する駅伝であった。

九州一周駅伝について、中国新聞（広島市）の陸上競技担当記者は「この駅伝を見ると、どのランナーが力をつけたかが分かる。マラソンシーズンを占うレースですからね」と関心を示し、視察に通ってきていた。

九州一周駅伝ではいろいろな体験をした。私が助手席に乗っていた取材ジープが渋滞を抜けようと追い抜きをかけたとき、峠の道を下ってきたトラックと正面衝突したことがある。ジープの窓ガラスは全て割れたが、同乗のカメラマンがガラスの破片で額を少し切った程度で、大きなけがはなかった。

ランナーに取材車両が接触したこともある。長丁場のレースだけに、選手にも取材陣にもアクシデントが少なからずあった。

親子ほども年齢の違う記者たちが一定期間、大部屋で飲食を共にし、時には雑魚寝し、九州を一巡しながら紙面でレースを伝えていく。新人記者は一皮むけたようにたくましくなった。九州一周駅伝はアスリートたちだけでなく、記者の「登竜門」の役割も果たしていたのではなかろうか。

熊谷吉幸（くまがい・よしゆき）……1973年入社。北九州支社、地域報道部、東京支社などを経て運動部長、筑豊総局長。現在、那珂川市総合計画審議会、同市都市計画審議会各委員。

司法と報道を問うた企画「容疑者の言い分」

事件取材に風穴を開けろ

事件記者が肩で風を切る時代だった。取材はサツ（警察）回りに始まりサツ回りに終わるとされ、取材の基本がそこに凝縮されていた。私は新聞社に在職34年、半分余りを社会部で過ごし、2回務めたキャップ時代を含め10年間、サツ回りであった。

当時の私たちの企画やキャンペーンは、たいがい居酒屋で生まれた。

いま、酔うほどに、逝ってしまった戦友たちが鮮明な影を宿してよみがえってくることがある。2013（平成25）年に亡くなった菊池恵美もその一人だ。30年前、私が部長、菊池がデスクだった。2人でよく飲んだ。夕刻から痛飲し、酒の勢い？で思いついたのが「福岡の実験・容疑者の言い分」だった。接見した弁護士を通して容疑者の言い分を取材し、一定の基準で掲載するという試みである。

当事者双方から話を聞く。それが取材の鉄則だが、容疑者が警察に身柄を拘束される犯罪報道では不可能となる。そこから、警察情報をうのみにする構図が生まれ、時には「冤罪《えんざい》」報道にもつながるのではないか。

逮捕は本来、捜査の手続きにしかすぎない。さらに法の理念は「無罪の推定」にあり、どんな容疑者であれ、有罪判決が確定するまでは無罪と推定される。しかし、一般には「逮捕＝有罪」とい

各地から手探りの実践報告が相次いだ当番弁護士制度の全国実施を記念した集会＝1992年12月、東京の日弁連会館

う印象が鮮烈であり、後に無罪が証明されても名誉回復が容易でない。

そんな中、警察が公判維持に有利な「クロ」の材料ばかり提供し、捜査当局に不利な部分を隠したとする。こうした情報操作に対し、私たちは対抗する術《すべ》がほとんどなかった。当事者である容疑者から話を聞いて、反証を挙げるといった作業ができなかったからである。

＊

かねて一方通行的な回路に風穴を開けたかった。警察からだけでなく、容疑者の言い分も聞きながら、事実を多面的に積み上げていく。そして、容疑者にも、捜査当局と同じように、公判開始前から世論の心証を獲得するチャンスを与える。

⊙当番弁護士制度　弁護士が付いていない逮捕段階での違法な取り調べを防ぎ、容疑者の人権を守る狙いで始まった。逮捕された人に当番の弁護士が1回無料で面会し、今後の手続きの流れや権利について説明し、疑問に答える。容疑者本人が警察官、検察官、裁判官に「当番弁護士を呼んでほしい」と伝えると、連絡が取れる。家族でも可能。1990年に大分、福岡両県の弁護士会がスタートさせ、全国に広がった。「福岡の実験」では「言い分」報道に加え、当番弁護士制度の検証や「息子は無実だ」などの連載も展開した。

天の時、地の利というが、福岡県弁護士会が全国に先駆けて当番弁護士制度を開始していた。容疑者や家族からの電話一本で、弁護士が警察に駆け付けてくれる。ここを窓口にすれば、容疑者の声が聞ける。私たちはそう考え、弁護士会に協力を要請したところ、快諾を得て、当番表も紙面公開の運びになった。

当初、社内からも疑問が噴出した。何しろ、前代未聞の取り組みである。盗っ人たけだけしい。新聞は警察に捕まるような悪に手を貸すのか——といった読者の反応が予想された。

反対意見が多い中、編集局長石﨑憲司がゴーサインを決した。1992(平成4)年12月16日付本紙朝刊1面に「容疑者の言い分」掲載の社告をうってスタートした。

誤解を恐れずに言えば、私たちは、やることに意義ありで始めた。完全主義をとっていたら、いつまでたっても踏み切れなかったろう。時代も状況も待ってはくれない。歩きながら、走りながら考えよう。そんな、いささか乱暴な発想だった。

＊

ここまで書くと、社会正義の申し子みたいだが、実を言えば、私には俗物根性丸出しの思惑もあった。周囲に「新聞協会賞当確だ」と言った覚えがある。

デスクと部長在任中に、取材班代表として3度、新聞協会賞に応募し、落選した。「弱者いじめを考える」「戦後40年・祖父たちの戦場」「高齢化社会・別れて生きるとも」——のキャンペーンであり、いずれも本紙紙面に続き、出版で世に問うた。

「言い分」報道は警察発表の壁を破る挑戦であり、冤罪防止への取り組みである。「反権力」と「人

「福岡の実験」のワッペンを付けて「容疑者の言い分」報道を展開した本紙記事

権」とくれば新聞各社の幹部で構成する審査委員の諸兄が拍手喝采するはずである。不遜ながら、そう読んだ。「今度こそ協会賞」という確かな思いがあった。

「福岡の実験・容疑者の言い分」は93年度の新聞協会賞を受賞した。

＊

さて、私たちは「福岡の実験」の構想がまとまった段階で、取材各部の部長・デスク会議、現場記者との意見交換を経て、問題点を煮詰めた。その中で①警察の「容疑事実」は、少なくとも長期に捜査した結果であり、これと逮捕直後の容疑者の言い分を同等に扱うのはどうか。読者に「容疑者の言い逃れ」の印象を与えないか②容疑者の人権を強調するあまり、被害者の人権を相対的に軽視しているとの印象を与えないか③暴力団や右翼はどうするか④福岡県以外の事件との整合性は——

などに論議が集約された。

とりわけ①については「容疑者が弁護士に本当のことを言っているとは限らない」といった声もあった。そこで、取材マニュアルを作り、取材と記事化のタイミングについては弾力性を持たせた。また、「言い分」が被害者や第三者の権利を侵さないよう、趣旨を徹底した。さらに、単純で明白な現行犯事件や暴力団の抗争のように威力を背景とした事件は「言い分」の対象としないこととした。

一方、警察や検察からは当然、猛反発を招いた。「西日本が敵に回った」として、広報担当以外は取材に応じない警察署が相次いだ。「言い分」とはいえ、その名前が何度も紙面に出ることで、容疑者が「苦痛」を感じたという報告もあった。

翻って、多くの紙面効果があった。ある暴走族の事件で、容疑者の少年の「オレは走っていない」との「言い分」を徹底検証した。それが地域の支援運動につながり、一般事件の無罪に当たる「不処分」をもたらした。また、容疑は認めたが犯意を否認した「言い分」を掲載したところ、これを巡って広範な論議が沸き、法廷でも争点になった。

「福岡の実験」を機に、各地で弁護士取材が活発化し、福岡をモデルにした弁護士会とマスコミ各社との協力関係が構築された。一方で、取材に時間をつぶされる弁護士から「夜討ち朝駆けをやめて」という悲鳴も聞いた。警察や検察と違い、組織でなく個人として対応するには限界があった。

＊

マスコミと弁護士は立場こそ違え、自由で公正・公平な社会を実現するという使命感は同じだと思う。また、ともに市民や読者といった地域の足場が必要で、常に開かれた体制を目指すべきでもある。その意味で当番弁護士制度は市民社会に大きく道を開いた。私たちにはこれを活用したことで、さらなる社会性を高めたという自負がある。司法が変われば、報道も変わる。まさに二人三脚の感を深くした。

そして、われらが時代は変わった。

社会評論家の大宅壮一がテレビ黄金期を前に「一億総白痴化」という流行語を発した。テレビばかり見ていると想像力や思考力が低下してしまうという趣旨であった。白痴になった覚えはないが、現代ならどう論じるだろう。

語呂合わせではないが、いま「一億総活躍」という。

その伝でいえば、一億総ウオッチャーの時代である。ネットに情報があふれ、事件や事故の現場にはスマートフォンが連なる。テレビカメラより視聴者提供の動画が画面で先行する。新聞のニュースはネットやテレビの後塵《こうじん》を拝し、「新」聞にあらず「旧」聞に化した。記者たちは次第に現場から遠ざかり、取材の当事者というより傍観者となっていないか。新聞やテレビの衰退は、デジタル監視社会の到来と相まって、無機質で真偽が定かでない社会を現出している一面がある。

しかし、新聞報道の信頼性は依然、追随を許さない。社会現象の表層にとどまらず、事の真相に鋭く迫る――。新聞は自由で開かれた社会の担い手として、新しい首座を求めるべきだろう。

寺﨑一雄（てらさき・かずお）……1964年入社。北京特派員、社会部長、編集局次長、東京支社長などを経てテレビ西日本代表取締役社長。現同社代表取締役会長。

引き揚げ列車から落ちた2歳児

中国残留孤児の運命

終戦翌年の1946（昭和21）年春。日本への引き揚げ者をあふれんばかりに乗せて中国・長春（旧新京）を走っていた貨物列車から、2歳の女の子が転がり落ちた。知ってか知らずか、すし詰め列車は止まることなく、そのまま家族とともに走り去った。

転落した幼女は中国人夫婦に拾われた。子どものいなかった夫婦は、当時の世情や周囲の目を気にしながらも「自分たちの子として養おう」と大事に育てた。子どもは王玉霞と名付けられた。戦争が生んだ中国残留孤児である。

日本の敗戦で終わった戦後の混乱期、しかも大陸で遭遇した悲運の出来事であった。それから48年後の94（平成6）年、写真部記者だった私は、日本に永住帰国していたその人、渡辺千代子の話を聞く機会を得た。残留孤児と、孤児を取り巻く人たちの心に触れたい。そう願って実現したインタビューは、話すも涙、聞くも涙の取材になった。

＊

きっかけは、友人がもたらした「福岡県庁に中国残留孤児だった方がおられるよ」という話だった。私の仕事はニュースや話題の写真取材だったが、その頃「写真部記者も記事を書こう」というのが時流になっていた。戦争の現実を語る残留孤児の運命をたどり、記事にして読者に伝えたいと

博多港で船からおりてきた引き揚げ者＝1946年10月

思ったのは、時流にも合致した、記者として自然な感覚だった。

すぐに人を介して会見を申し入れると、渡辺は「私でお役に立てるのだったら」と応じてくれた。訪ねた渡辺の職場は県庁の援護課。帰国して何かと戸惑うことの多い残留孤児の皆さんが、日本の生活に早くなじんでいけるよう、嘱託職員として相談事のお世話や、行政との橋渡し役を担っておられた。

初対面の時、渡辺の口から出た最初の言葉は「ああ、女の人でよかった。だったら話せる」だった。その日から幾度も通った取材で語られた彼女と家族の人生を、私は時に涙をぬぐいながら、一言も聞き漏らすまいと取材ノートに書きつけていった。

⊙中国残留孤児　満蒙開拓団など多くの日本人が住んでいた中国東北部（旧満州）に1945年8月9日、ソ連軍が侵攻。戦闘や飢餓疾病で肉親を亡くしたり、避難時の混乱で親と離れ離れになるなどして日本へ引き揚げられず、孤児となり中国の養父母らに育てられた人々。日本政府は日中国交正常化（72年）後、残留孤児たちの肉親を捜す集団訪日調査を81年から開始。孤児たちは祖国の土を踏み、親きょうだいとの再会に希望を募らせた。2020年8月時点で残留孤児と確認されたのは2818人。このうち半数以上の身元は判明していない。

博多港に入港した朝鮮からの引き揚げ船

養父母は優しい人たちだった。渡辺は王玉霞として育ったが、物心ついた頃には、周りの人の話などから自分が日本人であることをうすうす感じていた。

＊

美貌に恵まれた王玉霞は中国古典劇の京劇の女優として舞台に立つようになる。やがてその世界で知り合った中国人の王殿鈞と結婚した。王殿鈞は内蒙古（モンゴル）自治区の国立歌舞団の俳優兼監督だった。夫婦は、美江と美穂という2人の娘を授かった。

日本名「渡辺千代子」が分かったのは、日本の中国残留孤児調査によってだった。調査で浮上した彼女の顔写真が新聞に載り、福岡県内に住む両親が「うちの娘に間違いない」と名乗り出て身元が判明した。父は中国黒竜江省に開拓団で入植し、千代子は長女としてそこで生まれたということだった。

その後、愛情を注いでくれた養父母が亡くなったこともあり、日本への永住を決意。家族4人は81（昭和56）年、福岡の地を踏んだ。千代子が列車から転落して35年の歳月が流れていた。

一家は千代子を含めて日本語は全く分からなかった。言葉が通じない上、生活習慣も異なる日本の暮らしに、家族の表情はどんどん暗くなっていった。「中国に帰ろう」と泣く子どもたちをなだめるのは大変だったという。

言い尽くせない苦労があったが、子どもたちはたくましく成長した。姉の美江は眼科医になっており、妹の美穂は両親の感化を受けてか中国映画に出演するなど芸能の道を歩いている。

＊

私は千代子へのインタビューとその後の交流から想を練り、95（平成7）年3月、夕刊に「虹を渡って・残留孤児二世の挑戦」と題した連載記事（6回）を書いた。映画スターを目指して上海の俳優養成学校に進んだ美穂の卒業公演の模様と、そこに至る家族の歩みを描いた物語である。

取材の過程で私は、美穂の卒業公演と卒業式に立ち会うため上海に向かう王殿鈞、千代子夫妻に同行した。人民日報海外版で俳優養成学校の募集を知り、「自分の生まれた国で自分の力を試したい」とその道を選んだ美穂。華やかな劇場の晴れの舞台で踊る彼女の姿を目に焼き付け、連載の1回目にこう書いた。

「戦争の負のドラマに生きながら、今後は女優としてさまざまなドラマを演じていく。二つの『祖国』。映画スターへの道のりは、また、日中を正しくつなぐ道のりでもある」

一家とは今も交わりを絶やさない。硝煙の中に生まれた運命を生きる千代子たちの歩みに、苦難

博多港に立つ２つのモニュメント

の中で強くなった家族の絆を私は感じている。

＊

福岡市の博多港岸壁脇に「博多港引揚記念碑」が立つ。終戦直後、博多港は全国一の引き揚げ基地だった。碑には、引揚援護港の指定を受けて約1年5カ月の間に、中国東北部や朝鮮半島などから一般邦人や旧軍人など139万人がこの港へ引き揚げてきたことが記されている。

終戦の翌月、45（昭和20）年9月5日付の新聞に次の記事が見られる。

「博釜連絡船徳寿丸（３６００トン）は引き揚げ邦人２７６４人を満載、３日夕、白十字を描いた薄緑色の船体を博多港駅埠頭に横づけた。博釜航路としては実に3カ月ぶり、終戦後最初の連絡船である。嬰児を抱いた若い母、幼い孫の手を引いた老婆など、精いっぱいの手荷物を担った引き揚げ邦人はハッチを一歩一歩踏みしめるように下船し、秋雨けぶる故国の大地を、いまぞしっかと踏んだのである」

母国に戻れた引き揚げ者たちが安どする一方で、大陸ではその頃「辺境の開拓民たちが、飢えと傷病にさいなまれながら、都会地を求めて広野をさまよっていた」（西日本新聞）という状況があった。

引揚記念碑は邦人帰国の記録とともに「当時在日の朝鮮人や中国人など50万人の人々がここから故国へ帰っていったのである。（中略）私たちは（中略）アジア・太平洋の多くの人々に多大な苦痛を与えた戦争という歴史の教訓に学び、このような悲惨な体験を二度と繰り返さないよう次の世代の人々に語り継ぎ、永久の平和を願って、この記念碑を建設するものである」と述べている。

碑の近くに私の実家がある。父は旧海軍の人間魚雷「回天」搭乗員の生き残りだった。子どもたちにはよく「終戦が1カ月遅かったら、お前たちはこの世にいなかったんだぞ」と言っていた。戦争は命も運命も断ち切ってしまう。そんな思いをかみしめる。

井上まき（いのうえ・まき）……1976年入社。写真部記者として、九州一周駅伝、香港の主権が英国から中国に返還された「香港返還」（97年）、中国残留孤児問題などを現地取材。

放送業界の闇に切り込む

FBSのCM間引き問題

九州電力本社近くのホテル（福岡市中央区）から、西日本新聞社まで走って帰ったときの興奮を今も覚えている。半年以上にわたって潜行取材していた福岡放送（FBS）のCM間引き。FBSの担当局長がついに事実関係を認めたのだ。社会部に急いで上がると原稿を差し替え、ワープロの送信キーをたたいた。「明日は大騒ぎになるぞ」。ぶるっと震えた。

1996（平成8）年暮れ。当時私は社会部司法担当として裁判所の記者クラブにいた。知人から「面白い話があるから京都にこないか」と連絡を受け、中身も分からないまま新幹線に乗った。京都新阪急ホテルのロビーに入ると、くだんの知人と、見知らぬ2人の男性がいた。FBSのOBだった。

「実はこういうことになっている」。内部資料とともに説明されたのは驚きの事実だった。

「FBSでは、受注したCMの一部を放送していないのに放送したように請求書を偽造し、広告主から代金を受け取っている。不正は年間数千万円規模で、20年以上前からやっている。自分も不正に直接関与していた。ただ、内部資料は渡せない。あとは取材でウラを取ってほしい」

そう告げると、2人はホテルを出て行った。

大変な話を抱え込んでしまった。どうウラを取ればいいのか。特ダネを打つイメージより、取材

FBSのCM間引きを報道した本紙紙面

の難しさを思うと途方に暮れた。そもそも、テレビCMの仕組みも全く分からず、その勉強から始めることにした。

＊

CMには、番組中に15秒流れるスポットCMと、番組を提供する広告主が流すタイムCMがある。CMを流せる時間は、総放送時間の18％以内と決まっている。視聴率5％の番組に5本のスポットCMを流すのと、視聴率

⦿調査報道　憲法は第21条で「言論、出版その他一切の表現の自由」を保障しており、「報道の自由」、報道機関の「国民の知る権利」への奉仕は、民主主義社会の基盤に位置づけられている。このため、権力や公共性の高い企業・団体の不正を追及し、社会のひずみを正す「調査報道」は、新聞の重要な役割だ。半年以上かけた地道な潜行取材で事実を積み上げて真実に肉薄し、ずさんな説明の撤回に追い込んだCM間引き報道は、調査報道の典型となった。後年に、社会部警察・司法取材班が取り組んだ調査報道「博多金塊事件と捜査情報漏えいスクープ」は、新聞協会賞を受賞した。

25％の番組に1本流すのは基本的に同じ効果があるとみなされる。つまり、時間という枠が限られた中で、視聴率が高いほど、高額のCMをたくさん吸収（受注）でき、売り上げも上がる。民放テレビ局が視聴率競争に明け暮れる根本原理がここにある。

後で分かったことだが、当時の民放テレビは景気がよく、枠が足りないほどCMの発注があった。後発局であるFBSは他局に比べて広告主との力関係が弱く、CMをなかなか断れない事情もあった。

ともあれ、取材は正攻法でいくしかない。同僚の鎌田浩二の応援を受けながら、FBSの社員住所録を入手し、事情を知っていそうな幹部や社員たちの自宅に夜回りをかけた。結論から書けば、半年にわたって夜回りを繰り返したが、誰一人として事実関係を認めなかった。

その中の1人は、かつて取材現場で一緒だった記者経験者だった。バーまで誘い出し、「あんたが東京支社時代、CM間引きをしていたんじゃないですか」と切り込んだが、「勘弁してほしい」とうつむいたまま黙ってしまった。

取材は行き詰まり、鎌田と「駄目かな」とやけ酒を飲む時間が増えていった。

＊

ところが事態は急転する。97年6月3日、社会部に1枚のはがきが届いた。「J2とは何か」。そこには、FBSの間引きの仕組みを示す社内の言葉が記されていた。広告主や代理店、他のマスコミにも同じはがきを送っている可能性をうかがわせる中身だった。難航する私たちの取材にいら立つ内部告発者が送ってきたと解釈できた。

「他紙も動くぞ。どうしよう」。間引きの被害を受けている可能性が濃厚な広告主に直当《じか》たりして、広告主ルートでFBSに疑惑を突きつけるしかない。広告主とテレビ局が「握って」うやむやにされる懸念もあったが、イチかバチか、この方法に賭けるしかない。間引き被害が大きそうな福岡市の大手紳士服販売会社に「重要な案件で社長に会いたい」と電話で告げると、すぐに時間を取ってくれた。

これまでつかんだ内容を説明し、「お宅はだまされています。FBSに確認してほしい」と言うと、社長は驚いた様子で「分かりました」と応じてくれた。

数日後、社長から電話があった。

「宮崎さん。ほんとだったよ」

私たちは原稿を書き始めた。デスクとも相談し、6月9日組みの朝刊で打つことが決まった。すると夕方、思いがけない人物から社会部に電話があった。それまで取材対応をして、疑惑を全否定していたFBSの局長からだった。

「お話があります」。指定されたFBS近くのホテル最上階にあるバーで、局長は「間引きは事実でした」と頭を下げた。少なくとも千数百本のCMが放送されていないこと、広告主に謝罪文を出すことを説明した。「これまで違う説明をしてきて、申し訳ない」。

本社まで走って帰ると、原稿を差し替え、やがて大刷りが上がった。

1面トップの横見出しは「FBSがCM間引き　96年度112社の500本放送せず」。社会面トップの見出しは「放送の信頼失墜　CM不正どこまで」。

FBSは10日、13日と続けて記者会見を開いた。しかし、13日の会見で上層部が説明した「事実」に愕然《がくぜん》とした。不正は1人の社員が単独で行い、会社は被害者だ。その社員は会社を辞め、恨みで西日本新聞に不正を内通した、と。

「この期に及んで、まだうそをつくのか」。私はこれまで取材してきた中身をぶつけ、組織ぐるみの不正ではないのか、と説明の矛盾を突いた。

記者会見は3時間に及んだ。FBS側の説明は次第にしどろもどろとなり、なんと「本日の説明内容はすべて撤回します」と言ってしまった。会見場の最後部で取材していたFBS記者が泣いていたのを覚えている。

＊

弁護士をトップとする第三者委員会の調査報告書によると、不正は89年から96年までの8年間続き、計2433本、1億4600万円相当のCMが間引かれていた。不正は「組織ぐるみだった」ことも認定し、社長は引責辞任した。

FBSの不正は全容が解明された。だが、私には悔いが残った。大手の広告代理店による極秘調査で、FBSと同様のCM間引きが全国二十数局で行われていた、との確かな情報があったからだ。具体名が挙がった複数の放送局を取材したが、ウラが取れなかった。

その後、北陸放送と静岡第一テレビで労組などの調査によって間引きが発覚し、情報の正しさが一部裏付けられたが、そこまでだった。一つの不正は暴いたが、根深い放送業界の闇に切り込めなかったのが私のこの事件の結論だ。そんな私が二十数年後のいま、転籍してテレビ局にいるのは何の因果だろうか。

宮崎昌治（みやざき・まさはる）……1990年入社。筑豊総局、社会部、東京支社報道部、ワシントン支局長、社会部長などを歴任。2019年6月よりテレビ西日本取締役報道局長。

犯罪被害者等基本法の成立へ

被害者を置き去りにしてはならない

1998（平成10）年2月のある日。福岡県内に住む中学校時代の同級生と久しぶりに会った。ともに49歳。親密な関係ではなかったが「会ってくれ」と電話してきたことから考えて、何か相談事だろうとは予想できた。新聞記者として、警察、政治、行政、教育などの分野を担当したので、力になれるならと思った。だが、衝撃の内容だった。

「かあちゃんが、殺された」。この言葉が、私が犯罪被害者の世界に関わっていく大きな契機になった。

＊

事件があったのは前年10月。その日朝、大学病院職員だった彼と、高校生の次女（17）が家を出た後、自宅に包丁を持った男が押し入り、妻（46）と彼の母（81）に切りつけた。妻は頭や顔などを切られ、同日夕死亡。母も頭などを切られ、重体だったが、奇跡的に助かった。2階にいた会社員の長女（21）は無事だった。

男は長女の高校時代の同級生。犯行後、手首を切って血まみれのところを警察が殺人未遂容疑（後に殺人容疑に切り替え）で逮捕。男は普段から精神的に不安定だった。福岡地検は「心神喪失」の精神鑑定で刑事責任を問えないと判断、不起訴にした。男は措置入院（強制的な行政処分）となった。

事件の8カ月前から、自宅には無言電話や投石などストーカーまがいの嫌がらせが続いていた。警察には何度も相談したが「石を投げ込まれたくらいで110番しないように」と叱責《しっせき》されたこともある。犯人は人相などから長女の高校時代の同級生ではないかとの疑いを強め、再三の通報に重い腰を上げた警察が張り込みを続けたり、事情聴取したりした。自宅ブロック塀は高くした。それでも悲劇は襲った。

妻を失い、母を傷つけられた悪夢。一家の悲しみ、苦しみはさらに募った。血の海になった自宅1階は内装をやり直さなければならなかった。投石の標的となったマイカーは修理に出した。同級生に母親を殺された長女は恐怖と心労で不眠となり、勤めていた会社を辞めた。次女からは「お母さんが殺された家には住みたくない」と迫られた。

彼自身も働く気力が薄れ「反応性うつ病」と診断され、2カ月以上入院した。家計からは葬儀費用をはじめ、自宅改装、自動車修理、入院費など数百万円が消えてしまった。

「なして、おれが、こげな目に遭わないかんとか」。私と相対した彼は、妻を殺害されるという理不尽な状況に怒りを抑えきれず、何度も繰り返した。

⦿犯罪被害者等基本法　2005年に施行。犯罪被害者保護を「国や地方自治体、国民の責務」とした上で、具体策として「相談、司法手続きなどの情報提供」「損害賠償請求の手続き支援」「給付金制度充実」などを盛り込んだ。同法に基づき、政府は同年12月、258項目の支援策を記した犯罪被害者等基本計画を決定。この計画に基づく法整備が進み、オウム真理教事件などを契機に、08年に導入された裁判への被害者参加制度では、事件の被害者や遺族らが公判で、被告に直接質問したり、量刑などについて意見を述べたりできるようになった。

事件はテレビや週刊誌も取り上げた。ワイドショーのリポーターや週刊誌記者が、ストーカーをされるからには何かあったに違いないという勝手な憶測に基づいて「長女と容疑者は婚約していたと聞いたが…」「親に交際を反対されていたのでは…」と、誘導尋問のような取材をしていた。

心配する隣人からそうした話を聞いた彼は「娘は男とは親しく話したこともないと言っている。根も葉もない話だ」と怒った。殺傷事件に加え、報道機関への不信。「マスコミに言いたいことは山ほどある」と思いのたけを私にぶちまけた。同じ報道関係者として聞き流すわけにはいかない話だった。

＊

実はこの時期、社会部では「犯罪被害者の人権を考える」という連載キャンペーンに取り組んでいた。そのシリーズの中に「報道が痛みに追い打ち」の見出しで報じた記事があった。私は取材班のデスクだったが、同級生の訪問を受けて初めて、彼がその記事に登場する「犯罪被害者」の遺族本人であるのを知ったのだった。

＊

犯罪被害者を取り巻く環境は、地下鉄サリン事件（95年）など一連のオウム真理教事件でクローズアップされていた。サリンを運び込んだオウム真理教の信者たちと東京の地下鉄に偶然乗り合わせた14人が死亡。約6300人が負傷した。松本サリン事件（94年）の第一通報者である河野義行は、妻が被害者でありながら長い間捜査当局やマスコミから事件の容疑者にみられるという、過酷な状況に置かれていた。

重大な事件であっても、被害者は「証拠の一つ」でしかなく、

「一度持たれた疑惑は簡単には晴れない」と訴えた河野義行＝1996年12月7日、大分市

免田事件をはじめ、死刑囚の冤罪《えんざい》が80年代に相次いで明らかになったことなどを契機に、容疑者・被告の人権に目が向けられる一方で、生命や財産などを奪われる重大な人権侵害を受けながらも、犯罪被害者の人権は置き去りにされてきた。裁判では被害者の権利は顧みられなかった。事件記録の閲覧は認められず、加害者が起訴されたかどうかの処分結果の通知さえなかった。

殺人事件の遺族が被害者の遺影を掲げて法廷に入ろうとして、裁判長に止められたこともある。「事件の当事者は裁判の当事者でもあるべきだ」と被害者たちが法廷での意見陳述を訴えていたが「被害者が参加すれば裁判が応報的になり、法廷が荒れる」などと退けられてきた。今から顧みると、信じられない反論だが…。

経済的な支援も「再び平穏な生活を営むことができるよう支援する」という犯罪被害者等給付金支給法（81年施行）はあったものの、一時の見舞金でしかなかった。98年度、殺人事件の遺族、重い障害を負った人など計１７８人に支給された給付金は６億２９００万円。平均すると３５３万円。同級生の彼も申請手続きをしたが、加害者家族と示談したため給付金はゼロだった。「お涙ちょうだ

福岡犯罪被害者支援センターの設立を記念して開かれたフォーラム＝2000年4月15日

いもなかったよ」と彼は漏らした。

＊

「犯罪被害者の人権を考える」シリーズはその前、性暴力被害と取り組んでいた。性暴力の被害者は「被害に遭ったことは知られたくない」という意識が強く働くため、犯罪被害者の中で最も泣き寝入りが多いといわれる。私たちは福岡県内の女子学生2千人を対象にアンケートをした。水面下の実態を少しでも把握したいと考えたからだ。

「あれから10カ月。今でも顔を見ると殺してやりたくなる」。友人に紹介された男と食事に行った帰り、車の中で無理やり性交させられたという18歳の女性は、アンケートに相手の名前まで書いていた。それでも告訴しないのはなぜ…。

別の学生たちは「男性警察官にいろいろ質問されるなんて…絶対嫌」「落ち度が責められ、好奇の目で見られる社会風潮の中では、誰にも知られたくない」などと答えていた。

強制性交など性暴力の被害者は、加害者を有罪に持ち込むまで「三度被害に遭う」といわれる。被害そのもの、警察・検察での取り調べ、そして法廷での弁護側の詳細な公開。告訴すれば、そこまで覚悟しなければならないのだ。告訴をめぐるハードルがいかに高いかを知らされた。

これらの取材は困難だった。女性団体や弁護士、医師…さまざまなルートで被害女性にたどり着いても、口を開いてもらうまでの道のりは遠かった。「女性記者でなければ話しません」という回答もあった。それでも「理不尽な現実を変えるために私の体験が役立てば」と実名の告白があったときは、胸を突かれ、罪を憎むペンを握った。

＊

98年1月から取り組んだこのシリーズは「性暴力の実像」から99年4月の「変わる刑事裁判」まで全11部続いた。「犯罪被害者の人権」「被害者支援」という言葉が社会に浸透し、今では「犯罪被害者支援」とネット検索すると何と1900万件がヒットするほどだ。約20年前のこのシリーズが、犯罪被害者の権利を明記した犯罪被害者等基本法の成立（2004年）、法廷で意見陳述などができる被害者参加制度の導入（08年）などに拍車を掛けたと自負している。

当時は九州・沖縄になかった被害者支援の民間団体もその後発足し、今では電話相談、裁判所への付き添いなどに活動している。欧米に比べ不十分さは否めないが、被害者が置き去りにされることは少なくなるに違いない。その途上の10年、同級生の彼は事故死してしまった。拡大する現在の「支援」の姿を見てほしかっただけに、残念でならない。私が現在、福岡犯罪被害者支援センターの活動を手伝っているのは、彼の遺志を受け継ぎたいからである。


古賀和裕（こが・かずひろ）……1982年入社。社会部、北九州支社などを経て久留米総局長、地域報道センター部長。共著に「弱者いじめ」など。現福岡犯罪被害者支援センター理事。

「定説は、仮説でしかない」

水俣病医学者の警告

1956（昭和31）年5月1日、後に水俣病の原因企業と特定される新日本窒素肥料（新日窒、のちチッソ）水俣工場（熊本県水俣市）の付属病院医師が「類例のない患者発生」と保健所に報告した。これが「公害の原点」といわれる水俣病の公式確認になる。

何年も前から水俣の漁村で原因不明の神経疾患が多発し、「奇病」と恐れられていた。苦しみもがいて亡くなる劇症患者がいた。重い障害のある子が次々に生まれた。患者多発地の人たちは工場排水による海の汚染を疑ったが、企業は原因究明を渋り、責任逃れを続けた。行政も企業寄りで無策だった。そのため原因確定までに12年もかかり、工場排水に起因する有機水銀中毒症の水俣病を拡大させた。

68年にようやく政府が公害と認定すると、補償を求める被害者と、加害責任を小さくしたい企業や行政が激しく対立。行政は患者認定のハードルを高くし、被害者自身が病の証明を強いられる裁判が繰り返された。原因究明や被害把握、患者救済の局面で企業や行政が見せた振る舞いは度々、厳しい批判を浴びた。

公式確認から64年。初動を誤ったツケはあまりに大きく、被害の全容は今なお確定しないままだ。

＊

新日窒水俣工場前に座り込んだ水俣の漁民たち＝1960年

私が水俣支局に着任したのは98年。水俣病は95年末に自社さ（自民党・社会党・新党さきがけ）連立政権のもとで政治決着が図られ、大半の訴訟は和解、紛争は終結していた。町も人も平穏な日常を取り戻していた。

唯一、和解せずに闘争を続けていたのが関西訴訟だった。水俣市や近辺から関西に移住した人たちが国家賠償などを求めた裁判である。迫る二審判決に向けた取材こそが水俣病問題の「本筋」と考え、関西にも出張して取材した。

だが当時、裁判への関心は決して高くなかった。既に和解に応じていた水俣の被害者たちは「もう、そっとしておいて」と、むしろ冷ややかだった。大半は、原告が勝てるとは思っていなかった。

ただし注目点はあった。水俣病の典型症状の一つである「手足の感覚障害」の原因を巡り、原告団が新しい病像論で国の認定基準の見直しを求めた。新病像論とは、末梢神経の損傷を感覚障害の

⦿水俣病被害者救済法　国と熊本県の行政責任を認めた2004年10月の最高裁判決後、認定申請者が急増したため、水俣病の最終解決を目的に議員立法で09年に成立・施行された特別措置法。患者認定されない人も法律で「被害者」と位置付け、公的検診などの判定を経て一時金210万円や療養費などを支給する。12年7月末の締め切りまでに熊本、鹿児島両県で4万5933人が一時金を申請、3万4333人が支給対象となった。国が申請期限を設け、救済対象者を地域や年代で線引きしたことへの批判も根強く訴訟継続の一因となっている。

原因とした従来の考えに対し、大脳（中枢神経）の損傷が原因であると捉えたもの。この「中枢説」に立てば、複数の症状がなくても感覚障害があれば水俣病かどうかの判定が可能、というのである。

大阪高裁は2001年4月、国、熊本県の行政責任を認めるとともに、新しい判断基準によって原告の多くを患者と認める判決を下した。私は2カ月前に水俣から異動していたが、終わったとされていた水俣病問題がまた勢いを取り戻すことは容易に想像できた。

関西訴訟は04年、最高裁でも原告側が勝訴。行政責任が確定した。提訴から22年。原告を支えてきた関西の支援者は「しんどかった」としみじみ語った。以降、認定申請者が急増し、「第二の政治決着」となる水俣病被害者救済法の成立（09年）につながった。それでも行政の患者認定基準は今も変わっておらず、完全な被害者救済の道筋は見えていない。無情なことだ。

＊

「水俣病は終わっていない」とよく聞いた。被害者救済や地域の再生、絆の修復はまだ半ばだ。だが、胎児性患者の坂本しのぶたちがよく使うこの言葉は、それとは違う意味を持つ。

水俣を離任する1カ月ほど前、坂本と仲良しだった小児性患者の女性が自死した。55歳。患者支援の作業所にいつもいて、話しかけると笑顔で応えてくれる人だった。後に知ったことだが、終日襲う全身のしびれ、倦怠感、頭痛、不眠に苦しんでいたという。両親を相次いで失い、1人暮らしになって精神的にも不安定になった。誰彼構わず飲みに誘い、夜中に電話をよこし、「死ぬ」と口走る…。次第に周囲との距離は広がった。亡くなる3カ月前、抽選で市営住宅に入居した。周囲は「よかったね」と喜んだが、本人の表情は暗かった。連絡がないので支援者らが訪ねると、亡くなっていたという。

水俣病から逃げられない苦しみ。坂本は、故人の思いをくんで追悼文集にこう書いた。「水俣病のことを、みんなに話していくことが私の仕事だと思う」。

＊

水俣市の隣、津奈木町の諫山茂（２０１４年死去）と妻レイコを取材したのは06年。私は熊本総局勤務で「水俣病50年」企画の取材に加わっていた。

補償問題でチッソ社長に詰め寄る患者代表たち＝1970年

諫山夫婦は、胎児性患者で寝たきりの長女孝子を自宅で介護していた。終わらない水俣病の現場は壮絶だった。朝、のどの奥にたまったたんの拭き取りに1時間前後かかる。栄養剤の朝食を取らせると、レイコは昼食作りに取りかかる。昼食は茂がはしで食べさせるのに1時間以上かかる。午後、わずかな休息後、おむつ交換。自力で排便できないのでレイコが指でかき出す。体をふき、着替えさせ、夕食を作り、食べさせるのにまた1時間かかる。寝るのは夜中。24時間３６５日、こんな生活が続く。

茂はある会合で、孝子が両親と自分の行く末を案じて「お母さん、あんたが逝《い》くときゃ、私も連れてけ」と言ったことを明かした。「それを聞いたときの親の気持ちが分かりますか」。茂はこらえきれず涙を流した。

当時は公式確認50年の行事が盛んで、過去を乗り越えて前に進もう、という雰囲気が漂っていた。「（水俣病が）なーんが済んだですか。毎日毎日、チッソや国や県の後始末をしているのは患者じゃなかですか」。茂の言葉が私にも突き刺さった。

＊

水俣を取材すると、いつも自分の立ち位置を問われる気がした。巨大なチッソの企業城下町にあって、患者にも地域社会にも複雑で多様な考えがあり、常に批判にさらされる。迷いつつ、恐れつつ、たどり着いたのが「水俣学」を提唱した医師、原田正純（熊本学園大教授、元熊本大助教授）の視点だった。

原田は奇病といわれた時代に水俣を訪れ、患者家族の惨状を「見過ごせない」と水俣病の研究や患者支援に身を投じた。「終わらない水俣病」に医師として向き合い続けた人だ。50周年報道をただの周年企画に終わらせてはなるまいと、翌07年、原田に聞き書き連載の取材を申し入れた。原田は前年夏に脳梗塞で倒れ、まだ本格復帰していない状態だったから、健康不安もあったのだろう。「遺言のつもりで話す」と応じてくれた。

１００時間近いインタビューで感じた原田の思考の柱は「現場に学べ」「定説や権威を疑え」そして「弱者の視点に立て」だった。

例えば、ある男児は生まれながらに障害があった。魚を食べていないので水俣病ではないとされていたが、母親は「私の症状が軽いのは胎内で水銀がこの子に行ったから」と確信していた。「胎盤は毒物を通さない」が医学の定説で、原田もそれを信じていたが、同じ症状の子が近所にいっぱいいると聞いて定説を疑い始めた。それが胎児性水俣病の証明につながる。

「定説とは、それまでに得た研究成果から導く仮説でしかない。しかし、仮説がいったん定説となって権威を持つと、ときに新事実を切り捨てる道具に使われる」

権威を疑え、という教えだ。

また、未認定患者運動を引っ張った川本輝夫（1999年死去）から、半身まひの患者宅に連れて行かれたときのこと。原田は患者を見てすぐに脳梗塞と診断したが、川本から「あん人は魚をよく食うた。脳梗塞の人は水俣病にならんとですか」と問われた。不随ではない側の半身を診察すると、典型的な水俣病症状があった。

「ガツンと頭をたたかれた思いだった。私たち専門家の方が視野狭窄になっていた」「未知の事件に教科書はない。患者や現場が教科書になるのだと、私は水俣に教えられた」

現場に学べ、という原田語録である。

未認定患者の掘り起こしで認定申請は激増し、原田は患者側と行政・企業側との対立に巻き込まれていく。権威側の学者や行政からは厳しく批判を受けるが「むしろ誇らしかった」と笑い飛ばしていた。二つの立場が対立するとき、弱者の側に寄ることが、本当の「中立」だと強く説いた。結局はそれが間違いを防ぐ最良の方法だとも。

「水俣が発する最大の教訓、メッセージは、人類のおごりに対する警告であると思う」

原田は2012年、この言葉を残して77歳で亡くなった。言葉は今も生き続けている。

石黒雅史（いしぐろ・まさふみ）……1988年入社。山口支局、整理部、水俣支局、長崎総局、デジタル編集チームなどを経て現行橋支局長。著書に「原田正純聞書　マイネカルテ」（西日本新聞社）。

ハンセン病問題が今に問うもの

偏見という心の壁を除いてこそ

私がハンセン病という病気を知ったのは今から40年以上前の小学生の頃だった。盆暮れに熊本県内の実家に帰省すると、親や親戚が集まった酒席でハンセン病患者のことがしばしば話題に上った。「あの家には、おるらしい」。声を潜めて語られる世間話は、病気や患者への恐怖を駆り立てるものがあった。しかしあの時、患者や家族がどんな境遇に置かれていたか、誰も想像力を働かせることはなかった。

それから20年以上たって、私は取材でこの問題と関わることになる。国立ハンセン病療養所の一つ、菊池恵楓園を初めて訪れたのは熊本総局に赴任して間もない2001（平成13）年春。国の隔離政策は憲法で定める基本的人権を侵害しているとして、入所者たちが熊本地裁に起こした国家賠償請求訴訟の判決が近づいていた。

同県合志市の田園地帯にある菊池恵楓園は、療養所のイメージからは程遠いものだった。広大な敷地を厚いコンクリート壁が刑務所のように囲み、内部にはスーパーや銭湯、理髪店、そして納骨堂まであった。入所したら最後、一生を暮らすことを前提とした施設。そこに千人近い人々が平屋の住宅で肩を寄せ合うように暮らしていた。

＊

入居者の家屋が立ち並んでいた頃の菊池恵楓園。コンクリートの壁はもうない。高齢化で多くの人が亡くなり、今では建物は壊され空き地が目立つ＝2009年

入所者の口から語られる差別被害の実態はすさまじいものだった。40年以上園内で暮らす女性は10歳の時に収容された。顔にできたあざの診察を受けて1週間後、保健所の車がやってきた。「すぐ帰れるから」と男の職員に小さなキャラメルを差し出され、診察にでも行くつもりで独りで車に乗ると、そのまま園に連れ去られた。

60代の女性は園内で出会った男性と結婚し、子を授かったが、妊娠4カ月で中絶手術を強いられた。母子感染防止の名目だが、根拠は不明なまま、全国の療養所で中絶や不妊手術が繰り返されていたのだ。

⦿**ハンセン病**　らい菌による感染症。皮膚や末梢《まっしょう》神経が侵され、顔や手足が変形したりする。しかし、感染力は弱く、命を落とすこともない。国は1907年に患者の隔離を始め、断種や堕胎などを強いた。隔離政策は薬で完治するようになった後も、96年のらい予防法廃止まで続き、違憲とする2001年の熊本地裁判決が確定した。1900年に約3万人いた国内の患者は、治療薬の普及で激減し、近年の発症者は年間10人に満たない。

せめてわが子の形見にと、女性は「太郎」と名付けた赤ちゃん人形を大切に〝育てて〟いた。

患者の家族も悲惨だった。「らいを出した家」と近所に知られれば村八分に遭い、いじめや婚約破棄が横行した。家族に及ぶ差別を恐れて入所者たちは決して実名を明かさなかった。私は幼い頃に聞いた患者や家族の人生を重ねながら、暗たんたる思いでメモを取った。

＊

これほどの不条理はしかし、法を無視して行われたのではなかった。絶対隔離を定めたらい予防法があった。ハンセン病はらい菌による感染症だが、感染力は極めて弱い。しかし日本では医学的根拠もないまま、１９０７（明治40）年にらい予防法の前身となる法律ができた。特効薬の開発で「治る病」となった戦後も、96年に予防法が廃止されるまで約90年にわたり、強制隔離政策は続く。

この病気がことさら忌避された背景に、発症すると顔や手足に著しい変形をきたす病像があった。患者の存在を「恥」とする自治体は、国と結託し患者をあぶり出す「無らい県運動」を率先して行った。患者狩りともいえる一連の行為が国民に「恐ろしい伝染病」という誤解と偏見を植え付けていったのである。

そこにメスを入れたのが98年に起こされたハンセン病国家賠償訴訟だった。２００１年5月11日、判決の日はまぶしい青空だった。治療法が確立した戦後も隔離を続けたのは違憲――。判決は国の人権侵害を断罪しただけでなく、法律の改廃を怠った国会の責任も指弾した。「もう胸を張って生きていける」。全面勝訴の垂れ幕を前に湧き上がる歓声と、あふれる涙。判決は首相小泉純一郎の控訴断念で確定した。陰惨な歴史に差し込んだ光。しかしそれは、程なく裏切られる。

判決から2年半後の03年11月。熊本県の黒川温泉にあったホテルが恵楓園入所者の宿泊を拒否した事件が発覚する。入所者には肌のただれや手足の欠損がある人もいるが、それは外見上の後遺症であって、病気は薬で完治していた。「感染の恐れはない」と入所者は再三理解を求めたが、ホテルは「うつる、うつらないではない。客が嫌がるから受け入れられない」と突っぱねた。「差別の意図はない。これは好きか嫌いかの問題だ」とも言った。

それを聞いて、私は以前からあった嫌な予感が的中したと感じた。実はあの判決の日、取材帰りのタクシーで初老の運転手がこう言っていた。「あの人たちが隣に越してきたら私は嫌だ」。他でもホテルの対応を擁護する声と入所者への誹謗《ひぼう》中傷が聞かれることに驚いた。「気持ちが悪いのは事実」など、何百件もの電話や手紙が恵楓園に殺到した。ホテル側の問題点を指摘する人が多かったとは思うが、その陰にこうした「世間の本音」が隠れていた。

私はそのとき思った。裁判では国の責任が指弾されたが、そこで問われなかったものがあると。人の心に潜む偏見と差別。それは誤った国策があおり、植え付けたものといえばそうだが、感染への恐怖のあまり、それに同調し、疑問を持たなかった私たち一人一人もまた問われるべきではないかと——。

＊

国賠訴訟判決以降、ハンセン病の病像や差別の歴史についての啓発活動は加速していた。私は知事潮谷義子と啓発のあり方について意見を交わす中で「偏見は正しい知識を広めるだけでは克服で

ハンセン病問題を巡る動き

1907年　ハンセン病関連法「癩《らい》予防ニ関スル件」制定

09年　九州癩療養所（現菊池恵楓園）など国内5つの療養所が開所

29年　愛知県で患者を隔離する無らい県運動始まる

31年　患者の絶対隔離を打ち出した癩予防法制定

40年　熊本市で患者157人を一斉収容する本妙寺事件が起きる

47年　特効薬プロミンの使用開始

48年　患者の断種や堕胎を合法とした優生保護法施行

53年　熊本市で恵楓園入所者の子が地域住民から小学校への通学を拒否される「黒髪校事件」が発生

60年　WHOが差別法撤廃を各国に要請。隔離でなく外来での治療を提唱するが日本の隔離政策は継続

96年　らい予防法が廃止される

98年　療養所入所者たちがハンセン病国賠訴訟を熊本地裁に提訴

2001年　熊本地裁が国の隔離政策を違憲とする判決。小泉純一郎首相が控訴断念

02年　厚生労働省のハンセン病問題に関する検証会議が発足

03年　菊池恵楓園入所者の宿泊拒否事件が発生

09年　隔離政策による被害の回復策を国や自治体に求める「ハンセン病問題基本法」が施行

19年　国の強制隔離政策により差別を受けたとして元患者の家族たちが国に損害賠償と謝罪を求めた集団訴訟で、熊本地裁が国の責任を認める判決。国は控訴せず、安倍晋三首相が「政府として深く反省し、心からおわび申し上げる」と談話を発表。政府として初めて公式に家族へ謝罪

ハンセン病元患者家族補償法成立

改正ハンセン病問題基本法成立

きない。痛みへの共感こそ必要」という答えに行き着いた。それには療養所を訪れ、入所者の体験談を聞き、心の交流を重ねることが大切だ。入所者自治会も積極的に視察を受け入れ、来園者はこのころから格段に増えた。若い世代を中心に一定の偏見の解消が進んだのは事実だろう。

一時1700人いた入所者は今では200人を下回り、高齢化が進んでいる。かつて社会と隔てた壁は多くが壊され、人が自由に行き交う風景がある。19年11月には、元患者だけでなく家族も差別禁止や名誉回復の対象として救済する法律が成立した。だが私たちはハンセン病を巡る偏見や差別が過去の過ちと胸を張って言えるだろうか。

これまでの取材活動を振り返る時、私は入所者自治会の太田明の言葉を心に刻まねばと思う。「人間には誤った知識に基づく偏見や差別心に足を取られる危うさ、弱さがある。そのことをハンセン病は教えているのではないでしょうか」

吉良治（きら・おさむ）……1992年入社。写真部、北九州支社、熊本総局、東京支社報道部、社会部、都市圏総局などを経て、現在写真デザイン部長。福岡市人権啓発センター講師。

「ヤミ金融」の実態を暴く

弱みに付け込む狡猾犯罪

借りた物を返すのは最低限の道徳。高利と分かっていて借りる側に問題があるのでは…。2001（平成13）年ごろから跋扈《ばっこ》し始めた「ヤミ金融」。その実態を追う連載を企画した時、社内でも懸念の声を聞いた。「貸し手の非だけをあげつらい、借り手を擁護するだけでいいのか」と。取材を進めて痛感したのは、そんな弱みがあるからこそ被害が潜在化していたという事実。ヤミ金融は、長引く不況を背景に、世間一般の「道徳」を逆手に取って弱者に付け込む狡猾《こうかつ》な犯罪だった。

連載は02年秋、一緒に司法担当をしていた先輩の稲田二郎と2人でスタートした。きっかけは、日々の弁護士との雑談だった。事務所を回れば、先々で「今何が大変って、ヤミ金だよ」という嘆き節が聞こえてくる。その年は自己破産件数が全国で20万件を超え、ピークを迎えようとしていた時期でもあった。

ヤミ金融と呼ばれるのは、都道府県などに貸金業登録をしていないか、または法規制を超えた金利で金を貸す業者。九州では特に携帯電話を使った無登録の「090金融」がはびこっていた。繁華街の電柱やフェンスには「安心・即決」「スピード融資」のうたい文句に電話番号を書いた勧誘チラシがべたべた貼られていた。

当時の出資法の上限金利は年29・2%。悪徳業者の代名詞のように使われてきた「トイチ」は10

街にあふれる「ヤミ金融」のチラシやポスター。甘い誘いにすがった末に、命を絶つ人もいた＝2002年

日に1割（年３６５％）。話を聞けば、すでに主流は10日で5割の「トゴ」（年１８２５％）。１日１割の「アケイチ」まであった。

　正規の消費者金融ならまだしも、ヤミ業者相手の「債務整理」は困難を極めるというのが弁護士の危機感だった。多くは暴力団関係者。組織の資金源とみられた。交渉しようとして、悪質な嫌がらせを受けたという弁護士も多かった。注文もしていない大量のピザや特上寿司《ずし》が届いて代金を請求されたり、白紙のファクスが延々と届いたり…。ヤミ金融からの借金を抱えた人の法律相談は断るという弁護士もいた。

＊

⦿ヤミ金融　都道府県に貸金業登録をしていないか、または、法規制を超えた利息で金を貸す業者を指す。連載当初の２００２年ごろは、特に業者による強引な高利息取り立てが社会問題化しており、九州では携帯電話を使った無登録の「０９０金融」による被害が多かった。03年7月、貸金業法と出資法の一部を改正した「ヤミ金融対策法」（改正貸金業規制法と改正出資法）が国会で成立。同9月に一部施行され、無登録営業や高金利に対する罰則を強化した。

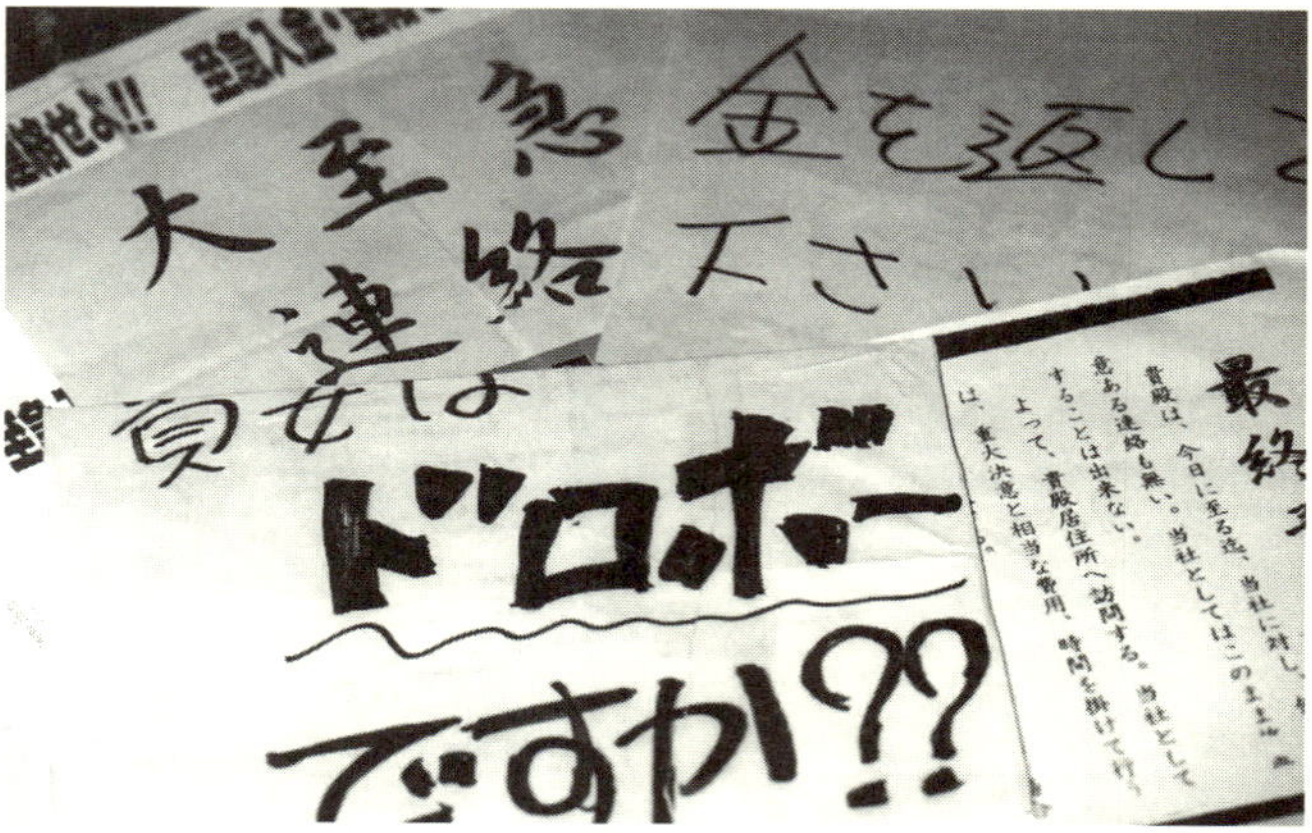

業者は取り立てに手段を選ばない。張り紙で債務者を精神的に追い詰めるのも常とう手段だ＝2002年撮影

最初はやはり「どうしてヤミ金なんかに手を出すの」という思いがあった。「とにかく当事者から話を聞こう」。弁護士や被害者団体に紹介を頼み、訪ねて回った。

借金を苦に命を絶った一人息子の話をしてくれた両親の姿が印象に残っている。息子は40代、働き盛りの映写技師だった。心臓の持病の悪化で退職、妻の病気も重なり、消費者金融から借金。父親は生命保険を解約して援助した。それなのに…。息子は実は、ヤミ業者からの借金を隠していた。葬儀を終えるころ、男が取り立てに来た。「私がある筋に債権を売ったら、どんなことになるか分からんよ」と男は言った。

遺品にあった9通の封筒を見せてもらった。表に業者名と「週1回（火）」などの返済日。裏には振り込み履歴。額面3万～20万円の借り入れに利息は毎日計1万～2万円。やりとりがびっしりと記されていた。どんなに追い詰められていたのだろうか。

先輩が取材した業者は「勧誘して効率がいいのは自己破産者。すぐに〝釣れる〟」と言い放った。官報や、インターネットで出回る自己破産者情報を入手し、ダイレクトメールで狙い撃ち。自己破産すると一定期間は金融機関からの借り入れができないので、そこに付け込まれるケースが多かった。取り立ては職場や親族にまで及ぶことも。「自己破産は、借金の終わりじゃなくて、始まりなんだよ」と業者は言った。

＊

その実態を5回の連載にまとめ、完結するはずだった。だが「相談を受けてくれる弁護士を教えてほしい」「親族が大変な目に遭っている」など大きな反響があった。被害者はこんなにもいるんだと思い知らされ、第2部「多重債務者」を展開した。

題名に「至急」。本文に「助けて」。それだけ記された携帯メールを受け取ったのは、年が明けた03（平成15）年2月の深夜だった。発信者は被害者として連載で取り上げた「幸枝（仮名）」。知人の借金の保証人になったことで多重債務に陥り、苦労を重ねた女性だった。少しでも幸せを手にしてほしくて、そんな仮名にしたのを覚えている。

離婚し、頼れる親戚もいない。取り立てに追われ、夜逃げを繰り返していた。居場所を知られることを恐れ、住民票も移せないでいた。弁護士に相談するよう勧めたが、彼女は拒んだ。2人の子と暮らす勤め先の寮の部屋には娘たちが笑う写真が至る所に張られていた。「弁護士に裏切られたこともある。誰も信じられない。今は娘たちを布団で眠らせることができる、この安心が何より大事」。それは、つかの間の幻想だった。

慌てて電話すると、彼女はホテルにいた。「このまま飛び降りようかと思ったけれど、娘のことを考えると…」。職場に取り立てが来て、彼女はまた脅されていた。

取材で話を聞いた時、なぜ、すぐに弁護士に相談させなかったのか。ひとまず連載を仕上げ、一安心していた自身を恥じた。生きていてくれてよかったと、心から思った。翌日、一緒に旧知の弁護士を訪ねた。自己破産の手続き、県警へのパトロール要請。自宅に戻ることを怖がる彼女に、弁護士は警察官とともに付き添ってもくれた。ようやく、本物の安心が訪れた。その後も「幸枝さん」は、子どもたちの成長の姿を年賀状で知らせてくれている。あのメールを開いた時の胸の痛みは、後の教訓にもなった。

＊

一息つくと、デスクは「次は業者側の内幕を知りたい」と言ってくる。「それは無理。怖いから」などと抗弁しても受け入れられるはずもない。警察担当で鳴らした先輩に頼りつつ、後輩も加わって第3部「業者の内幕」を15回。さらに消費者金融の実態や、対策、救済の在り方まで見据えた第4部「無限連鎖」を10回と走り続けた。

東京で出会った業者の話は強烈だった。

取材を始めた当初はなかなかつてがなく、頼ったのは業者が集うインターネットの掲示板。「（債務者）名簿買いませんか」「優良顧客を紹介してほしい」。彼らは貸し込む相手を融通し合っていた。返信のあった数人に会いに行った。福岡県警担当時代にキャップだった先輩が東京報道部に異動しており、「ボディーガード」として同席してくれた。それでも、ヒョウ柄の毛皮のコート、オールバックにサングラスの男が歩いてきた時「あれじゃなければいいけど」と願った。やはり当人だった。

東京の業者が九州まで足を運ぶことはない。借り手の関係先を調べ上げ、電話で「○○さんが借金を返さない」など、徹底的に暴き立てるという話だった。一方で、取り立ての〝手柄話〟も始めた。正月明けは、子どものいる家庭を狙う。親が不在でも子どもを脅し、お年玉や貯金箱を出させる。責め立てた債務者が命を絶ったこともあるという。友人を装って葬儀の日取りを聞き出し、香典袋をつかみ取って来た、と自慢げに話した。「貸した金、返してもらって何が悪いの。死んだら香典、常道っすよ」。

＊

03年6月、大阪で取り立てを苦にした老夫婦ら3人が鉄道自殺を図る事件が発生。後に恐喝などの罪に問われたヤミ金グループの公判で、電話による脅しの実態が浮き彫りになった。貸し付けは3万円余。搾り取った利息は1カ月程度で16万円以上。「代わりに払えと、団地中に電話しまくってやる」。取材した業者の話と共通する内容だった。この事件がクローズアップされたこともあり、政府、国会がようやく動いた。7月に「ヤミ金融対策法」（改正貸金業規制法と改正出資法）が成立。06（平成18）年には、多重債務問題への対策として、消費者金融などに過剰融資の防止や上限金利引き下げなどを迫る改正貸金業法が成立。ヤミ金融業者への罰則も強化された。

規制強化でヤミ金融が下火になると、代わって「オレオレ詐欺」に代表される偽電話詐欺が横行してきた。詐欺グループは、子どもと離れて暮らす老親や一人暮らしの高齢者の心にすり寄り、やすやすと付け入る。犯罪は、やはり社会の空気を映している。

阪口由美（さかぐち・ゆみ）……1996年入社。長崎総局、社会部、東京支社報道部、久留米総局などを経て社会部。著書に馬奈木昭雄弁護士の聞き書き「たたかい続けるということ」（西日本新聞社）。

中国で指導者になった元日本人

「二つの祖国」の宿命

2003（平成15）年9月3日夜、私たちの宿泊する中国・ロシア国境、旧満州、黒竜江省密山市のホテルの一室だった。同市の文化局長などを務めた陳興良が私たち九州日中平和友好会の密山訪問団の一行を訪ねてきて談笑し、帰り際に意外な事実を口にした。

「密山市の指導者の一人は、元は日本人なのです」

「どういうことですか」。私は思わず身を乗り出していた。

「日本敗戦の直前、密山駅に停車中の列車が、敗走する関東軍によって爆破されました。このとき、列車に乗り込んでいた満蒙開拓団員とみられる母親の懐に守られていた2歳ぐらいの男の子が、泣き叫びながら駅頭に出てきたところを、近くにいた中国人の老婦人に助けられています。母親は息絶えていました。その子は張愛廷と名付けられて成長し、やがて共産党密山市委員会副書記にまで上り詰めたのです」

私はその数年前に新聞社を退職していたが、陳の話を聴きながら元記者の血が波打つように騒いだのを覚えている。列車爆破の火炎の中から、日本人の幼児は中国の指導者として輪廻《りんね》転生していったのか。そんな妄想がよぎったほどである。

＊

共産党の副書記といえば、書記に次ぐ市のナンバー2で、市長以下の行政側を指導する立場だ。しかし、日本軍が侵略した旧満州の地で、なぜ敗戦国の子供が地方政府とはいえ、戦勝国の人口43万を擁する市のリーダーになれたのか。しかも満蒙開拓団は日本政府が中国の農民の土地を買いたたいて入植させたのであり、土地を失った農民の反感も強かったといわれている。逆境をはね返すしたたかさ、抜きんでた指導力がなくては到底かなわぬことだろう。

私はその夜すぐに張愛廷を取材しようとしたが、翌早朝6時に密山を発《た》たなければならず、やむなく1年待つことにして、翌年9月、恒例の密山訪問の際に、会の事務局長とともに2時間にわたるインタビューを行った。そのとき、張の日焼けした顔にも表情にも私が思い描いたような、苦難をくぐり抜けてきた痕跡や逆境を乗り越えた不屈の意志を感じさせるようなものは見られなかった。むしろ最近退職したばかりという彼の精神的な安らぎのようなもの、自宅近くにささやかな菜園を耕す引退したお役人の悠々自適の風貌を見ていた。

ただ、彼はインタビューの中で「我是誰?」(ウォーシ・シェイ=私は何者なのかわからない)と静かにつぶやいたのが強く心に残った。しかし、その一方で「私は中国人だ」と何度も強調した。日本人ではなく中国人だという言葉は自分の帰属意識、アイデンティティーを明確に示したものだ。私は彼の「何者かわからない」と「中国人だ」という言葉の矛盾に、そのときは戸惑っていた。

＊

⊙中国残留邦人　281ページ参照

以来、私たちの会と張との交流は15年に及ぶ。毎年秋、密山市の副市長や教育局長などが出席する円卓を囲んだ宴席に彼は欠かさず参加してくれた。そうした触れ合いの間に私は、彼をもう一人の戦争孤児の運命と重ねて見るようになっていた。その人物はノーベル賞を受賞したパール・バックの「大地」をしのぐ傑作という評価もある山崎豊子の大河小説「大地の子」の主人公、戦争孤児陸一心である。

彼は作家が造形した架空の人物だが、当時、民主の星と敬慕されていた共産党総書記胡耀邦の格別の取材協力があって、形は小説だが、描いた中身はすべて現地取材に基づく事実だと作家は語っている。中国での取材は8年間にわたり、労働改造所や外国人が立ち入りを許されていない未開放地域でホームステイするなど、中国の深層に分け入る取材を敢行したという。

実在の大地の子と小説の大地の子に共通するのは、運命の残酷さである。私たちの前に終始穏やかな表情を見せていた張は、実は列車爆破に遭遇して天涯孤独の身になっただけではない。助けてくれた養母は老いと極貧のため彼を養いきれず、別の養い親に託す。その際に身元を示すわずかな証拠品が散逸したらしい。彼は肉親捜しで2度、日本を訪れ、その後もしばしば訪日していたが、何の消息も得られなかったと嘆いた。そうした事実が次第に明かされるにつれて「私は何者なのか」という耳元にいつまでも残るつぶやきは、彼の言いようのない寂しさだけでなく、人間としての生身の存在の根本がまったく見えない慟哭《どうこく》の響きのように聞こえてきた。

一方、陸一心は文化大革命のさなか、スパイなどの汚名を着せられて勤務先の北京鋼鉄公司の広場に引き出され、批判大会という名のリンチにかけられている。作者は主人公の苦難を象徴する事実として、その場面を小説の冒頭に置いた。彼は首に太い針金を回され、その先に2・5キロのレンガをつるされる。レンガは次々に増やされて10キロにまでなり、針金が首に食い込む…。

＊

張も元日本人としての差別や迫害は受けたのか。彼は抜群の成績で密山一中から全国重点大学の吉林大に進み、卒業後、密山市の放送局に勤務、その後、密山市当局へ異動する。「私は幸運だった。周囲の人たちに恵まれていた。たくさんの人たちが私を助けてくれたから」と語った。

ただ、文革と重なった少年のころや大学生時代に浴びせられた、あるいは背後から聞こえてきた「シャオ・リーベン」（小日本＝小さな日本人という蔑称）や「リーベン・グイズ」（日本鬼子＝鬼のように残酷な日本人）の子供という声もあったという。鬼子という言葉は動物以下という悪罵《あくば》である。共産党への入党も出自のせいか、かなり遅れたという。

しかし、彼は密山の市民から「父母官」という尊称で呼ばれていたと同市の関係者が話してくれた。父や母のように優しいお役人という意味が込められている言葉である。民衆は出身より現在を見たのだろう。かつての敵、日本人の子を市のナンバー2にした中国人の懐の深い一面もうかがわれる。

小説「大地の子」で主人公は、上海の宝華製鉄（宝山製鉄がモデル）の生産管理処長（課長）という中枢のポストに出世する。彼は祖国に帰ることを望んだ父に対して「私はこの大地の子です」と告げ、父親も「40年間この大地に育ち、生きてきた息子とは、もはや埋めようもない隔たりがあったことを思い知った」と諦めるところで大河小説は結ばれる。

私は張が祖国に対してどんな思いを抱いているかを知りたかった。満蒙開拓団は関係者を含めて8万人もの死者、不明者を出したといわれている。国家が推進した棄民政策の色合いが極めて強い。戦争の犠牲者として国家が救出しなければならない同胞――夫や男の子を戦場に駆り出して大陸の荒野にうち捨てた後、さらに大陸に残された妻、子女、幼児も見捨てた。張愛廷もまた犠牲者であり、中国全土の戦争孤児とともに戦後40年間も放置されたままだった。幾層にもわたる戦争の犠牲者である。

しかし、それらについて「戦争孤児張愛廷」は言及することは一切なかった。彼は故国への怒りや鬱屈《うっくつ》した感情を抑えてきたのか、あるいは宿命と受け止めたのか、態度で表すこともなかった。私には彼が自分は日本人ではなく、中国人だと断言し、強調することが日本に対する主張だったようにも思われてくる。

＊

２０１８年9月、私たちの密山訪問の折、彼がその5カ月前に肺がんで亡くなったことを知らされた。密山駅頭で救出されたときの年齢が不詳のため、正確な享年はわからず70代前半とみられる。亡くなる2年前に会ったとき、彼の眼光に衰えは見られなかったものの、動作、物言いが緩慢になっているのを感じた。その翌年は幾分、腰が曲がり、全身を覆うような憔悴《しょうすい》が見られた。別れ際に毎年声をかけていた「明年見」（ミンニェン・ジェン＝来年会いましょう）という私のあいさつに、彼も同じ言葉で応じたのが最後だった。しかし、その声は9月の中・ロ国境の冷気にくぐもって聞こえた。このとき、私は敗戦国の孤児で、戦勝国の43万人の都市の指導者という希有《けう》の道を歩いた元日本人、沈勇の中国人を、もはや止めようもない宿命的な力が、逝くにはまだ早い年齢で泉下にさらっていこうとしている気配を感じ、やり場のない寂しさ、怒りにとらわれていた。

＊注＝九州日中平和友好会。終戦直後、中国・黒竜江省密山などを基地にしていた陸軍の元 隼《はやぶさ》 戦闘機部隊の一つが戦後、八路軍（中国共産党軍）に武装解除され、その際、空軍を持たなかった中国側の要請で元戦闘機隊の三百数十人が8～12年間にわたって密山などに残留し中国空軍創設に協力した。この事業に従事した日中間の軍人、軍属の間に友情が生まれ、日本側の元隊員たちは帰国後、1979年に中国帰国者友好会を設立。その後、各支部が独立、九州支部は九州日中平和友好会と改称し、日本を理解する子供たちを支援するため、彼らの主要な職場だった密山市を毎年訪れ、学童育成資金の贈呈を2001年から19年まで19年間続けた。張愛廷との出会いはその中で生まれた。

鹿毛隆郎（かげ・たかお）……1959年入社。鹿児島総局、政治部、東京支社政経部、北京特派員、取締役。現九州日中平和友好会会長。著書に「中国ドラマチック」（TBSブリタニカ）。

戦後10年続いた「原爆を書けなかった時代」

西日本新聞の原爆報道検証

２０１５（平成27）年から17年にかけ、私は西日本新聞社の創刊「１４０年史」を編さんした。折しも15年は戦後70年の歴史的節目。この年、編集局の若い記者たちが「新聞の使命　原点見つめて」というタイトルを掲げ、本紙の戦争報道を検証する「報国のペン」「不戦のペン」という長期連載を展開した。記者自身が本紙の戦争報道を検証し、読者に伝えるという初の試みだ。

これに触発され、編さん中の１４０年史に「本紙の原爆報道検証」という一稿を起こそうと考えた。かつて長崎総局に勤務した記者として、それが「70年目の責務」とも考えたからである。

私は１９８０（昭和55）年から4年間、記者として2カ所目の赴任地である長崎に勤務したが、戦後10年余も続いたという「原爆を書けなかった時代」のことが、離任後も気になっていた。社史編さんをきっかけに、戦後10年余の本紙紙面を検証してみようと思い立った。

その過程で、45年8月9日の原爆投下から1年後の46年8月8日付紙面の「〝原子症〟は癒《なお》る／ゐ《い》ない再發（発）者／嬉《うれ》しや惠（恵）まれた子寶（宝）」という見出しの奇っ怪な記事に出くわした。これは当時、長崎大外科部長で自らも被爆しながら治療の先頭に立ち「原爆医療の先駆者」と言われた教授調來助《しらべらいすけ》に「學（学）界未曾（曽）有の『原子症』その後の模様はどうか」と聞いたインタビュー記事。調は「一年後の今日、原子症再發の例はない。また外傷、火傷《やけど》および放射能作用による

長崎に原爆が投下され75年を迎えた2020年の8月9日。平和祈念像前では早朝から手を合わせる住民の姿が見られた＝長崎市松山町

内部症も快癒しつつある」と語ったという内容だ。

当時はまだ放射能障害の実態が分からず、死因さえも明確ではない死者が相次いでいた。「長崎の鐘」や「この子を残して」で知られる永井隆が白血病で亡くなったのは51年のこと。被爆のわずか1年後、どんな意図をもって、この記事が掲載されたのかは謎のままだ。

紙面点検を進めるうち、不可解な思いは、さらに募った。終戦の5年後に朝鮮戦争が勃発し、東西両陣営の対立が激化。50年8月9日の朝刊1面トップは朝鮮戦争の戦況報道で、長崎原爆関連の

⦿GHQの検閲　日本国憲法は21条で言論の自由を掲げ、検閲について「これをしてはならない」と明記する。ところが連合国軍総司令部（GHQ）は占領直後、報道規制（プレスコード）を発令し検閲を実施した。原爆報道ができなかったのは「米国批判と受け取られかねない」との自己規制も働いたためだろう。戦争被害にも言及できなかった。終戦前も言論の自由はなく、新聞は検閲の対象。戦況は大本営の虚偽発表をそのまま報道した。長崎原爆の本紙第一報も翌8月10日付で「被害は僅少の見込み」の短い記事にとどまった。

記事は見当たらなかった。翌10日のトップは「警察予備隊（隊）政令愈《い》よ《よ》公布《い》」。この日も朝鮮半島の戦況記事はあったが原爆報道はなかった。

米軍の戦略上の機密として原爆報道が厳しく統制された時代は、その後もサンフランシスコ平和条約発効で日本が再び独立を回復するまで続くことになる。

＊

そして被爆10周年のころ、「原爆の日」の紙面はまた違った様相を見せ始める。55年8月9日の朝刊1面トップは「国際原子力会議開く」「水爆、20年内に動力化／平和維持へ国際機構」で、原子力エネルギー平和利用の積極的意義を前面に押し出した紙面展開。同日付夕刊社会面は、完成したばかりの平和祈念像前で開いた平和祈念式典や浦上天主堂のミサの模様を「世界平和へ長崎の祈り」と伝え、平和公園で本社機が平和の祈りを込めた花束を投下したことを報じた。この日も夕刊1面は「国際原子力会議」の詳報で「経済的原子力発電へ」の大見出し。平和は「祈るもの」、原子力は「利用するもの」という時代の波が新聞紙面にも波及した。

このころを境に、第五福竜丸事件（54年）をきっかけとした原水爆禁止運動が燎原《りょうげん》の火のように広がっていった。政界は、自社二大政党の55年体制を基軸とする保革対決の時代に突入。反原爆の平和運動も、原水爆禁止日本国民会議（原水禁）、原水爆禁止日本協議会（原水協）、核兵器禁止平和建設国民会議（核禁会議）など政党系列ごとに分断され、「政治の季節」を迎えていった。

米ソ冷戦時代の原爆報道は、唯一の被爆国の惨禍を訴えながら、米国の「核の傘」に守られる日本の現実を否定もできないという二面性を抱えていた。日本は「核兵器を持たず、つくらず、持ち

米ニューヨークでのデモ行進で、核兵器廃絶を求める横断幕を手に歩く長崎、広島関係者＝2005年5月

込ませず」という非核三原則を「国是」として掲げながら、国内は核搭載艦船の寄港や沖縄への核持ち込み疑惑に揺れ続けていた。私が長崎総局に赴任したのは、元駐日大使エドウィン・ライシャワーの「核持ち込み」発言で国内が騒然とし、中距離弾道ミサイル（戦域核）配備問題で欧州に大規模反核運動が吹き荒れたころだった。

＊

長崎総局では、長崎市政クラブに籍を置く記者が原爆報道を担当した。「原爆担当」の記者は、８月９日の前後だけではなく、年間を通じて被爆者の援護問題や核開発・核軍縮をめぐる世界情勢などに神経を研ぎ澄ませた。中でも毎年7月下旬から8月上旬、原爆忌に向けて社会面に掲載する「原爆連載」が最大のヤマ場。先輩からは「連載のテーマを何にするか、悶々《もんもん》として平和公園をさまよい歩いた」などという話を聞かされた。

私は、当時ようやく光が当たり始めた長崎市の被差別部落の被爆体験をテーマに選んだ。このころ、ようやく朝鮮人被爆者や外国人捕虜の被爆問題が取り上げられるようになり、被爆国・日本の被害と同時に「加害者」としての側面も指摘されるようになった。しかも、朝鮮人被爆者や被差別部落の被爆者は、戦後、二重の差別の中で生き抜いてきた人たちだ。

赴任当初、原水禁と原水協の違いすらもよく知らなかった私に、朝鮮人被爆者の悲惨な戦後史を語ってくれたのは日本福音ルーテル長崎教会牧師の岡正治だった。岡は、市内で唯一残っていた朝鮮人徴用工たちの朽ち果てた宿舎を「一緒に見に行こう」と誘い、保存と記録の重要性を熱く語った。これらの体験が、被差別部落の被爆体験を連載のテーマに選ぶきっかけともなった。

岡をはじめ、長崎で平和運動に携わる人たちは、毎年毎年、入れ代わり立ち代わりやって来る「よそ者」の記者たちに懇切丁寧に被爆者の戦後を語った。長崎原爆被災者協議会（長崎被災協）の事務局にいた通称「おてるさん」という女性もその一人。「まあた、新人が来たの？」とうんざりしたような顔をしながら、記者が繰り出す初歩的な質問にも真剣に答えてくれた。

被爆者運動の先頭に立ち、82年の第2回国連軍縮特別総会で少年時代のケロイドの写真を手に「ノーモア・ヒバクシャ」と叫んだ山口仙二や内外で核兵器の非人道性を語った谷口稜曄《すみてる》もしかり。このような人たちが、核廃絶と被爆者問題に関心を持つ多くの「ナガサキ記者」を育て、全国に送り出していったのだと、今あらためて思う。

*

被差別部落の被爆体験を「涙痕《るいこん》」の題を付けて連載した1981年。大阪府松原市から松原第三中学校の生徒たちが長崎を訪れ、被差別部落の被爆体験の聞き取り活動をした。校区内に被差別地区がある松原三中は、人権教育の先進校。教師と生徒が一丸となって人権問題に取り組み、事前学習を重ねて長崎に来た。

「戦争こそ最大の差別」「原爆は最大の人権侵害」と言い切る生徒たちの姿に、正直言って大きな衝撃とともに、ある種の違和感を覚えた。われわれが受けた「みんな仲良く」式の平和教育とはまったく違う、「平和は勝ち取るもの」という強い戦闘性、メッセージ性を感じたからかもしれない。

それ以来、原爆報道に対する私の関心は、「平和教育とは何か」というテーマに向けられるようになった。被爆者は、やがて誰もいなくなる。社内から戦争体験を持つ記者もいなくなり、戦争を知らぬ記者が戦争の悲惨さを語り継がねばならない時代がいや応なくやって来るからだ。

それから三十余年がたち、当時の思いは現実になった。いま、記者たちは「また聞き」でしか戦争を語れなくなりつつある。紙面で「戦争体験を風化させてはならない」と訴えるのは容易だが、全国の地方紙で唯一、広島と長崎の両支局で原爆の惨禍にあった本紙として、それに恥じぬ報道を貫けているかどうか。戦後75年を経てもなお、飽くなき歴史の真実追求と批判の精神を保ち続けているかどうか。

原爆報道とは、記者自らが本紙の使命と原点を問い続けねばならない「究極のキャンペーン報道」でもある。

豊田滋通（とよた・しげみち）……1975年入社。筑豊総局、長崎総局を経て本社、東京支社で行政・政治分野を担当。編集企画委員長、論説委員長、監査役などを歴任。

真夜中に本震、阿蘇孤立す

M7・3、2016年の熊本地震

大地がきしんだ。マグニチュード（M）7・3。最大震度7。

2016（平成28）年4月16日午前1時25分、熊本は大地震に見舞われた。九州の真ん中で起きた「2016年熊本地震」。古い木造平屋の阿蘇支局（熊本県阿蘇市）で寝起きしていた私は6畳間の寝床で目が覚めた。ギッシギッシと闇が揺れている。隣室でドサッと何かが落ちた。台所でガチャンガチャンと金物が転げている。このまま家の中にいて大丈夫か…。逃げ出す構えで、揺れが収まるのを待った。

枕元に置いたテレビ、ラジオ、室内灯のスイッチに矢継ぎ早に手を伸ばし、停電を知る。備え付けの懐中電灯を手に取ると、ドア一つ向こうの仕事部屋の中を照らした。壁際に並んでいた二つの資料棚は背中を見せて倒れ、散乱した資料類が床を埋め尽くしている。家財道具のある他の部屋も、落下物などで足の踏み場もない。

＊

震源はどこか。どこへ取材に向かえばいいか。情報を得ようとするが、電話も携帯無線もファクシミリも機能しない。玄関脇の車に駆け込み、カーラジオで地震の第一報に触れた。驚くべき被害が明らかになるのは夜が明けてからである。

地震で倒壊した阿蘇神社の楼門（手前）と拝殿＝2016年4月16日午前、熊本県阿蘇市

実は２日前の14日、熊本では同様の強い地震が起きていた。それを伝える15日の新聞は「熊本・益城　震度７」「２人死亡、４００人超けが」「Ｍ６・５　倒壊多数、火災も」と報じている。これが16日の激震（本震）の前触れだったことは後で分かった。

14日をはるかに上回る揺れに気が騒ぎ、明かり一つない暗がりの道を、災害時は情報センターになる市役所へ走った。庁舎前の広場では自家発電の照明の下、駆け付けた職員たちが対策本部を立ち上げようとしていた。その渦の中で「阿蘇神

⊙熊本地震　２０１６年４月14日午後９時26分、熊本県熊本地方を震源とするマグニチュード（Ｍ）６・５の「前震」が発生、２日後の16日午前１時25分にＭ７・３の「本震」が一帯を襲った。同県益城町と東隣の西原村で震度７の激震に見舞われたほか、同県内では16日までの３日間で震度６を５回記録した。建物倒壊などによる直接死が50人、災害関連死２２１人、同年６月の豪雨被害による死者５人を合わせ、熊本、大分両県の犠牲者は２７６人（20年９月11日時点）に上った。

社の楼門が倒壊している」というささやきを聞いた。驚いて神社に急ぐと、神話の里を象徴する楼門（国指定重要文化財）と拝殿がぺちゃんこにつぶれている。一人、ぼうぜんとたたずむ神職の姿があった。

空気が白みかけた夜明け、携帯が機能し始めた。最初の通信は「大きな被害が出た南阿蘇村に入りたい。どのルートが通行可能か」という本社取材陣からの問い合わせだった。

大災害の渦中にいると、むしろ現地は全体状況が見えない。地震の影響で主要道路が寸断され、阿蘇地域がほとんど「陸の孤島」になっていることを知らなかった。車の動きが絶え、閑散とした阿蘇谷の上空を、被害の把握や報道のため飛んできたヘリコプターがひっきりなしに舞っていた。

阿蘇を孤島状態に陥れた最大の衝撃は、南阿蘇村の立野地区で発生した阿蘇外輪山の大規模斜面崩落だった。推定50万立方メートルの土砂がＪＲ豊肥線と国道57号を襲い、さらに脇の渓谷をまたいで国道３２５号につながる阿蘇大橋を破壊したのだ。

地震の力を思い知らされる、足のすくむ光景。熊本市から車で帰宅していた阿蘇市の大学生が土砂にのまれる悲劇も生んだ。

＊

大橋のすぐ上には東海大阿蘇キャンパスがあり、学生たちが寄宿する「学生村」のアパート群がキャンパスを囲んでいた。建物の多くは倒壊し、あるいは傾いて、ある学生は瓦礫《がれき》の中からはい出して助かり、ある学生はアパートの下敷きになった。押しつぶされた部屋の屋根をはぎ取って不明者を捜す救助隊の活動を、危うく難を逃れた学生たちが悲痛な表情で見守っていた。

17日付の西日本新聞は、「熊本M7・3死者32人」「『本震』と断定」「東に震源域拡大」と地震の規模を伝えた。社説は「大地震続発　心をつなぎ九州を守ろう」の見出しで「自然の脅威はまさに計り知れない。改めて心に刻みたい」と書いた。この地震では熊本県内で4万3千棟超の家屋が全半壊し、直接死だけで50人が犠牲者になった。

電気が来ない。水が出ない。食べ物が手に入らない。ガソリンスタンドが開かない。被災地は生活感を失った日々に遭遇した。連日の震災報道が状況を雄弁に語る。

「続く余震　避難11万人」「停電3万　ガス停止10万戸超」「やまぬ揺れ　きしむ心」「行き場失う災害弱者」「透析患者　施設が被災」「熊本地震　迫る72時間」「足りぬ物資　避難者悲鳴」「車中泊1人死亡」「エコノミー症候群続出」――。

＊

阿蘇地域は時に大きな災害に見舞われる。12年7月12日未明から朝にかけての集中豪雨の際は、阿蘇市だけでも死者・行方不明者22人を出した。その復旧がまだ続いているところに大地震が来た。

この豪雨では北外輪山一帯の麓の集落に犠牲者が集中した。火山灰土壌の外輪山の斜面が崩れ、土砂が崖の岩肌を削り取り、植林のスギ・ヒノキを倒してなだれ落ちた。倒木をのみ込んだ土石流が、山際に張り付いた家々を直撃したのだ。

阿蘇の北部に降った雨水は阿蘇谷を蛇行する黒川に集まる。この時は午前1時から6時間の降水量が450ミリを超えた。阿蘇は屈指の多雨地で、九州の主要河川の多くが源にする「水の国」だが、黒川はこの記録的な豪雨に対応できなかった。氾濫して阿蘇谷が泥海になり、田畑や観光地の

地震で山肌が崩れた現場＝2016年4月16日午前、熊本県南阿蘇村（本社ヘリから）

温泉街に大きな被害をもたらした。

鍋状の阿蘇カルデラの地形は約27万年前から9万年前まで4回発生した火砕流によってつくられたとされる。大規模な火砕流で大量のマグマが噴出すると、火山体内に空洞が生まれ、上部が陥没して、くぼ地になる。これがカルデラ。阿蘇カルデラは南北約25キロ、東西約18キロの楕円形で、それを囲む縁がカルデラ壁の外輪山である。

「カルデラ壁は崩落、後退し、カルデラは拡大する」と専門家は解説している。火砕流を繰り返しながら出現した巨大カルデラは、当初は今より小さく、壁が壊れ続けて現在の姿に広がった。とすれば、私たちの眼前に展開する天変地異もカルデラを拡大する作用ということになる。

＊

成り立ちから「火山国」である阿蘇の中心には活火山の阿蘇山がある。阿蘇火山はマグマや火山ガスが地下を移動するとき発生する微動が常に観測され、防災の面からもその動向は監視下に置かれている。

しかし、火山自体の作用とは別に、周辺で発生した地震の影響で火山体が揺さぶられて活動が活発化する可能性はないのか――。大きな地震があると、火山地帯を仕事場に持つ記者はそれが気になる。噴火予知も万全ではあるまい。

熊本地震の5年前、11年3月11日に東日本大震災が起きた。火山と地震について京都大で長く研究した須藤靖明は「震災の2日前に三陸沖の同じ場所で大きな地震が起きている。『3・11』の前震だったが、地震学者たちは誰も11日につながる地震とは思わなかった。私も含め、喪失感に陥った」と語った。

須藤はそれに続けて「大きな反省だが、といっても前震だったとは後から考えて分かること。地震学はそこまで進歩していない。将来どこかで同じことが起きたとして、前者を前兆と捉えることはやはり難しい」と無力感を口にした。

最大震度7の本震を観測した熊本地震の被災地も、2日前に震度7の被害が出た。「あれは前震だった」と発表されたのは本震の後である。

＊

「私たちはどんな国土に住んでいるのか、それを知っておかなければならない」

いつか身近に起こりうる自然災害の可能性について警鐘を鳴らし続け、先年亡くなった学究の人、須藤の遺言である。

島村史孝（しまむら・ふみたか）……1970年入社。水俣支局、東京支社、久留米総局、北九州支社、鹿児島総局、文化部、日田支局、筑豊総局、伊万里支局、阿蘇支局など勤務。

あとがき

新型コロナウイルス感染症が世界的に大流行する中での出版となった。真偽織り交ぜてさまざまな情報が飛び交い、時代はますます混とんとしている。私たちは、いたずらに惑わされず、「正しく恐れ」ながら、コロナと共存する新しい日常を模索していかなければならない。学び得た教訓を真摯に生かせば、きっと活路は見いだせるはずだ。メディアの役割は大きい。

本書を執筆した記者たちも、激動する時代の変遷を見据えながら、人間の愚かさや、たくましさを肌で感じ取ってきた。ただ過去の事象をなぞるのではなく、その深層をえぐり、未来へのメッセージとして記者一人一人の思いが込められている。企画の狙いを読み取っていただければ、幸いである。

「記者たちの九州戦後秘史」刊行委員会
代表・稲積謙次郎、幹事・島村史孝、安部精旨、大宮寛治、岡田雄希、川崎隆生、長井政典、溝越明、吉野満
［校閲協力］大西直人、小池鈴美、南家弘毅、野口智弘、三村龍一、諸隈光俊、藪宏之、山浦修、吉塚哲
［写真資料協力］河野直樹
［装幀］藤村興晴
［書籍編集］末崎光裕

＊文中敬称略。登場する人物の肩書や企業名、団体名は当時。掲載は、取材年次順にした。テーマの選択、執筆者の依頼、原稿のデスクワーク、校閲などは刊行委員会が担当した。

現　場　記者たちの九州戦後秘史

2020年11月11日　初版第一刷発行
2021年3月2日　　第二刷発行

編　者　「記者たちの九州戦後秘史」刊行委員会
発行者　柴 田 建 哉
発行所　西日本新聞社
〒810-8721福岡市中央区天神1-4-1
電 話 092-711-5523（ビジネス編集部）
FAX 092-711-8120
印刷・製本　シナノパブリッシングプレス

ISBN978-4-8167-0984-5 C0036
定価はカバーに表示してあります。